Einführung in die Arbeitstechniken der Politikwissenschaft

Klaus Schlichte · Julia Sievers

Einführung in die Arbeitstechniken der Politikwissenschaft

3., überarbeitete Auflage

Klaus Schlichte
Bremen,
Deutschland

Julia Sievers
Bremen,
Deutschland

ISBN 978-3-531-17425-9 ISBN 978-3-531-93444-0 (eBook)
DOI 10.1007/978-3-531-93444-0

Die Deutsche Nationalbibliothek verzeichnet diese Publikation in der Deutschen Nationalbibliografie; detaillierte bibliografische Daten sind im Internet über http://dnb.d-nb.de abrufbar.

Springer VS
© Springer Fachmedien Wiesbaden 1999, 2005, 2015
Das Werk einschließlich aller seiner Teile ist urheberrechtlich geschützt. Jede Verwertung, die nicht ausdrücklich vom Urheberrechtsgesetz zugelassen ist, bedarf der vorherigen Zustimmung des Verlags. Das gilt insbesondere für Vervielfältigungen, Bearbeitungen, Übersetzungen, Mikroverfilmungen und die Einspeicherung und Verarbeitung in elektronischen Systemen.
Die Wiedergabe von Gebrauchsnamen, Handelsnamen, Warenbezeichnungen usw. in diesem Werk berechtigt auch ohne besondere Kennzeichnung nicht zu der Annahme, dass solche Namen im Sinne der Warenzeichen- und Markenschutz-Gesetzgebung als frei zu betrachten wären und daher von jedermann benutzt werden dürften.
Der Verlag, die Autoren und die Herausgeber gehen davon aus, dass die Angaben und Informationen in diesem Werk zum Zeitpunkt der Veröffentlichung vollständig und korrekt sind. Weder der Verlag noch die Autoren oder die Herausgeber übernehmen, ausdrücklich oder implizit, Gewähr für den Inhalt des Werkes, etwaige Fehler oder Äußerungen.

Lektorat: Jan Treibel, Monika Mülhausen

Gedruckt auf säurefreiem und chlorfrei gebleichtem Papier

Springer Fachmedien Wiesbaden ist Teil der Fachverlagsgruppe Springer Science+Business Media (www.springer.com)

Warum es dieses Buch gibt – Anspruch und Effizienz

Häufig fehlt ja gerade das Einfache: Wer frisch an die Uni kommt und sich in der Politikwissenschaft nach Anleitungen umsieht, was eigentlich eine Seminararbeit ist oder wie ein Referat ansprechend gestaltet werden kann, wird in den meisten Einführungen wenig dazu finden. Dort steht zwar einiges zu solch klugen Dingen wie der „Politikverflechtungsfalle" oder dem „Sicherheitsdilemma". Mit den viel drängenderen Problemen, wie man für ein Referat innerhalb von zwei Wochen gutes Material findet oder wie die Qualität der schriftlichen Ausarbeitungen verbessert werden könnte, finden sich Studierende jedoch häufig allein gelassen.

Unsere Erfahrungen an deutschen Massenuniversitäten und an einigen im Ausland deuten darauf hin, dass auch in Lehrveranstaltungen relativ wenig daran gearbeitet wird, die Arbeitstechniken zu verbessern. Das hängt damit zusammen, dass den meisten Lehrenden gar keine Zeit bleibt – oder sie sich diese nicht nehmen – Seminararbeiten und Referate ausführlich zu kommentieren und gezielt Verbesserungsmöglichkeiten zu diskutieren. Und die Einführungskurse und Tutorien können nur Grundlagen der wissenschaftlichen Arbeitstechnik vermitteln.

So bleiben elementare Dinge oft dem Zufall überlassen: Tipps von Mitstudierenden, vereinzelte Hinweise in der Literatur und Zufallserkenntnisse aus der Lektüre sind die geläufigen Quellen für Kenntnisse im Recherchieren, Auswerten und Darstellen von Informationen und Argumenten.

Am Ende des Studiums wird es dann problematisch: Die Ausarbeitung eines Textes von 40 oder 60 Seiten bereitet schier unüberwindbare Hindernisse und zieht sich unnötig in die Länge. Die Prüfungsgebiete wirken wie endlose Weiten, an deren Erschließung und Beherrschung nicht im entferntesten zu denken ist. Bei der Beurteilung der Examensarbeiten entdecken die auf einmal hochaufmerksamen Prüfer „grundlegende Schwächen", ziehen verbittert die Mundwinkel nach unten und benoten schlecht.

Dieses Buch soll Studienanfängern und Studierenden im B.A.-Studium das Erlernen der üblichen Arbeitsformen erleichtern und zugleich den Zugang für eine vertiefte Beschäftigung mit einzelnen Aspekten eröffnen. Aber natürlich richtet es sich auch an M.A.-Studierende, die ihre Fähigkeiten verbessern wollen. Im Vordergrund steht dabei der Gebrauchswert. Auf Verständlichkeit und Nützlichkeit wird also mehr Wert gelegt als auf Feinsinnigkeit und Originalität. Es geht ums Handwerkszeug, das zu beherrschen Grundlage jeder Kunstfertigkeit ist.

Die Lektüre dieses Buches soll die gröbsten Fehler vermeiden helfen und zugleich einige der wichtigsten Standards des wissenschaftlichen Arbeitens in der Politikwissenschaft vermitteln. Die Bedeutung dieser Standards geht dabei weit über das Studium hinaus: Prägnantes und verständliches Schreiben, ansprechendes und nachvollziehbares Referieren und die effiziente Organisation des eigenen Arbeitsprozesses sind Qualifikationen, die in allen Berufsfeldern und nicht nur von Politikwissenschaftlern benötigt werden.

Die gründliche Lektüre dieses Buches und die Einübung und Beherrschung der hier geschilderten Arbeitsweisen ersetzt jedoch nicht die weitere Auseinandersetzung mit anderen Aspekten des wissenschaftlichen Arbeitens. Gerade zum Bereich der Methoden, dem eigentlichen Kern jeder Wissenschaft, gibt es sicher einiges mehr zu sagen. Inzwischen liegen hierzu auch viele brauchbare Einführungen vor. Wir verweisen deshalb am Ende aller Kapitel auf weiterführende Literatur, die aus unserer Sicht besonders empfehlenswert ist.

Aber nicht erst bei den Methoden, sondern schon im Bereich der grundlegenden Recherchetechniken ist viel zu entdecken und zu lernen. Hat man dieses Buch aufmerksam gelesen, oder – das wäre der Idealfall – begleitend beim Anfertigen der Seminararbeiten und der Erstellung von Referaten benutzt, dann können Fortschritte eigentlich nicht ausbleiben. Wer mehr wissen will als er oder sie hier findet, der kann sich mit den jeweils am Kapitelende angeführten Titeln helfen.

Das Motto dieses Buches – „Anspruch und Effizienz" – gilt folglich nicht nur für das wissenschaftliche Arbeiten, um das es in diesem Buch geht, sondern auch für dieses Buch selbst. Natürlich hätte es sich an zahlreichen Stellen angeboten, mehr ins Detail zu gehen oder noch mehr Hinweise zu geben. Im Zweifelsfall haben wir uns jedoch für die Effizienz entschieden, um dieses Buch in einer handhabbaren Kürze zu halten. Eine Einführung sollte schließlich nicht abschrecken, sondern einladen.

Dieses Buch ist in seinem Aufbau prozessorientiert, das heißt, es stellt einen mehr oder weniger idealen Prozess der wissenschaftlichen Arbeit im Studium dar. Es beginnt also mit der Planung und der ersten Recherche und endet mit den Problemen der schriftlichen und mündlichen Darstellung, ergänzt um ein Kapitel zur Prüfungsvorbereitung und einen Serviceteil mit wichtigen Hilfsmitteln. Bei der Abfassung haben wir uns in erster Linie an eigenen Erfahrungen – positiven wie negativen – aus dem Studium und der Lehre orientiert. Bereichert um die Kommentare von Kollegen und Studierenden ist dies eine erste empirische Basis. Systematische Untersuchungen über die Probleme beim Erlernen wissenschaftlicher Arbeitstechniken gibt es bis zum jetzigen Zeitpunkt leider noch nicht.

Der Aufbau des Buches orientiert sich dementsprechend an Alltagssituationen im Studium. Auf konkrete Fragen und Probleme sollen praktikable Antworten und Lösungsvorschläge gegeben werden. So bietet das erste Kapitel zunächst einen allgemeinen Einstieg in die Anforderungen des Studiums der Politikwissenschaft. Oft ist nämlich gar nicht klar, was im Studium erwartet wird. „Lesen, Reden, Schreiben" so überschreiben manche, was im Studium gemacht wird, und sie haben nicht ganz unrecht. Ein bisschen mehr gibt es dazu aber schon zu sagen. Deshalb stellen wir in Kap. 1 die mündlichen und schriftlichen Grundformen der wissenschaftlichen Arbeit kurz vor. Wir sprechen dort auch in aller Kürze andere Fragen, wie die Rolle von Auslandsstudium und Praktika, an.

Das zweite Kapitel stellt die Hauptaussage dieses Buches vor: Alle Arbeitsformen im Studium haben gewisse Elemente gemeinsam. Gleichviel, ob eine Seminararbeit geschrieben wird, ob ein Referat ansteht oder lediglich eine kurze Präsentation vor den Kommilitoninnen und Kommilitonen gefragt ist, oder ob schließlich eine Examensarbeit vorbereitet werden soll – die Recherche und Auswahl von Material und Literatur, die Ordnung und Beurteilung von Argumenten, all dies wird dabei *immer* notwendig sein. Themenwahl, Vorrecherche, Aufstellung eines Arbeitsplanes und effiziente Lektüre sind dementsprechend Inhalt dieses zweiten Kapitels.

Kapitel 3 ist den verschiedenen Formen der Materialsuche gewidmet. Dabei werden unterschiedlich intensive Recherchemethoden vorgestellt, die mit unterschiedlichem Aufwand verbunden sind und sich für unterschiedliche Zwecke eignen, je nachdem, wie sich das Verhältnis von Anspruch und Effizienz gestaltet. Wie man für verschiedene Zwecke die widersprüchlichen Anforderungen Anspruch und Effizienz unter einen Hut bekommt, wenn es darum geht, für ein Thema zu recherchieren, ist also der Kern dieses Kapitels.

Dem Umgang mit dem Material sowie die Wahl der am besten geeigneten Methode ist Kap. 4 gewidmet. Welche Methode für eine Seminararbeit gewählt wird, welche Methoden in der Politikwissenschaft üblich sind und wie sie sich in den vergleichsweisen kleinen Forschungsprozesse im Studium nutzen lassen, kann indes hier nur angerissen werden: Ihre Vielfalt ist nämlich beträchtlich, und, dies sei nicht verschwiegen, die Meinungen darüber, was eine „wissenschaftliche Methode" ist, gehen auch in diesem Fach auseinander. Der Inhalt dieses Kapitels beschränkt sich also auf ganz Grundunterscheidungen der Methodenlehre und im Umgang mit dem Material.

Kapitel 5 beschäftigt sich mit der schriftlichen Fixierung der Arbeitsergebnisse. Dabei sind formale Dinge zu beachten sowie der logische Aufbau eines Textes. Doch selbst das Schreiben lässt sich strukturieren und so in handhabbare Einzelschritte zerlegen. Und weil den schriftlichen Ausarbeitungen im Studium wie im Examen für die Beurteilung durch die Lehrenden die größte Bedeutung zukommt, ist ihnen hier auch der meiste Platz gewidmet.

Unterschätzt ist dagegen die Kunst des Referierens, um die es in Kap. 6 geht. Oft genug kann man Redner beobachten, wie sie, beide Hände auf das Rednerpult gestützt, den Blick hartnäckig aufs Manuskript senken und in einschläfernd gleichförmiger Tonlage das Publikum langweilen. Wie man sein Publikum wachhält und für ein Thema interessiert, ist in Grundzügen in diesem Kapitel dargelegt.

Prüfungen, Thema des Kapitels 7, sind Anlass zur Mythenbildung. Wohl kein Aspekt des Studiums ist so sehr von wilden Spekulationen, Ängsten und Gerüchten begleitet. Jedenfalls von Seiten der Studierenden, denn für die Prüfenden sind Prüfungen vor allem eins: Routinearbeit, in denen Student oder Studentin für die Prüfenden zum Fall werden. Der Inhalt des Kapitels 7 soll helfen, sowohl die übersteigerten und lähmenden Ängste zu zerstreuen wie die Tücken des bürokratischen Aktes „Prüfung" zu vermeiden.

Am Ende des Buches findet sich ein ausführlicher Serviceteil, der sowohl eine kurze Anleitung für die formale Gestaltung eines Textes enthält wie auch wichtige Hilfsmittel für das Studium der Politikwissenschaft auflistet. Ein kurzer Abschnitt geht schließlich auf die Bedeutung des Internets für das Studium der Politikwissenschaft ein.

Noch ein Hinweis: Dieser Text ist voller Tabellen, Übersichten und Merksätzen, die vielleicht manchmal eher wie Kalendersprüche anmuten. Die letzteren sind zur Auflockerung, die Tabellen und Übersichten zum Lernen. Es geht nicht darum, die Arbeit an einem Thema auf das berühmte „Schema F" zu reduzieren. Alle hier präsentierten Übersichten und Gliederungen sind lediglich als Hilfen gedacht. Man muss sich nicht an sie halten, aber sie helfen, die Techniken zu erlernen, die im Studium und darüber hinaus unverzichtbar sind. Das heißt nicht, dass man sie nicht durch Phantasie und Witz erweitern, verändern und verbessern könnte. Die Regeln, die wir vorstellen, haben sich aber bewährt. Sie gewährleisten: Anspruch und Effizienz!

Wir empfehlen Ihnen, zwei bis drei Seminararbeiten nach den hier vorgelegten Hinweisen zu entwerfen, zu recherchieren und zu schreiben. Bereits dann dürften sich die wesentlichen Techniken soweit verfestigt haben, dass höchstens noch ein sporadischer Blick auf diese Schemen nötig sein dürfte.

Der Rest ist Aufgabe der Lehre: Lassen Sie sich ihre Arbeiten bewerten, sammeln Sie Kommentare Ihrer Dozenten zu schriftlichen Arbeiten und Referaten und versuchen Sie das Kritisierte zu verbessern. Beherzigt man die Ratschläge dieses Buches, dann kann diese Kritik nicht vernichtend ausfallen.

Dieses Buch beruht auf unseren Erfahrungen als Studierende und als Lehrende in verschiedenen politikwissenschaftlichen Studiengängen in Berlin, Bielefeld, Magdeburg, Konstanz, Durham, Florenz, Paris, Seattle und Bremen. Wir haben uns bemüht, die positiven Elemente der deutschen akademischen Lehre zu bewahren und um einige Anregungen aus der Auslandserfahrung zu erweitern. Im Vergleich mit dem Studienalltag in vielen anderen Ländern zeichnet sich das politikwissenschaftliche Studium in Deutschland übrigens immer noch dadurch aus, dass hier schon früh großer Wert auf die eigenständige Bearbeitung einer Forschungsfrage und die gelungene Präsentation der Ergebnisse gelegt wird. Wir sehen darin einen großen Vorteil und haben diese Einführung deshalb vor allem auf die Erfordernisse für diese Arbeitsschritte hin ausgelegt.

Eine ganze Reihe von Hinweisen auf bibliographische Hilfsmittel, Nachschlagewerke, Zeitschriften und andere Recherchehilfen stammen von Kolleginnen und Kollegen, früheren Mitstudierenden und später dann Studenten in eigenen Lehrveranstaltungen. Zu dieser und zu früheren Auflagen des Buches haben Anna Borkenhagen, Holger Döring, Dietrich Jung, Klaus Jürgen Gantzel, Meriko Gehrmann, Karen Jaehrling, Kai Koddenbrock, Roy Karadag, Barbara Lemberger, Peter Lock, Martin Nonhoff, Annika Schmidt, Jens Siegelberg, Alex Veit, Frieder Vogelmann, Boris Wilke, Arndt Wonka und Nadja Zimmermann mit Kommentaren und praktischen Hinweisen beigetragen. Ihnen allen sei an dieser Stelle dafür gedankt. Eine wichtige Grundlage war für uns auch das „Kompendium", ein Leitfaden für Studierende der Politikwissenschaft an der Universität Bremen in seiner letzten Fassung von 2013. Der Autorengruppe, der Julia Sievers angehörte, sei deshalb auch ausdrücklich für viele Anregungen gedankt.

Seit der ersten Auflage dieser Einführung sind sechzehn Jahre vergangen. Eine zweite, leicht überarbeitete Auflage erschien 2005. Mittlerweile haben sich die Politikwissenschaft und ihre Lehre noch einmal gewandelt und auch wir haben neue Erfahrungen gemacht. Deshalb schien uns eine gründliche Überarbeitung angeraten. Viele Veränderungen hat es auch im ehemaligen Anhang gegeben, der zu einem umfangreichen Serviceteil erweitert worden ist. Eine ganze Reihe Neuerscheinungen sind dort berücksichtigt, das Kapitel über das Internet ist gänzlich überarbeitet und wird sicher schon bald wieder veraltet sein.

Schuldig sind die Verfasser ja immer ganz allein für alle unverzeihlichen Auslassungen, grobe Fehldarstellungen, böswillige Verleumdungen und sachlichen Irrtümer, so auch in diesem Fall. Das soll aber die Leserin und den Leser nicht davon abhalten, durch kurze Zuschriften zu Verbesserungen beizutragen! Schreiben Sie uns!

Klaus Schlichte und Julia Sievers, Bremen im Oktober 2014

Anschrift der Verfasser:
Universität Bremen
Institut für Politikwissenschaft
Postfach 33 04 40
28334 Bremen

Inhaltsverzeichnis

1 Was tut man im Studium? 1
   1.1 Die großen schriftlichen Arbeiten 3
   1.2 Die kleinen Schriftstücke 4
   1.3 Die mündlichen Formen 5
   1.4 Ein Plädoyer für die Gruppe 6
   1.5 Vom Vorzug der Vorlesung 7
   1.6 Selbstorganisierte Seminare 8
   1.7 Lehrveranstaltungen bewerten 10
   1.8 Ins Ausland? 11
   1.9 Praktika mit Perspektive 12
   Literatur 14

2 Wie gehe ich vor? 17
   2.1 Planen mit Zeit und Geld 17
   2.2 Die Wahl des Themas 21
   2.3 Die schnelle Vorrecherche 23
   2.4 Auf dem Weg zum Exposé: Überlegungen zu Thema und Fragestellung 25
   2.5 Wie schreibe ich ein Exposé? 27
   2.6 Vom Exposé zur Einleitung 33

3 Wie finde ich Material? 39
   3.1 Welche Informationsquellen gibt es? 41
   3.2 Welche Suchstrategien gibt es? 48
   3.3 Die Vorrecherche 48
   3.4 Die erweiterte Recherche 52
   3.5 Recherchieren für die Abschlussarbeit 55
   3.6 Was lese ich? 56

	3.7 Wie lese ich „richtig"	59
	3.8 Das Material ordnen – die Ablage	63
	Literatur	67
4	**Methoden: Was mache ich mit dem Material?**	**69**
	4.1 Forschungsdesign und Methoden	71
	4.2 Forschungsdesign: empirischer oder theoretischer Schwerpunkt?	75
	4.3 Die Wahl der Methode	78
	Literatur	85
5	**Wie schreibe ich?**	**87**
	5.1 Das richtige Umfeld schaffen – und anfangen	87
	5.2 Seminararbeiten – der Schreibprozess	89
	5.3 Eine Grundstruktur erstellen	89
	5.3.1 Einleitung	90
	5.3.2 Literatur- und Theorieteil	92
	5.3.3 Analyseteil	93
	5.3.4 Fazit	94
	5.3.5 Eine Kapitelstruktur entwerfen	94
	5.4 Rohfassung schreiben	95
	5.4.1 Keine Angst vor dem leeren Blatt: Teilziele formulieren, Lücken lassen	97
	5.4.2 In den Schreibprozess kommen – Kreativtechniken	97
	5.4.3 Wissenschaftliche Sprache	98
	5.4.4 Richtig zitieren – Plagiate vermeiden	100
	5.5 Die Arbeit inhaltlich überarbeiten	101
	5.6 Formale Gestaltung und Endkorrektur	103
	5.7 Kleinere Schriftstücke	105
	5.7.1 Das Protokoll	105
	5.7.2 Der Essay	106
	5.7.3 Buchbesprechungen und Kurzgutachten	108
	5.7.4 Klausuren	110
	Weiterführende Literatur	113
6	**Wie präsentiere ich?**	**115**
	6.1 Das Referat als wissenschaftliche Form des Vortrags	116
	6.1.1 Aufbau und Inhalt	116
	6.1.2 Strategien für Referate mit Mehrwert	117
	6.1.3 Thesenpapier bzw. Arbeitspapier zum Referat	118

6.2		Das Organisatorische: Einen Vortrag planen	119
6.3		Präsentationen halten	122
	6.3.1	Interesse wecken	123
	6.3.2	Sprache	123
	6.3.3	Ablesen oder frei sprechen?	124
	6.3.4	Stehen oder sitzen?	125
	6.3.5	Auf Körperhaltung und Gestik achten	125
	6.3.6	Dauer	126
	6.3.7	Nutzung von Medien	126
	6.3.8	Die Seminargruppe einbinden	129
	6.3.9	Rückmeldungen organisieren	130
6.4		Nach der Präsentation: Diskussion und Moderation	130
Weiterführende Literatur			132

7 Abschlussarbeiten und Prüfungen ... 133
- 7.1 Planung: Zeit und Geld ... 134
- 7.2 Prüfungsgruppen ... 138
- 7.3 Abschlussarbeiten ... 139
- 7.4 Mündliche Prüfungen ... 142
- 7.5 Die Verteidigung der Abschlussarbeit ... 144
- 7.6 Probleme und Beschwerden ... 145

8 Serviceteil ... 147
- 8.1 Umgang mit Internetquellen ... 147
  - 8.1.1 Chancen und Gefahren der digitalen Welt: Ein paar Leitlinien zum Umgang mit Internetquellen ... 147
  - 8.1.2 Warum es problematisch ist, Wikipedia zu zitieren: Leitlinien für die Nutzung digitaler Quellen ... 148
- 8.2 Recherchebibliographie: Einführungen, Handbücher, Lexika ... 153
  - 8.2.1 Politikwissenschaft allgemein ... 153
  - 8.2.2 Vergleichende Politikwissenschaft ... 155
  - 8.2.3 Internationale Beziehungen ... 156
  - 8.2.4 Politische Theorie und Ideengeschichte ... 157
  - 8.2.5 Methoden ... 158
  - 8.2.6 Politisches System Deutschland ... 159
  - 8.2.7 Einführungen, Handbücher und Lexika mit regionalem Bezug ... 160
  - 8.2.8 Internetadressen für Politikwissenschaftler – eine kommentierte Linkliste ... 163

8.3	Formale Textgestaltung	166
	8.3.1 Formale Anforderungen	166
	8.3.2 Was muss ich bei der Abgabe beachten?	167
8.4	Wie zitiere ich richtig?	168
	8.4.1 Umgang mit Quellenbelegen	168
	8.4.2 Zitationsregeln	168
	8.4.3 Das Literaturverzeichnis	171
8.5	Bewertungskriterien für Hausarbeiten	173

Sachverzeichnis 177

Was tut man im Studium? 1

Für viele Neulinge ist die Universität unbekanntes Terrain. Was heißt eigentlich „studieren"? Was genau tut man, wenn man wissenschaftlich arbeitet? Diese Fragen klingen banal, sind aber berechtigt. Ihre Beantwortung dürfte für die geistes- und sozialwissenschaftlichen Fächer insgesamt nicht allzu unterschiedlich ausfallen. Zunächst sieht das doch alles ziemlich gleich aus: Entweder sitzen die Studenten im Seminarraum oder in der Bibliothek, oder aber sie sind zuhause beim Lesen und Schreiben. Gelegentlich treffen sie sich auch in Arbeitsgruppen. Das gilt für Soziologen genauso wie für Politikwissenschaftlerinnen, für Germanistinnen wie für Wirtschaftswissenschaftler. In all diesen Fächern werden Vorlesungen und Seminare gehalten, in allen müssen Referate vorgetragen und schriftlich ausgearbeitet werden. Eine schriftliche Abschlussarbeit sowie mündliche und schriftliche Prüfungen bilden dann den Schlusspunkt des Studiums. Die Ähnlichkeit zwischen diesen scheinbar so unterschiedlichen Disziplinen lässt sich noch weiter reduzieren, nämlich auf drei Grundtätigkeiten:

▶ **Lesen, Reden und Schreiben.**

In einem erfolgreichen und befriedigenden Studium sollte keine davon zu kurz kommen. Denn der Belesenste ist langweilig, wenn er über seine Kenntnisse nicht auch interessant zu reden weiß, so wie der Beredsamste nicht überzeugt, hat er nicht durch das Schreiben gelernt, wie er seine Argumente ordnen und weiß er nicht durch die Lektüre, worauf aufgebaut werden kann. Und auch das Schreiben geschieht nicht voraussetzungslos. Immer lebt es zu einem guten Teil von dem, was andere gesagt und geschrieben haben.

Die Gemeinsamkeiten des Studiums der unterschiedlichsten Fächer gehen indes noch weiter. Sie betreffen die grundsätzlichen Arbeitsformen, um die es hier vor allem gehen soll. Welche Formen sind das? Im Grunde nicht viele, und sie werden im Folgenden kurz vorgestellt. Zunächst lassen sie sich grob wie folgt gruppieren (Abb. 1.1):

Erwähnen könnte man noch die Vorbereitung für Klausuren und mündliche Examensprüfungen. Auch diese Vorbereitungen unterscheiden sich nicht grundsätz-

Die großen schriftlichen Arbeiten

Seminararbeit

Examensarbeiten

Dissertation

Die kleinen Schriftstücke

Protokoll

Arbeitspapier

Thesenpapier

Exposé

Buchbesprechung

Essay

Klausur

Die mündlichen Formen

Referat

Diskussionsbeitrag

Moderation

Abb. 1.1 Die Arbeitsformen im Studium

lich von dem, was den Hauptteil des Studiums ausmacht. Tatsächlich soll in der Prüfung ja neben Sachkenntnissen vor allem die Fähigkeit zu wissenschaftlichem Arbeiten nachgewiesen werden. Hat man sich durch Seminararbeiten und Referate darin geübt, dann dürfte das nicht allzu schwerfallen. Aber die anderen Arbeitsformen, die in der Prüfung nicht relevant werden, gehören trotzdem mit zur Ausbildung. Zu den wichtigsten Formen nun rasch ein paar Worte:

1.1 Die großen schriftlichen Arbeiten

Im Studium wird viel geschrieben. Bestenfalls werden über schriftliche Seminararbeiten die Fähigkeiten eingeübt, die nötig sind, um einen guten wissenschaftlichen Text zu schreiben. Trotzdem sind B.A.- und M.A.-Arbeiten, die normalerweise zwischen 40 und 80 Seiten umfassen, noch einmal ein großer Schritt. Sie zu schreiben fällt jedoch viel leichter, wenn die wichtigsten Arbeitsschritte schon zur Routine geworden sind. Diese resultiert aus dem Schreiben der sogenannten *Haus- oder Seminararbeiten*, die zwischen 15 und 20 Seiten umfassen. In diesen Arbeiten wird auf der Grundlage aktueller Literatur sowie unter einer bestimmten Fragestellung ein bestimmtes Thema aufgegriffen. In der Regel ist das Thema Teilaspekt einer Seminarsitzung. Je nach Flexibilität des Dozenten kann der Gegenstand einer Seminararbeit aber auch über das Seminarthema hinausgehen. Weil diese schriftliche Arbeitsform im Studium der Politikwissenschaft an deutschen Universitäten am häufigsten vorkommt und weil der schriftlichen Arbeit wie im Examen für die Benotungen die größte Wichtigkeit zukommt, ist dieses Buch vor allem an ihr als „Normalfall" ausgerichtet. Die meisten der folgenden Hinweise gehen also davon aus, dass zu einem bestimmten Thema, gleichgültig ob vorgegeben oder selbst gewählt, eine 15- bis 20seitige Seminararbeit geschrieben werden soll.

Je nach Studienordnung, Länge und Intensität des Studiums fallen davon unterschiedlich viele an. Eine solche Arbeit macht vor allem dann Spaß, wenn das Verhältnis von Anstrengung und Erfolg, von Anspruch und Effizienz stimmt. Nur ganz selten werden Seminararbeiten mit dem Gefühl abgegeben, dass sie perfekt sind. Wer sie geschrieben hat, weiß meist am besten, wo die Schwächen liegen. Das ist normal und sollte nicht zum endlosen Herauszögern des Abgabetermins verleiten, sondern zum Nachdenken darüber, wie sich diese Schwächen beim nächsten Mal vermeiden lassen.

Je intensiver die Arbeit und die Kritik der Seminararbeiten ausfallen, desto besser gelingen in der Regel die B.A.- und M.A.-Arbeiten. Sie sind gewissermaßen die Gesellenstücke am Ende des Studiums. Sie dienen, wie manche Prüfungsordnungen das formulieren, als „Nachweis der Fähigkeit zu selbständigem wissenschaftlichen Arbeiten". Dieser Anspruch und ihr Umfang mag zunächst einschüchtern. Aber mit der Routine, die beim Schreiben der Seminararbeiten erlangt wird, lässt sich auch diese Hürde nehmen. Manche, wie die Verfasser, finden schließlich so viel Gefallen daran, dass sie sich entschließen, noch eine *Dissertation* zu schreiben – ein Thema, mit dem sich diese Einführung allerdings nicht mehr auseinandersetzt. Für diese noch größeren Vorhaben gibt es noch weitergehende hilfreiche Anleitungen, wie etwa „Intelligent Research Design" von Robert Hancké (2009).

1.2 Die kleinen Schriftstücke

Auf die Kunst, Protokolle, Arbeits- und Thesenpapiere zu schreiben, wird in der Regel wenig Aufmerksamkeit gelenkt. Dabei sind diese Texte oft schwieriger zu schreiben, gerade weil sie so kurz sind. Auf zwei bis fünf Seiten nur das Wichtigste zusammenzufassen und dabei meist noch ein bestimmtes Ziel zu erreichen, ist oft weitaus schwieriger, als ein Thema ausführlich zu behandeln. Außerdem sind diese kurzen Papiere *für andere* da: Aus dem *Protokoll* sollen sich Ferngebliebene einen raschen Überblick über eine versäumte Sitzung verschaffen können. Entsprechend klar muss es geschrieben sein. Doch Protokoll ist nicht gleich Protokoll, es gibt Verlaufs-und Ergebnisprotokolle, für diese wiederum unterschiedliche Systeme, usf.

Das *Arbeitspapier,* von manchen auch „handout" genannt, dient der effizienten Information des Seminars, oft begleitend zu einem Referat. Es soll die Hörenden davon entlasten, sich wichtige Daten und dergleichen zu notieren, so dass sie mit ungeteilter Aufmerksamkeit den Vortrag verfolgen können. Das *Thesenpapier* soll dagegen helfen, eine interessante Diskussion anzuleiten. Es ist also Information und Anregung zugleich.

Es ist gar nicht so leicht, diese kurzen Papiere gut hinzubekommen. Etwas Übung darin ist unabdingbar, weil diese Art der Kommunikation auch nach dem Studium immer wieder vorkommen wird. Lehrer, Journalisten, Referenten, Berufspolitiker – sie alle müssen klare Standpunkte und stichhaltige Argumente in prägnanter Form vortragen können, wenn sie überzeugen wollen, und ein kurzes Papier, ein „handout", ist ein effizientes Hilfsmittel dabei.

Die *Buchbesprechung* ist eine andere kurze Schriftform, die vor allem im Grundstudium häufiger eingesetzt wird, um an das wissenschaftliche Schreiben heranzuführen. Zwei Seiten sind dabei oft das Maximum. Wenn mehrere Bücher behandelt werden, können es auch schon einmal fünf oder mehr Seiten sein. Doch die Wiedergabe und kritische Beurteilung eines wissenschaftlichen Werkes ist nicht völlig beliebig. Auch hier gibt es gewisse Konventionen, gewisse Standards, denen eine solche Kritik genügen muss.

Aus den anglo-amerikanischen Universitäten kommend hat die Form des *Essays* in deutschen Universitäten Einzug gehalten. Dabei handelt es sich um kurze schriftliche Ausarbeitungen, die oft nicht mehr beinhalten, als die kommentierende Zusammenfassung der Seminarlektüre für eine oder mehrere Sitzungen. Manchmal geht die Frage, die ein Essay behandeln soll, aber auch über das Seminarthema hinaus. Essays bieten etwas mehr stilistische Freiheiten als andere Formen wissenschaftlicher Texte. Das heißt aber nicht, dass Essays keine Struktur brauchen. Auch hier ist also eine gute Textgestaltung für die Qualität mitentscheidend.

Die *Klausur* ist heute ein gängiger Bestandteil des B.A.-Studiums, weil mit der Verschulung des Grundstudiums große Stoffmengen angeeignet und reproduziert werden sollen. Ob das eine Verbesserung gegenüber früher üblichen Formen der Didaktik ist, sei dahingestellt. Ein paar Grundregeln für offene und geschlossene Formen von Klausuren gibt es jedenfalls, die die Vorbereitung dafür erleichtern.

1.3 Die mündlichen Formen

Überall wird mehr geredet als geschrieben, auch an der Universität. Und das ist gut so, denn die mündliche Kommunikation ist immer noch die schnellste und lebendigste. Es kommt aber auch hier darauf an, *was* gesagt wird und *wie* es gesagt wird.

Das mündliche *Referat* ist die beste Gelegenheit, das Vortragen zu üben. Wann hat man schon Gelegenheit, zu einer Gruppe von 20 bis 40 Interessierten über eine halbe Stunde lang zu sprechen? Nicht oft. Umso größer ist aber auch die Verantwortung, einen Beitrag zu leisten, mit dem alle oder jedenfalls die meisten etwas anfangen können, der weder zu langweilig noch zu oberflächlich ausfällt.

Dasselbe gilt im Grunde für jeden einzelnen *Diskussionsbeitrag*. Eine Wortmeldung in einer Diskussion sollte auch wirklich zum Thema passen, dem Stand der Diskussion entsprechen und nicht zu langatmig ausfallen. Natürlich sind gerade am Anfang des Studiums auch nicht ganz klare Beiträge zur Diskussion kein Beinbruch, im Gegenteil: Sie sollten sie als Übung auffassen. Falsche Scham ist hier fehl am Platz.

Die *Moderation* ist schließlich eine abstrakte wie vertrackte Aufgabe. Eine Diskussion ist unberechenbar: Jedenfalls theoretisch kann ständig alles Mögliche passieren. Die Aufgabe der Moderation ist es, sie interessant zu halten und eine erkennbare Struktur herzustellen. Es geht aber auch darum, in einer Diskussion Wortbeiträge zu ordnen, Chancengleichheit zu wahren oder erst herzustellen, und dabei zu versuchen, Ergebnisse zusammenzufassen oder neue Aspekte in die Diskussion einzubringen. Solchen Anforderungen gerecht zu werden, erfordert Übung, und deshalb sollte keine Gelegenheit versäumt werden, hierin Erfahrungen zu sammeln.

In diesem Band kann nun nicht jede dieser Arbeitsformen gleich ausführlich behandelt werden. Im Vordergrund stehen jene, die für das Studium der Politikwissenschaft die wichtigsten sind: Referat und Seminararbeit. Seminararbeiten kommen im Studium nicht nur häufig vor. Sie sind außerdem gute Gelegenheiten, sich auf die Abfassung einer Examensarbeit vorzubereiten. Denn für die wesentlich längeren Examensarbeiten gelten dieselben Regeln, und sie bereiten die gleichen Probleme wie Seminararbeiten. Schriftliche Arbeiten bilden sozusagen den „Kern" wissenschaftlicher Tätigkeit.

Referate sind in späteren Studienphasen besonders wichtig, denn fortgeschrittene Seminare bestehen zu einem großen Teil aus mündlichen Vorträgen und Diskussionen auf dieser Grundlage. Gelingen die Vorträge, gleichviel ob kurze oder lange, profitiert das ganze Seminar davon. Umgekehrt nützt das beste Seminarthema wenig, wenn die Referate zu lang oder zu unverständlich sind, oder zu schlecht vorgetragen werden. Die Fähigkeit zu entwickeln, gut referieren zu können, ist ebenso wichtig wie gute schriftliche Arbeiten zu produzieren, denn die mündliche Kommunikation ist außerhalb der Wissenschaft fast immer wichtiger als das Schreiben von Texten.

1.4 Ein Plädoyer für die Gruppe

Seminararbeiten und Referate können übrigens auch von Gruppen ausgearbeitet werden, und es ist unbedingt zu empfehlen, sich darin zu üben. Allerdings darf man sich nicht der Illusion hingeben, mit anderen zusammenzuarbeiten bedeute automatisch weniger Arbeit für den einzelnen. Zum einen wird von einer Gruppe mehr erwartet als von einem einzelnen, zum anderen tauchen alle möglichen Koordinierungsprobleme auf, von der Terminwahl bis zur Absprache der arbeitsteiligen Lektüre. Nur für ein eingespieltes Team, und das kann aus jeder Arbeitsgruppe entstehen, ist der Arbeitsaufwand in der Regel geringer als für Einzelkämpfer. Wichtig ist es also, erst einmal den eigenen Arbeitsprozess zu beherrschen, bevor man das eigene Chaos in eine Gruppe hineinträgt.

Trotzdem ist die Arbeit in Gruppen wichtig für ein erfolgreiches und befriedigendes Studium. Sie lernen nicht nur kleine Arbeitsprozesse zu organisieren, mit anderen konstruktiv umzugehen, und mit kleinen Konflikten fertigzuwerden. Gemeinschaftliches Arbeiten macht meistens auch wesentlich mehr Spaß als isoliertes Wursteln. In der Gruppe ist mehr Selbstbeobachtung beim Referieren möglich, Perspektiven und Wissen ergänzen sich - kurz: All das, was heute gern „synergetische Effekte" genannt wird, wird in der Gruppe möglich.

Übrigens gibt es nicht nur Arbeitsgruppen innerhalb einzelner Seminare. Am fruchtbarsten sind Arbeitsgruppen, die sich über mehrere Semester erstrecken, in denen von Seminaren unabhängig grundlegende Werke gelesen werden oder in denen die eigenen Ausarbeitungen kritisch kommentiert werden können. Solche Studiengruppen bilden sich aber nicht von allein, und die heute häufig vollgestopften Studienpläne lassen dazu auch weniger Raum als dies früher der Fall war. Man muss schon selber die Initiative ergreifen, um einen solchen Arbeitszusammenhang zu schaffen. Liberale Lehrende können Ihnen hierbei helfen.

1.5 Vom Vorzug der Vorlesung

Die Vorlesung wird in Einführungen in die wissenschaftliche Arbeitstechnik meist gar nicht behandelt. Das mag damit zu tun haben, dass diese Art von Lehrveranstaltungen im Studium der Sozialwissenschaften in Deutschland offenbar von untergeordneter Bedeutung war. Mit der Bologna-Reform hat sich dies aber geändert: In allen B.A.-Studiengängen werden Vorlesungen als die wichtigsten Vehikel zur Vermittlung von großen Stoffmengen angesehen.

Um von Vorlesungen zu profitieren, empfehlen sich zwei Dinge. Erstens: Lesen Sie die Vorbereitungstexte und notieren Sie sich Fragen. Aus der Lehrforschung wissen wir, dass diese Erarbeitung und die Diskussion darüber zu den größten Lerneffekten führt. Zweitens: Machen Sie sich in der Vorlesung Notizen. Je nachdem, wie schnell mitgeschrieben wird, können aus diesen Aufzeichnungen ganz Skripte entstehen, an denen man sich später immer wieder orientieren kann. Dieses Verfahren hat vor allem den Effekt, dass die Inhalte gut erinnert werden: Was man einmal gehört, niedergeschrieben und hinterher vielleicht noch einmal redigiert hat, das bleibt viel länger im Gedächtnis haften als der Inhalt flüchtiger Lektüre. Auch die heruntergeladenen „power point"-Folien der Dozenten können dies nicht ersetzen. Wie beim Protokoll empfiehlt es sich auch bei einer Vorlesung, die Notizen zu Hause gleich mit den eigenen Notizen zu einem lesbaren Skript zusammenzufügen, weil zu diesem Zeitpunkt noch alles frisch in Erinnerung ist.

Vorlesungen sind die Lehrformen, in denen Studierende am wenigsten Einfluss auf die Inhalte haben. Ihr großer Vorteil ist, dass in ihnen große Überblicke über ganze Teilbereiche des Fachs gegeben werden können. Dies erlaubt natürlich nicht allzu viel Beliebigkeit der Inhalte und auch nicht allzu viel langwierige Diskussion. Allerdings kann man auch in einer Vorlesung Fragen an Professorinnen und Professoren richten. Diese Fragen müssen sich nicht immer auf das gerade Vorgetragene beziehen. Es ist durchaus angemessen, sich beim Redigieren der Notizen Fragen zu notieren und diese beim nächsten Mal zu stellen.

Statthaft ist es auch, Vorlesungsstile zu kritisieren. Das muss nicht *coram publico* geschehen, sondern kann z. B. über die Fachschaften geschehen, wo Meinungen gesammelt werden können. Viele Fachschaften, Institute oder Universitäten organisieren zudem regelmäßig Studientage oder ein „Tag der Lehre", an denen Dozenten und Studenten die Lehrpraxis diskutieren können. Manche Dozenten reden zu schnell, andere zu eintönig, manche verwenden komplexes Schriftdeutsch, andere halten sich vielleicht zu lange mit Beispielen auf, die nächsten reproduzieren bloß, was in einem Lehrbuch steht. Das alles muss nichts über die Qualität des Inhalts einer Vorlesung aussagen. Hegel war ein miserabler Redner, aber die Mitschriften seiner Vorlesungen sind Klassiker der Philosophie geworden. Dementsprechend wird Ihnen jeder aufgeschlossene Dozent für Verbesserungsvorschläge zu Vortragsstil und -inhalt dankbar sein.

Es ist etwas aus der Mode gekommen, aber: Als Studierende können Sie auch diesen Typ Lehrveranstaltungen beeinflussen. Erstens kann man Dozentinnen und Dozenten bitten, bestimmte Aspekte in ihrer Vorlesung mit zu behandeln, und zweitens kann man, wenn es sich nicht um ganz partikulare Interessen handelt, das Institut oder einzelne Lehrende bitten, zu einem bestimmten Themengebiet eine Vorlesung oder wenigstens ein Seminar anzubieten. Diese Nachfrage-Orientierung der Lehre ist mit der stärkeren Reglementierung durch Bologna wohl schwieriger geworden, sie steht jeder modernen Universität aber ganz gut zu Gesicht.

Noch ein Wort zur Auswahl von Vorlesungen: Soweit diese Lehrveranstaltungen nicht obligatorisch sind, ist natürlich das eigene Interesse der wichtigste Ratgeber für die Auswahl. Zugleich spielt aber auch eine Rolle, ob der dargebotene Stoff nicht effizienter durch Lektüre zu lernen ist. Sofern sich das im Vorgriff feststellen lässt, ist es unter Umständen angebrachter zu lesen statt zu hören.

1.6 Selbstorganisierte Seminare

Ein Studium muss nicht ausschließlich „nach Vorschrift" verlaufen. So wichtig es ist, den „Schein"-Anforderungen Genüge zu leisten und die vorgeschriebenen Lehrveranstaltungen zu besuchen, ebenso wichtig ist es, den Raum für Eigenes zu nutzen, den gerade die sozialwissenschaftlichen Studienfächer bieten. Schon über die Wahl Ihres Studienorts haben Sie Einfluss darauf, wie viel Freiheit im Studium möglich ist. Der Initiative aus persönlichem Interesse sind jedoch an keinem Ort Grenzen gesetzt. Ein wirklich fruchtbares Studium der Politikwissenschaft ist ohne Interesse für die Politik auch kaum möglich. Und das eigene politische Engagement ist nach wie vor einer der häufigsten Gründe, ein politikwissenschaftliches Studium zu beginnen.

1.6 Selbstorganisierte Seminare

Mit diesem Interesse lässt sich etwas anfangen. Man darf es nicht durch Seminarthemen und Vorlesungen ersticken lassen, die oft mehr Abteilungsdenken und den Schematismus der Pflichtveranstaltungen widerspiegeln als die Anliegen der Studierenden. So wichtig also bestimme Inhalte in der Lehre sind, die Freiheit der Lehre ist auch für diejenigen eine Freiheit, die unterrichtet werden. Weiter oben wurde schon hervorgehoben, dass in fast allen Seminaren die Möglichkeit besteht, auf die Themen einzelner Sitzungen oder Teile ihrer Konzeption Einfluss zu nehmen. Niemand unter den Lehrenden ärgert sich über Engagement, solange es sich produktiv umsetzt. Viele sind auch für Vorschläge für ganze Seminare dankbar. Unter Umständen lassen sie sich ja auch gemeinsam vorbereiten und gestalten. In Einführungsveranstaltungen, in denen es in erster Linie um die Beherrschung der elementaren wissenschaftlichen Techniken gehen soll, ist dies recht häufig möglich.

An allen fortschrittlichen Universitäten gibt es darüber hinaus die Tradition der „autonomen Seminare". Dort treffen sich nicht Radikalinskis, sondern Studierenden, die sich unabhängig von professoraler Aufsicht aus Interesse für ein Thema zusammenfinden, um ein „eigenes" Seminar zu veranstalten. Solange ein Minimum von Qualitätssicherung gegeben ist, ist dies auf jeden Fall eine hervorragende Gelegenheit, ganz nach eigenen Interessen und doch gemeinsam zu lernen. Fragen Sie Ihre Studienkommission nach solchen Möglichkeiten.

Zugleich ist es auch eine Übung in Organisation. Autonome (selbstorganisierte) Seminare leben vom Engagement ihrer Mitglieder. Doch das kann sehr schnell in Mitleidenschaft gezogen werden, wenn die Organisation nicht funktioniert. Wie man als Gruppe einen Arbeitsprozess gemeinsam sowohl leitet wie auch durchführt, lernt man hier schnell, weil man es muss. Sonst geht das autonome Seminar rasch ergebnislos zu Ende.

Im Grunde unterscheidet sich ein autonomes Seminar nicht von dem, was weiter oben schon als „Studiengruppe" beschrieben wurde. Der Unterschied ist, dass es dafür „Credit Points" geben kann. Die Voraussetzung dafür ist allerdings, dass die Leistungen von einem Mitglied des Lehrkörpers überprüft worden sind. Bevor man sich nun darauf verlässt, dass ein autonomes Seminar auch „schein"-relevant ist, gilt es also immer zu prüfen, wie die Hauspolitik am Institut hierzu aussieht.

Werke der politischen Theorie sind für diese Lernform besonders zu empfehlen, weil ihre Lektüre immer etwas schwieriger ist als die sogenannter „empirischer" Arbeiten. Das heißt nicht, dass diese für Studiengruppen nicht in Frage kommen. Aus jedem Teilbereich der Politikwissenschaft gibt es eine ganze Reihe von Schriften, die für die Entwicklung des Faches ganz wesentlich geworden sind und deren intensives Studium und Diskussion in der Gruppe sich lohnt.

1.7 Lehrveranstaltungen bewerten

Das Thema „Evaluation der Lehre" ist in Deutschland lange keines gewesen. Das hat sich in den letzten Jahren grundlegend geändert. Wenn heute Professuren ausgeschrieben werden, schicken die Bewerber in der Regel alle Auszüge aus ihren Lehrevaluationen mit. An immer mehr Universitäten werden auch im Zuge der Akkreditierung von Studiengängen Qualitätssicherungssysteme eingeführt, die regelmäßige Lehrevaluationen vorschreiben. Auch wenn aus studentischer Sicht die zunehmende Anzahl an Fragebögen nervt, sollten Sie Lehrevaluationen dennoch als Chance sehen, Veranstaltungen verbessern zu können. Für Lehrende ist es sehr wertvoll, jedes Semester ein „feedback" zu bekommen.

Diese bürokratische Form der Seminarkritik sollte jedoch den direkten Austausch im Gespräch mit den Lehrenden nicht ersetzen. Mindestens ein Drittel der letzten Sitzung eines Seminars sollte der kritischen Rückschau dienen: Was konnte erreicht werden und wo blieb das Seminar hinter den Erwartungen zurück? Woran hat es gelegen?

Eine solche Diskussion hat den gleichen Sinn wie die formalisierte Evaluation der Lehre über Fragebögen: Sie soll helfen, die Qualität der Lehrveranstaltungen zu verbessern. Deshalb sollte das Konzept und die Durchführung des Seminars mit der nötigen Offenheit aber auch dem nötigen Respekt behandelt werden, sowie der Service und die Erreichbarkeit der Seminarleitung und die Qualität der Referate und Diskussionen beurteilt werden. Diese Kritik muss nicht in unversöhnlichem Ton vorgetragen werden, kann aber in aller Offenheit und Bestimmtheit geäußert werden. Zwar bleibt immer eine Machtdifferenz zwischen Lehrenden und Lernenden bestehen. Schließlich vergibt die Seminarleitung die Zensuren. Doch nur sehr selten hört man den Vorwurf, dass Studienleistungen wegen Kritik an Lehrenden ungerecht benotet worden seien. Es gibt allerdings zwei Kritikpunkte in diesem Zusammenhang, auf die Lehrende mit Recht ungehalten reagieren können:

Das ist zum einen der Einwand, „einige wenige" hätten die Diskussion auf Kosten anderer dominiert. Wenn dies tatsächlich der Fall war, dann stand der schweigenden Mehrheit doch immer der Weg offen, dagegen etwas zu unternehmen. Hat sie dies unterlassen, dann wirkt eine derartige Kritik nicht besonders überzeugend.

Ebenso blass wirkt die Kritik, die Themen des Seminars seien durchweg „langweilig" oder „uninteressant" gewesen. Auch hieran können Studierende etwas ändern. Denn die Universität ist trotz aller Hierarchien Teil eines demokratischen Gemeinwesens. Sie können und sollen mitbestimmen! Und nach unseren Erfahrungen sind alle Dozenten grundsätzlich für Vorschläge offen.

Natürlich lässt sich die Kritik an Lehrveranstaltungen auch formalisieren. Studierende an US-amerikanischen Universitäten vergeben Zensuren zu allen möglichen Aspekten, angefangen von der akustischen Verständlichkeit bis hin zur sachlichen Kompetenz und Hilfsbereitschaft des Dozenten. Weil dort die Benotungen zum Zeitpunkt der Evaluation der Lehre aber meist schon bekannt sind, hat sich eine klare Korrelation zwischen der Strenge der Benotung durch den Dozenten und der Einschätzung durch die Studierenden herausgebildet: Wer als Dozent schlechte Noten gibt, bekommt selbst welche von den Studenten. Um die Verbesserung der Lehre nicht von solchen anonymen Zensurenschlachten abhängig zu machen, sollte die formalisierte Evaluation der Lehre deshalb nur Ergänzung, nie alleinige Methode sein. Eine offene Diskussion ist immer fruchtbarer für beide Seiten.

1.8 Ins Ausland?

Eine große Stadt, der Mittelpunkt eines Reichs, in welchem sich die Landeskollegia der Regierung desselben befinden, die eine Universität (zur Kultur der Wissenschaften) und dabei noch die Lage zum Seehandel hat, welche durch Flüsse aus dem Inneren des Landes sowohl als auch mit angrenzenden entlegenen Ländern von verschiedenen Sprachen und Sitten einen Verkehr begünstigt, – eine solche Stadt, wie etwa Königsberg am Pregelflusse, kann schon für einen schicklichen Platz zur Erweiterung sowohl der Menschenkenntnis als auch der Weltkenntnis genommen werden, wo diese, auch ohne zu reisen, erworben werden kann.

So schrieb es Immanuel Kant 1798 noch in seine „Anthropologie in pragmatischer Absicht" hinein. Damals mag es gute Gründe gegeben haben, vom Studium ins Ausland abzusehen: Reisen war teuer, die Aufnahme in eine andere Universität ungewiss, und die Qualität der Professoren schwer einzuschätzen. Heute ist es aber nicht mehr so schwierig, für ein oder zwei Semester ins Ausland zu gehen. Der Bologna-Prozess und das Erasmus-Programm haben es für Studierende viel einfacher gemacht, wenigstens innerhalb der EU das Studienland zu wechseln. Die Neigung der Deutschen, immer noch mehr Vorschriften zu erfinden, macht es faktisch aber oft schwierig. Studienordnungen werden immer dicker und komplizierter. Lassen Sie sich aber nicht abschrecken, Sie werden bestimmt Lehrende finden, die Sie unterstützen und Dinge möglich machen.

Aber auch die Vielfalt der Stipendienangebote durch den „Deutschen Akademischen Austauschdienst" (DAAD) oder die im Rahmen von Universitätspartnerschaften bestehende Austauschprogramme bieten Anknüpfungspunkte, um ein Auslandssemester oder einen ganzen Studiengang im Ausland zu organisieren. Die erste Anlaufstelle für alle Recherchen zu diesem Thema sind immer die Akademischen Auslandsämter der eigenen Universität.

Es ist nicht nur aber auch eine Frage des Engagements, ob die Versuche von Erfolg gekrönt sind. Die Chancen sind jedenfalls trotz allgemeiner Mittelknappheit so schlecht nicht. Wenigstens über die Erasmus-Programme, an denen alle deutschen Universitäten teilhaben, sollte ein einsemestriger Auslandsaufenthalt ohne großen Aufwand möglich sein. Das schränkt die Wahl allerdings auf die jeweiligen Partneruniversitäten ein, die innerhalb der EU liegen.

Der Vorzug des Auslandsstudiums gilt natürlich ganz besonders für alle, die sich im Studium intensiv mit weit entfernten Ländern oder Regionen beschäftigen. Auslandstudien sind natürlich dann besonders interessant, wenn Sie sich für einen Masterstudiengang mit regionalem Schwerpunkt, etwa den Nahen Osten oder Lateinamerika entscheiden. Wer sich für Nahostpolitik interessiert und Arabisch lernen möchte, ist in Kairo oder Amman sicher besser aufgehoben als in Brüssel oder Chicago. Aber auch denjenigen, die keinen regionalen Schwerpunkt entwickeln wollen oder anstreben später im internationalen Kontext zu arbeiten, sei ein Auslandsstudium empfohlen: Es hilft, neue Perspektiven zu entwickeln und steigert die Selbständigkeit. Inzwischen bieten jedoch auch viele europäische Universitäten internationale M.A.-Programme an, in denen an zwei oder mehr Orten studiert wird und zum Teil sogar ein Doppelabschluss erworben werden kann.

Ohne Fremdsprachenkenntnisse geht das alles natürlich nicht. Die Beherrschung von Fremdsprachen ist zugleich Voraussetzung wie Resultat von Auslandsaufenthalten. Viele scheuen den Aufwand, neben dem Englischen eine weitere Fremdsprache so weit zu erlernen, dass sie wenigstens Zeitungen in dieser Sprache lesen können. Die Mühe lohnt sich aber immer, weil man mit jeder Fremdsprache eine neue Welt kennenlernt. Übrigens erwartet niemand perfekte Fremdsprachenkenntnisse *vor* einem Auslandsstudium, denn ein Ziel eines solchen Aufenthalts ist ja gerade die Verbesserung der Sprachkenntnisse.

1.9 Praktika mit Perspektive

Nicht alles muss sofort passieren. In den letzten Jahren kann man in Deutschland ohne objektiven Grund eine zunehmende Nervosität unter Studierenden beobachten: Viele glauben offenbar, dass sie am Arbeitsmarkt keine Chancen haben werden, wenn sich nicht schon im B.A.-Studium drei Praktika und zwei Auslandssemester absolviert haben. Sachliche Gründe für diese Nervosität gibt es unseres Wissens nicht.

Aber natürlich ist es sinnvoll, das, was man im Studium lernt, durch Einblicke in Berufsfelder zu ergänzen. Zwar kann aus einem Praktikum auch eine spätere

1.9 Praktika mit Perspektive

Anstellung resultieren, aber der Hauptzweck ist doch, dass Studierende besser einschätzen können, ob ihnen das angestrebte Berufsfeld auch wirklich zusagt. Weiß man wirklich so genau, was im Büro eines Parlamentsabgeordneten geschieht, wie der Alltag eines Redakteurs aussieht, oder wie Interessenverbände funktionieren? Über all dies kann man sich durch Praktika Klarheit verschaffen, oder zumindest etwas lernen. Und wenn das Ergebnis eine Desillusionierung ist, weil die Vorstellung von einem Berufsfeld doch arg idealisiert war und ganz und gar nicht der vorgefunden Realität entsprach, dann ist auch das ein Fortschritt. Nun kann man sich nach Alternativen umsehen und vielleicht ein zweites Praktikum in einem anderen Gebiet organisieren.

Gefällt das Berufsfeld, dann haben Praktika einen weiteren Zweck: Kontakte zu knüpfen und Anregungen aufzunehmen. Das muss nicht in Schleimerei ausarten. Sehr oft aber ergeben sich aus einem Praktikum weiterführende Verbindungen. In manchen Fällen ist vielleicht eine Form der freien Mitarbeit auch nach dem Praktikum möglich, in anderen ergeben sich Kontakte zu anderen Institutionen oder Einzelpersonen, die sich mit noch interessanteren Dingen beschäftigen. Während des Praktikums sollte man also genau darauf achten, wie „der Laden", in dem man sich befindet, in sein Umfeld eingebettet ist: Mit welchen Institutionen, Einrichtungen, Firmen, Medien usw. hat die Institution zu tun? Bieten diese interessante Anknüpfungspunkte, die für eine Berufstätigkeit ebenfalls in Betracht kommen?

Ebenso wichtig sind die Konsequenzen, die sich aus den Praktikumserfahrungen für das Studium ergeben: Wollen Sie ein bestimmtes Berufsfeld nun ganz bewusst anstreben, dann bietet es sich an, auch die Examensarbeit thematisch relevant anzusiedeln. Einerseits erwirbt man dann während der Bearbeitungszeit schon eine ganze Reihe Kenntnisse in der Materie, andererseits kann eine gelungene Examensarbeit ein gutes „Entrée" in ein Berufsfeld sein.

Am Beginn der ganzen Praktikumsfrage aber steht die Suche nach einem Praktikumsplatz. Dabei ist man auf sich selbst angewiesen. Es gibt zwar mittlerweile in vielen sozialwissenschaftlichen Fachbereichen sogenannte „Praktikumsbeauftragte". Deren Funktion ist es aber nicht, Praktikumsplätze zu vermitteln, sondern bei der Suche nach Plätzen zu helfen. Die eigene Recherche ersetzen sie also meistens nicht. Politische Institutionen, große Medien, Verbände oder Nichtregierungsorganisationen finden Sie schnell im Internet. Auch Branchenbücher sind meist schon eine wertvolle Hilfe, wenn etwa nach Verlagen in der Heimatstadt gesucht wird. Sie können auch Dozenten fragen, die ja mit den Akteuren und Institutionen vieler politischer Felder häufig gut vertraut sind. Jeder Mitwirkende aus der anvisierten Branche weiß außerdem noch viel mehr, so dass das gute alte persönliche Gespräch oder ein längeres Telefonat auch hier weiterhilft.

Praktika können Sie natürlich auch im Ausland absolvieren, entsprechende Fremdsprachenkenntnisse immer vorausgesetzt. Am einfachsten ist das noch für das europäische Ausland oder über deutsche Organisationen und Unternehmen, die im Ausland tätig sind. Das nächstgelegene „British Council " oder „Institut Français", Kulturvereine, konsularische Vertretungen und dergleichen sind dafür immer erste Anlaufadressen. Es muss aber nicht gleich die EU oder die UNO sein. Das klingt zwar attraktiv, und die Nachfrage nach diesen Praktikumsplätzen ist groß. Doch die Chancen, einen Platz zu ergattern sind gering, abgesehen von den nicht unerheblichen Kosten, die der Aufenthalt in einer der großen Metropolen während eines unbezahlten Praktikums mit sich bringt. Und grundsätzlich gilt: Je hochrangiger die Einrichtung, desto geringer die Chance, dass sich aus dem Praktikum etwas Bleibendes ergibt. Abgeordnetenbüros, Wahlkampfzentren, Pressestellen, Gewerkschaften, Interessen- und Kulturverbände, Parteizentralen, Stiftungen, Kirchen, Nichtregierungsorganisationen, Verwaltungen, Redaktionen, Archive, Forschungsinstitute - all diese Einrichtungen stehen für Praktika zu Verfügung. Für viele Praktikumsplätze gilt dasselbe wie für Referatsthemen: Nicht alles, was glänzt, ist bei näherer Bekanntschaft wirklich interessant. Manches scheint dagegen zunächst unscheinbar und langweilig, ist aber in Wahrheit ein lebhaft schillerndes Feld.

Schließlich gibt es noch das leidige Thema der Bezahlung oder „Aufwandsentschädigung". Auch wenn Praktikanten in vielen Einrichtungen nicht als vollwertige Arbeitskräfte aufgefasst werden, so ist es doch legitim, einen Zuschuss zu Reise- und Unterkunftskosten oder ein Grundhonorar zu erwarten. Alle Einrichtungen des Bundes haben das in Deutschland zum Grundsatz gemacht. Von Nichtregierungsorganisationen mit klammen Budgets ist es eher nicht zu erwarten. Fragen Sie nach, unter Wert sollte man sich nicht anbieten

Zum Schluss noch eine Entwarnung: Wenn es auf Anhieb mit dem Auslandswunsch oder der dem „Traum-Praktikum" nicht klappt, machen Sie sich nicht allzu viel draus. Das Leben lässt sich nun mal nicht von vorne bis hinten planen. Aus der Erfahrung von zusammengenommen rund 200 Studierenden, die wir in den letzten zehn Jahren im Examen als Erstgutachter betreut haben, lässt sich sagen: Es werden sich sicher andere Türen öffnen!

Literatur

Booth, Wayne, Gegory Colomb, und Joseph Williams. 2008. *The craft of research*, 3. Aufl. Chicago: University of Chicago Press.

Franck, Norbert. 1998. *Fit fürs Studium. Erfolgreich reden, lesen, schreiben*. München: dtv.

Hancké, Robert. 2009. *Intelligent research design: A guide for beginning researchers in the social sciences.* Oxford: Oxford University Press.

Junne, Gerd. 1993. *Kritisches Studium der Sozialwissenschaften. Eine Einführung in Arbeitstechniken,* 3. Aufl. Stuttgart: Kohlhammer.

Kalina, Ondrej, Stefan Köppl, Uwe Kranepohl, Rüdiger Lang, Rüdiger Stern, und Alexander Straßner. 2003. *Grundkurs Politikwissenschaft: Einführung ins wissenschaftliche Arbeiten.* Wiesbaden: Springer VS.

Malowitz, Karsten. 2003 Politikwissenschaftler – mehr als ein Beruf. In *Politikwissenschaft. Ein Grundkurs,* Hrsg. Herfried Münkler, 623–651. Reinbek: Rowohlt.

Simonis, Georg, und Helmut Elbers. 2011 *Studium und Arbeitstechniken der Politikwissenschaft,* 2. Aufl. Wiesbaden: Springer VS.

Stykow, Petra, Christopher Daase, Janet MacKenzie, und Nikola Moosauer. 2010 *Politkwissenschaftliche Arbeitstechniken,* 2. Aufl. Stuttgart: UTB.

Wie gehe ich vor? 2

Seminararbeiten, Examensarbeiten, ja sogar Dissertationen sind sich sehr ähnlich: Die Arbeitsprozesse, die mit ihnen verbunden sind, lassen sich grosso modo in die gleichen Schritte zerlegen. Um diese grundlegenden Arbeitsschritte geht es in diesem Kapitel. Für alle diese schriftlichen Formen ist eine wohlüberlegte Themenwahl und ein reflektiertes Vorgehen genauso wichtig wie eine gründliche Recherche und eine ansprechende Gestaltung. Die folgenden Arbeitsschritte dienen dabei als grobe Orientierung (Abb. 2.1):

Diese drei Blöcke bilden die Inhalte dieses und der nächsten beiden Kapitel. Zunächst geht es also ums Planen.

2.1 Planen mit Zeit und Geld

So wie Sie das Semesterprogramm planen sollten, so sollten Sie auch die Arbeit in einem Seminar möglichst detailliert überlegen. Niemand wird im ersten Semester einen exakten Plan für das ganze restliche Studium aufstellen können und ihn dann stur verfolgen. Dazu sind viel zu viele unbekannte Größen im Spiel. Denn viele Pflichtseminare werden nicht in jedem Semester angeboten, manche fallen aus, andere können nicht besucht werden, weil nebenher Geld verdient werden muss oder weil familiäre Verpflichtungen dazwischen kommen.

Eine grobe Planung ist dennoch möglich. Die Studienordnungen, die es für alle Studiengänge gibt, sollten Sie deshalb möglichst frühzeitig konsultiert werden: Wie viele Seminare müssen im Studiengang absolviert werden, welche sind das und wann werden sie angeboten? Welche Anforderungen (Praktika, etc.) werden

Abb. 2.1 Die Hauptschritte schriftlicher Arbeiten

Planen und Entwerfen

Zeit und Geld

Wahl des Themas

Vorrecherche: erste Informationen

Überlegungen zum Thema und zur Fragestellung

Exposé

Die Recherche

Material finden

Sichten des Materials

Exzerpieren

Ordnen und Analyse des Materials

Das Schreiben

Kapitelstruktur entwickeln

Rohfassung

Gestaltung des Textes

Korrigieren und Gegenlesen

Endfassung

2.1 Planen mit Zeit und Geld

sonst noch gestellt? Wie viel Zeit steht für das Studium überhaupt zur Verfügung und wie wird es finanziert? All diese Dinge sind ja meist in Umrissen bekannt, und deshalb ist es in der Regel auch möglich zu planen, wann Sie welche Lehrveranstaltungen belegen. In MA-Studiengängen gibt es dabei in der Regel mehr Freiheiten als in den heute meist stark durchgetakteten B.A.-Studiengängen.

Mit diesem Studienplan im Hinterkopf kann die *Planung eines Semesters* erfolgen. In der ersten Woche kann man noch herumschnuppern, etwa wenn mehrere Veranstaltungen für eine Anforderung in Frage kommen, und beide nach den Informationen aus dem Vorlesungsverzeichnis und den Ankündigungen gleich attraktiv aussehen. Doch spätestens nach der ersten Semesterwoche sollte eine Entscheidung fallen. Das ist auch für die Dozenten wichtig, damit diese wissen, wer nun verbindlich dabei ist. Nun sind nicht nur die gesetzten Fristen, etwa für die Abgabe schriftlicher Arbeiten von Bedeutung, die Dozent oder Dozentin setzen, sondern auch die Themen, mit denen man sich beschäftigen möchte, und eben auch wieder die Verpflichtungen, die sich aus Jobs und anderen Kleinigkeiten ergeben. Wichtig ist dabei erst einmal nur die eine Überlegung:

▶ Wie viel Zeit habe ich zur Verfügung?

Gerade zu Beginn des Studiums wird der Stundenplan häufig überladen, weil der Arbeitsaufwand einzelner Lehrveranstaltungen unterschätzt wird. Es ist immer besser, sich zunächst auf die obligatorischen Lehrveranstaltungen zu konzentrieren, als in vielen nur wenig oder oberflächlich mitzuarbeiten. Denn ein Seminar, für das die Pflichtlektüre aus Zeitmangel nicht gelesen werden kann, kann nur frustrieren. Eine Vorlesung, die nur gelegentlich besucht wird, kann zwar noch anregen, wird jedoch kaum in einen bleibenden Lernerfolg münden. Fruchtbarer ist es deshalb, sich auf wenige Lehrveranstaltungen zu konzentrieren und für diese intensiv zu arbeiten. Mit „Bologna", der Einführung von B.A.- und M.A.-Studiengängen, hat die Wahlfreiheit in den politikwissenschaftlichen Studiengängen zwar in ganz Deutschland stark abgenommen. Umso wichtiger wird die Auswahl der Seminare und Vorlesungen. Und für diese Auswahl spielen die Themen und Vorkenntnisse eine große Rolle, aber auch die absehbare Qualität der Lehrveranstaltung:

- Bin ich mit den Gegenständen, von denen das Seminar handelt, schon gut vertraut, oder sollte ich erst einmal etwas ausführlichere Grundlagenlektüre betreiben?
- Wie viel Vorleistungen erbringt die Seminarleitung? Gibt es Literaturlisten, einen Reader, eine virtuelle Plattform mit den entsprechenden Textdateien oder nichts dergleichen? Werden genug Sprechstunden für die Beratung angeboten?

- Gibt es eine Seminarassistenz, die bei der Vorbereitung eines Referats oder beim Schreiben der Seminararbeiten beratend helfen kann?
- Ist es möglich, auf die Inhalte des Seminars Einfluss zu nehmen, indem etwa Themen modifiziert oder andere Themen aufgenommen werden?

Außerdem kommt es darauf an, welche Arbeitsformen im Seminar praktiziert werden und welchen Stellenwert das Themengebiet im persönlichen Interesse einnimmt: Sollen mehrere Essays oder eine längere Seminararbeit geschrieben werden? Wie wichtig ist mir das Thema? Handelt es sich zum Beispiel um ein Gebiet, das auch für spätere Arbeitsfelder von Belang sein kann, so dass sich eine intensivere Auseinandersetzung lohnt?

Alles, was wir bis hierhin behandelt haben, betrifft eher die Planung im Groben. Wenn Sie sich einmal für ein Seminar entschieden haben und wissen, was alles getan werden muss und wie viel Zeit zur Verfügung steht, dann steht auch der Planung einer Seminararbeit nichts mehr im Wege. Jetzt können Sie die oben genannten Arbeitsschritte von der Vorrecherche bis zur Endfassung nach einem ungefähren Zeitplan auf die nächsten Monate oder Wochen verteilen. Als Orientierung dient die dreigliedrige Übersicht in Abb. 2.2, wobei vom Ende aus gedacht werden sollte: Fangen Sie also mit dem vorgesehenen oder vorgegebenen Abgabetermin an und arbeiten Sie sich langsam zurück. Planen Sie großzügig, damit Sie sich nicht unnötig unter Druck setzen.

Planen diszipliniert. Solange man sich nicht wirklich selbst überfordert, haben Pläne den Effekt, zur Arbeit anzuhalten und zugleich die eigenen Fortschritte bemerkbar zu machen. Das Planen hat aber noch einen anderen Vorteil. Denn mit der Zeit lernen Sie, die eigenen Arbeitsprozesse schneller und sinnvoller zu organisieren und auch das eigene Arbeitstempo realistischer einzuschätzen ohne sich zu überfordern. Das ist eine ganz besonders wertvolle Qualifikation. Viele erlangen sie bis ins hohe Alter nicht. Soviel also zum Planen. Beim nächsten Schritt geht es dann schon um Inhalte.

- Konsultation von Handbüchern, Lexika; und Einführungswerken;
- Überfluglektüre von Büchern, die man sich über den Schlagwort- und /oder den systematischen Katalog besorgt oder aus dem Service der Seminarleitung wie dem Handapparat oder der Literaturliste;
- Lektüre einschlägiger Abschnitte in Einführungen und Überblickswerken, über das Sachregister oder das Inhaltsverzeichnis erschlossen.
- Kursorische Lektüre von aktuellen Zeitschriftenaufsätzen bzw. deren Kurzzusammenfassungen (Abstracts).

Abb. 2.2 Die Schritte der schnellen Vorrecherche

2.2 Die Wahl des Themas

Gemeinhin werden in den Sozialwissenschaften zwei Aspekte genannt, die bei der Themenwahl berücksichtigt werden sollen: Der eine ist das eigene intellektuelle Interesse, der andere die „gesellschaftliche Relevanz" eines Themas. Diese Aspekte gelten natürlich nicht erst für ein Referat- oder eine Seminararbeit, sondern schon für die Auswahl eines Seminars. Es gibt genug Seminare, die sich stärker an den Interessen und manchmal Obsessionen der Dozenten orientieren, als an der natürlich immer umstrittenen gesellschaftlichen oder wissenschaftlichen Relevanz einer Thematik. „Politikfeldanalyse" wird von den einen für essentiell gehalten, andere finden sie eher technokratisch. Oder was ist mit theoretischen Fragen, von denen die einen sagen „überflüssig und abstrakt" und die anderen „Ohne Theorie kann man den Rest gar nicht begreifen"?

So umstritten die Relevanz eines Themas sein mag, so unklar ist häufig auch das eigene Interesse. Vieles, was auf den ersten Blick interessant erscheint, erweist sich bei näherem Hinsehen als etwas langweilig; und vieles, was „tot" aussieht, wird höchst lebendig und interessant, wenn man sich damit beschäftigt. Aber trotzdem kann man sich bei der Themenwahl an einigen Leitfragen orientieren (Tab. 2.1):

Themen sind kein Schicksal. In allen guten Seminaren und Vorlesungen werden Ihnen die Dozenten Seminar- oder Vorlesungspläne vorlegen, in denen die Inhalte auf Sitzungen verteilt sind. Manchmal wird dort bewusst etwas freigehalten für die Wünsche der Studierenden, aber auch sonst können Sie Ihre Interessen äußern. Insbesondere in so genannten Wahlpflichtbereichen sollten Studierende Mitsprache ausüben, was in der Lehre angeboten wird. Das kann sich auf einzelne Sitzungen in Seminaren beziehen oder auf ganze Themengebiete, die in der Lehre zu kurz kommen. Viele Dozenten sind über solche Vorschläge sogar hocherfreut.

Die Themen in Seminaren sollten so präzise wie möglich formuliert werden. Darin sind auch nicht alle Dozenten Meister, so dass häufig nachgefragt werden muss, was mit einer Überschrift nun eigentlich genau gemeint ist, worauf bei einem Referat der Schwerpunkt gelegt werden und welche Aspekte nach Ansicht

Tab. 2.1 Leitfragen zur Themenwahl

Erscheint mir das Thema interessant und wichtig genug, um mich einige Wochen oder Monate damit zu beschäftigen?
Knüpft das Thema an mir bereits bekannte Gebiete an, die sich auch als aufschlussreich und bearbeitbar erwiesen haben?
Ist das Thema ausbaufähig und kompatibel mit anderen Themen, das heißt, ist es für andere Studieninhalte oder die Abschlussarbeit oder für die angestrebte Berufspraxis mutmaßlich von Bedeutung?

des Dozenten ausgeklammert bleiben sollten. Wenn das unklar ist, müssen Sie mit der Seminarleitung reden. Nur wenige Dozenten machen eine Referatsvorbesprechung zur Pflicht und wundern sich dann über aus ihrer Sicht abwegige Referate und Seminararbeiten. Aber natürlich sind hier beide Seiten, Studierende wie Lehrende, für ausreichende Klarheit verantwortlich.

Ist diese Klarheit schon für ein Referat wichtig, so ist sie für eine Seminararbeit unverzichtbar. Natürlich ergeben sich auch später noch Möglichkeiten, ein gewähltes Thema zu variieren, und fast alle Themen „bewegen" sich, während man daran arbeitet. Das macht es aber nicht überflüssig, das Thema so genau wie möglich zu bestimmen. Schon aus einem ganz praktischen Grund:

▶ Nur wer weiß, was er sucht, wird auch fündig!

Ohne genaue Formulierung des Themas, mit dem Sie sich im Rahmen eines Referats oder einer Seminararbeit beschäftigen, ist die Recherche sehr mühselig und frustrierend. Schon bei der Themenstellung sollte also genau überlegt werden, was der genaue Gegenstand sein soll und welche möglichen Forschungsfragen darin stecken. Jedes Thema muss zunächst einmal *abgegrenzt* werden. Eine Möglichkeit, das zu tun, wäre über die mögliche Forschungsfrage nachzudenken: Was ist hier unklar und müsste herausgefunden werden?

Ein Beispiel: Nehmen wir an, Sie besuchen ein Seminar über den Ost-West-Konflikt. Das Thema eines Referats ist die westdeutsche Außenpolitik zwischen 1945 und 1990. Fast immer sind hier Abgrenzungen möglich, die sich auf Zeit und Raum beziehen: Welche Phase soll betrachtet werden? Wirklich der gesamte Zeitraum oder nur die Hochphase des Kalten Krieges? Immer sind inhaltliche Abgrenzungen möglich: Will ich die Außenpolitik nach 1945 in ihrer Gesamtheit betrachten oder nur die des Auswärtigen Amtes? Geht es auch um Außenwirtschaftspolitik oder lediglich um den Bereich der militärischen Sicherheit?

Bei Referaten bedürfen solche Abgrenzungen natürlich der Abstimmung mit der Seminarleitung, damit nicht die Konzeption des Seminars darunter leidet, wenn alle Teilnehmer willkürlich Inhalte abändern. Es empfiehlt sich, die Themenwahl für eine Seminararbeit mit der genauen Formulierung eines Arbeitstitels abzuschließen und diesen der Seminarleitung vorzulegen, um Missverständnisse zu vermeiden. Dabei sollten Sie auch bedenken, ob es sich um ein Referat oder um eine Seminararbeit handelt, weil Referate grundsätzlich einen breiteren, informativen Charakter haben als die thematisch spezifischeren Seminararbeiten. Ist vorläufig eine klare Formulierung gefunden, beginnt der dritte Schritt:

2.3 Die schnelle Vorrecherche

Wie kann man schnell etwas über ein Thema erfahren? Die meisten werden heute wohl antworten: mal googlen oder bei „wikipedia" nachschlagen. Das ist legitim. Aber die wichtigste Quelle in der Wissenschaft ist immer noch die wissenschaftliche Literatur. Lesen Sie sich ein! Damit ist gemeint, dass Sie Artikel in Handbüchern oder Lexika als erstes lesen sollten, um sich einen Überblick zu verschaffen. Meist sind darin Standardwerke angegeben, in die Sie hineinschauen sollten. Vielleicht finden Sie über eine Zeitschriftenbibliographie auch ganz schnell einen aktuellen Aufsatz, der die neuere Diskussion zusammenfasst. Wenn Ihre Universitätsbibliothek viele Zeitschriften online zugänglich macht, dann ist auch „google scholar" eine Möglichkeit, schnell an aktuelle Zeitschriftenliteratur zu kommen.

Die nächste Quelle für Ideen wird fast immer vergessen: lebendige Menschen. Im Gespräch entwickeln sich Ideen und Fragen am schnellsten. Ihre Hauptgesprächspartner sollten die anderen Studierenden sein. Was ist wichtig an Thema X? Wo sind interessante Kontroversen dazu zu finden? Was kann man an Autor X kritisieren? Welche Aspekte wurden vernachlässigt und sind vielleicht für eine Seminararbeit interessant?

Das gilt schon für die Vorrecherche zu einem Thema. Über viele Themen, die sich sehr verlockend anhören, weiß man nicht viel. Im Internet wird man überschüttet mit Informationen, die man gar nicht haben will. Mitmenschen haben den Vorteil, dass man ihnen konkrete Fragen stellen kann und sie sich meist genötigt sehen, darauf zu reagieren – zum Beispiel die Dozenten, Tutoren und wissenschaftlichen Mitarbeiter, vor allem aber die Menschen, mit denen Sie studieren. Aber auch Freunde und Bekannte sind eine gelegentlich sehr effiziente Quelle für erste Informationen. Mündliche Auskünfte haben nur einen Nachteil: Sie sind nicht unbedingt zuverlässig. Sei es, weil der Bekannte auch nur vom Hörensagen her über ein Thema plaudert, weil er vor zwanzig Jahren ein schon damals veraltetes Lehrbuch gelesen hat, oder einfach weil er oder sie aufschneidet oder sich irrt – kurz: Die gewonnenen Informationen müssen überprüft werden. Das geschieht in der Wissenschaft traditionellerweise an Hand von schriftlichen Darstellungen, wobei die Unterstellung gilt, dass die gedruckten Gedanken und Informationen redlich überprüft wurden, bevor sie ihren Weg zwischen Buchdeckel fanden. Das stimmt natürlich nicht immer, aber jedenfalls häufiger als beim gesprochenen Wort. Um nun entsprechendes Druckwerk zu finden, sollten Sie aber schon wissen, wonach Sie suchen. Deshalb ist es sinnvoll, ein paar Stich- oder Schlagworte zum Thema zu überlegen, die in Katalogen und Lexika benutzt werden könnten. Dann gibt es vier Möglichkeiten, und sie machen die schnelle Vorrecherche aus:

Problem und Fragestellung:

- Was ist das generelle Thema? Ist es relevant?
- Wo steht die Fragestellung?
- Was will ich herausfinden?

Literatur, Theorie, Begriffe:

- Auf welche Fachliteratur beziehe ich mich?
- Nutze ich Theorien für eine Erklärung oder will ich Theorie(n) testen?
- Was sind meine theoretischen Ausgangspunkte?
- Sind die wichtigsten Begriffe irgendwo definiert?

Methoden, Material, Ergebnisse:

- Wie will ich vorgehen? Habe ich das beschrieben?
- Um welche Fälle soll es gehen?
- Was ist mein Material? Ist es angegeben?
- Wie will ich das Material auswerten?
- Sind Methoden angegeben?

Abb. 2.3 Prüffragen zum Exposé

Am besten ist natürlich die Kombination aller drei Verfahren. Aber auch hier hängt alles vom Plan ab: Hat man nur wenig Zeit zur Verfügung, muss die Konsultation von Handbüchern und Lexika reichen. Dabei gilt: Je weniger man von der Sache versteht, desto allgemeiner muss das Lexikon oder Handbuch sein. Häufig bringen schon die Artikel in besseren Konversationslexika hilfreiche Einsichten oder zumindest einige Stichwörter, zu denen man weitersuchen kann. Weiter helfen natürlich die einschlägigen Fachlexika, für die Politikwissenschaft etwa das von Dieter Nohlen herausgegebene „Lexikon der Politik", das von Manfred G. Schmidt verfasste „Wörterbuch zur Politik" oder die „Oxford Encyclopedia of Politial Science". Auch Einführungen in die entsprechenden Teilbereiche sind hilfreich, weil sie Ihnen sagen, welche Stellung das Thema im Fach hat und mit welchen anderen es sich verbindet. Gegenüber Wikipedia hat das den Vorteil, dass sie eine intensive Redaktion durch Fachleute durchlaufen haben. Eine gewisse Qualitätskontrolle ist also gegeben.

Über alle Computer, die Zugang zu den digitalen Angeboten Ihrer Universitätsbibliothek haben, können Sie heute auch ohne großen Aufwand ein paar aktuelle Zeitschriftenaufsätze aufrufen, die Ihnen den Stand der aktuellen Diskussion zum Thema zeigen können. Es mag am Anfang nicht immer leicht nachvollziehbar sein, was davon relevant und wichtig ist. Aber Sie bekommen jedenfalls schon einmal einen Eindruck, wie und von wem das Thema diskutiert wird. Und mit der Zeit werden Sie lernen, welche Literatur für Ihre Vorhaben besonders hilfreich ist und welche weniger. Auf jeden Fall wird Ihr Wissen nun ausreichen, um zu entscheiden, ob Sie beim Thema bleiben wollen oder ein anderes bearbeiten möchten. Bei Seminararbeiten ist es immer möglich, das Thema noch zu wechseln, vorausgesetzt, die Seminarleitung wird informiert. Gleiches gilt meistens für Referate. In diesem Fall müssen Sie aber unbedingt mit der Seminarleitung absprechen, wenn Sie ein anderes Thema bearbeiten wollen. Nicht immer wird es möglich sein. Oft werden in den ersten Sitzungen die Themen vergeben. Aber sprechen Sie mit Ihren Dozenten, vielleicht ist es möglich, ein Thema zu tauschen oder das Thema etwas abzuwandeln. Aber nichts ist störender in einem Seminar, als ein Referat, das einfach ausfällt. Im Prinzip aber spricht nichts dagegen, ein Thema wieder zurückzugeben, solange dies frühzeitig geschieht. Weitere Gründe hierfür können etwa sein, dass Termine kollidieren, dass andere Themen auf einmal interessanter erscheinen, oder die Feststellung, dass die eigenen Vorkenntnisse nicht ausreichen und sich auch nicht schnell genug aufarbeiten lassen. Das kommt allerdings selten vor, denn nach zwei, drei Semestern sind Studierende meist in der Lage, sich für jedes Referatsthema des Faches effizient und anspruchsvoll vorzubereiten.

Nur eines noch: Machen Sie sich schon bei dieser Vorrecherche Notizen! Oft lohnt es sogar schon, richtige *Exzerpte* anzufertigen, zum Beispiel aus umfangreicheren Handbuchartikeln. Sorgen Sie dafür, dass Sie nützlich erscheinenden Artikeln und Büchern wiederfinden können, indem Sie die bibliographischen Angaben und gegebenenfalls schon die Inhalte aufschreiben. Das kann, wie wir in Kap. 4 erläutern werden, handschriftlich, in einer Literaturdatei oder in einer Literaturdatenbank geschehen. Verzichtet man auf diese Dokumentationen der eigenen Arbeit, dann verschenkt man viel. Denn niemand kann sich alles merken, und einiges kann später in ganz anderen Zusammenhängen wieder nützlich werden. Für eine schriftliche Fassung sind Notizen mit allen bibliographischen Angaben sogar unabdingbar, wenn möglich auch mit der Signatur der entsprechenden Bibliothek. Nichts ist ärgerlicher, als bei der Endfassung einer schriftlichen Arbeit festzustellen, dass der Vorname eines Verfassers oder der Verlagsort fehlen.

2.4 Auf dem Weg zum Exposé: Überlegungen zu Thema und Fragestellung

Wenn Sie den Eindruck haben, dass Sie nun schon ganz gut wissen, worum es geht, dann setzen Sie sich hin und denken Sie nach. Wir empfehlen, ein Blatt Papier und Bleistift dazu zu legen. Lassen Sie den Computer erst einmal ausgeschaltet. Jetzt geht es darum, eine gute Fragestellung für Ihre Seminararbeit oder eine gute Struktur für Ihr Referat zu finden. Nach drei, vier Handbuchartikeln, einem Kapitel in einer Einführung und einem Informationsgespräch lässt sich bereits jedes Thema in diverse Aspekte zerlegen. Am besten schreiben Sie diese nun in einer Stichwortliste herunter und überlegen sich mögliche Gruppierungen und übergreifende Kategorien. Dazu können auch Oberbegriffe gehören, die vielleicht Randaspekte oder Berührungspunkte mit anderen Gebieten ergeben. Versuchen Sie einfach, alles, was Ihnen wichtig erscheint, in eine vorläufige Ordnung zu bringen Heute gibt es gute Computerprogramme, mit denen man das als „Mind-mapping" machen kann (zum „Mindmapping" und anderen Kreativtechniken siehe auch Kap. 4). Die Lernforschung hat aber gezeigt, dass es mit einem Blatt Papier und einem Stift effektiver geht, weil man freier gestalten kann. Ihre strukturierte Liste ist Ausgangspunkt für weitere Überlegungen:

- Welche Fragen stellen sich noch zum Thema?
- Welche Aspekte interessieren mich besonders?
- Gibt es ein „Rätsel", einen ungelösten, unbeantworteten Aspekt?
- Wie lässt sich das Thema gliedern?
- Lassen sich andere, plausiblere Gliederungen vornehmen?
- Welche Beziehungen bestehen zwischen den einzelnen Teilen?
- Eignet sich die Aufteilung bereits als Gliederung für ein Referat und seine schriftliche Ausarbeitung?

All diese Überlegungen leiten bereits zum nächsten Schritt über, der hier etwas künstlich abgetrennt ist. Denn in Wahrheit sind dies alles schon Fragen, die für die *Einleitung* einer wissenschaftlichen Arbeit von Belang sind. Für ein Referat mag es genügen, wenn Sie ein Thema in drei oder vier Kernaspekten vorstellen und dazu Thesen aufstellen, die die Diskussion anregen. Es muss dabei nicht unbedingt eine zentrale Frage im Mittelpunkt stehen. Ihre Zuhörer erreichen Sie aber eher, wenn Sie eine solche Frage haben, weil sie dann eher mitdenken, statt nur Fakten zur Kenntnis zu nehmen. Anders ist es bei Seminararbeiten und erst recht bei B.A.- oder Masterarbeiten. Hier brauchen Sie unbedingt eine

▶ FRAGESTELLUNG!

Dies Wort kann hier eigentlich nicht groß und auffällig genug geschrieben werden, denn eine Fragestellung ist für wissenschaftliche Arbeiten konstitutiv. Von der Fragestellung hängt die ganze Qualität einer wissenschaftlichen Arbeit ab. Sie können sie sich vorstellen als die Achse einer wissenschaftlichen Arbeit: Die Fragestellung trägt alles, und um sie dreht sich alles. Und weil die Fragestellung so wichtig ist, sollte sie gut überlegt sein.

Fragestellungen sollten nicht zu groß und nicht zu klein sein. Wer in der 15-seitigen Seminararbeit die Frage klären will „Was ist der Mensch?", der wird zwangsläufig Schwierigkeiten bekommen. Erst mit sich selbst, dann mit dem Dozenten. Das heißt nicht, dass dies eine dumme Frage wäre. Im Gegenteil, sie war für Immanuel Kant eine der vier Wichtigsten der Philosophie. Für eine Seminararbeit aber ist sie viel zu groß. Es gibt also auch für Fragestellungen Kriterien. Welche das sind, werden wir im folgenden Abschnitt behandeln. Darin stellen wir Ihnen zunächst das Exposé vor, eine Art Plan für Ihre schriftliche Arbeit. Mit diesem Exposé haben Sie schon alle wesentlichen Elemente für eine Einleitung, die wir danach behandeln.

2.5 Wie schreibe ich ein Exposé?

Wir empfehlen Ihnen aus Erfahrung, mit einem Exposé die Arbeit an einem Thema fortzusetzen. Ein Exposé ist ein Plan, aber einer mit Inhalten. Es ist gewissermaßen der Bauplan für eine wissenschaftliche Arbeit, die jede Seminararbeit ja schon darstellt. Das Exposé soll Ihnen und Ihren Dozenten Auskunft darüber geben, womit Sie sich beschäftigen wollen und wie das geschehen soll.

Dieser Schritt hat den Vorteil, dass Sie sich rechtzeitig über alle wesentlichen Dinge Gedanken machen müssen. Auf diese Weise merken Sie auch, ob ein Thema und eine Fragestellung „gehen" oder nicht. Das Exposé hat aber auch noch eine andere Funktion: Viele Lehrende wollen ein Exposé von Ihnen, bevor Sie Ihre Seminararbeit schreiben, um sicher zu gehen, dass alles „auf dem Gleis" ist. Spätestens wenn Sie sich Dozenten suchen, die Ihre Abschlussarbeit betreuen sollen, werden diese nach einem Exposé fragen, damit sie Sie beraten und Ihnen sagen können, ob Ihre Idee und Ihr Plan überzeugen. Das Exposé ist also ein Plan. Aus ihm soll der rote Faden einer Arbeit schon so weit wie möglich sichtbar werden. Ein gutes Exposé sollte über die folgenden fünf Punkte Auskunft geben (Tab. 2.2):

Und das sind zugleich die Fragen, die Sie sich jetzt stellen sollten. Wir stellen diese fünf Elemente „Problem/Puzzle – Frage – Theorie – Methode/Material – Ergebnisse" gleich so ausführlich vor, dass Sie auf dieser Grundlage arbeiten können.

Tab. 2.2 Elemente eines Exposés

1. Um welches Problem, welches Puzzle oder welchen Gegenstand es in einer Arbeit geht
2. Welche Fragestellung darin untersucht wird;
3. Welche Theorien Sie dabei für relevant halten
4. Mit welchen Methoden und auf welcher empirischen Materialgrundlage und/oder welcher Literatur das Thema bearbeitet wird
5. Welche Form von Ergebnissen Sie erwarten

Ein Exposé ist aber immer nur ein Plan, und alle erfahrenen Wissenschaftler wissen, dass es meistens anders kommt als gedacht. Fühlen Sie sich also frei, an Ihrem Plan auch wieder etwas zu ändern, wenn es dafür gute Gründe gibt. Auch Ihre Dozenten könnten Kommentare haben, die Sie zu Änderungen veranlassen sollen. Je weiter Sie im Arbeitsprozess fortschreiten, desto konservativer, also bewahrender sollten Sie aber mit Ihrem Plan umgehen. Ganz am Ende noch einmal alles ganz anders machen zu wollen, ist nicht ratsam. Wenn alles einigermaßen gut überlegt ist, ist es allerdings auch nicht wahrscheinlich, dass solch eine Entscheidung ansteht. Aus einem Exposé können Sie übrigens später auch die wichtigsten Elemente der Einleitung des Textes machen, den Sie „abgeben". Es kommen allerdings noch ein paar kleinere Aufgaben hinzu. Dazu später mehr.

1. Das Problem oder das Puzzle

In der Politikwissenschaft gibt es einen gewissen Grundkonsens, darüber, dass sie eine „problemorientierte" Wissenschaft ist. Damit ist gemeint, dass sich die Wissenschaftlerinnen und Wissenschaftler in diesem Fach mit Problemen beschäftigen und nicht bloß Meinungen produzieren oder ohne Bezug zur Außenwelt vor sich „hintüfteln". Wir unterscheiden dabei zwei Arten von *Problemen*: Zum einen gibt es solche, die als politische Probleme in der Gesellschaft thematisiert werden, und zum anderen gibt es Probleme, die sich uns als Wissenschaftler stellen, sogenannte Puzzle. Ein politisches Problem ist zum Beispiel eine Frage, die in der Öffentlichkeit diskutiert wird: In welchem Lebensalter sollten Menschen in Rente gehen können? Oder: Bringen „humanitäre Interventionen" Frieden?

Ein *Puzzle* hingegen ist eine überraschende Beobachtung, die nicht mit den eigenen Erwartungen im Einklang steht, zum Beispiel: Warum war diese UN-Mission so erfolgreich, wo doch alle bisherigen Missionen in diesem Land den Bürgerkrieg nicht beenden konnten? Was ein Puzzle ist, liegt also in erster Linie an den Vorerwartungen und Theoriekenntnissen des Autors. Ob andere das auch so sehen, sollten Sie diskutieren, entweder in der Arbeitsgruppe, mit Freunden oder allein im Geiste.

So ein Puzzle kann auch eine fehlende Beschreibung eines bisher nicht behandelten oder wenig beachteten Phänomens sein, wie ein neuer Konflikt oder ein überraschender Machtwechsel in einem Land oder eine neue theoretische Entwicklung.

In Ihrem Exposé sollten Sie angeben, um was für ein Problem, Puzzle, kurz: um welchen Gegenstand es in Ihrer Arbeit geht. Dabei können Sie knapp auf Literatur verweisen, in der das Problem angesprochen wird, oder, wenn es noch keine wissenschaftliche Debatte gibt, auf Pressemeldungen, in denen deutlich wird, dass es sich um ein reales politisches Problem handelt. Das ist eine Möglichkeit, die Relevanz Ihres Themas zu belegen.

2.5 Wie schreibe ich ein Exposé?

Es ist auch aufschlussreich, darüber nachzudenken, für wen das Problem ein Problem ist. Denn in der Politik ist des Einen Problem häufig die Lösung des Anderen. In der Wissenschaft beziehen sich die Begriffe Problem und Puzzle also auf Zusammenhänge oder Beobachtungen, die insgesamt für betrachtenswert halten und die wir mit bestehenden Theorien nicht verstehen und nicht erklären können. Meist können Sie sich nicht in ihrer Gesamtheit betrachten, sondern für Ihre Arbeit einen Aspekt auswählen, um zu Ihrer Fragestellung zu kommen, die Sie in der gebotenen Zeit bearbeiten können. Überlegen Sie aber zunächst Folgendes:

- Worin besteht das Problem oder Puzzle?
- Für wen besteht es?
- Wenn es für mich ein Puzzle ist – warum ist es für mich überraschend? Was sind meine Vorerwartungen?
- Welche Akteure, Institutionen, Interessen und Ideen spielen dabei eine Rolle?
- Lässt sich ein Kern des Problems durch eine zentrale Frage formulieren?
- Wie lässt sich das Thema eingrenzen?

So nähern Sie sich der eigentlichen Fragestellung der Arbeit. Natürlich sind die dabei gewonnenen Einsichten auch abhängig von persönlichen Standpunkten und von den gesellschaftlichen Prägungen, denen wir alle unterliegen. In guter kritischer Tradition können Sie auch aus solchen Überlegungen eine Frage entwickeln: Warum wird etwas zum Thema und etwas anderes nicht? Wie wird das Problem in der Öffentlichkeit verstanden? Gibt es Alternativen darüber nachzudenken? Auf jeden Fall müssen Sie sich die Frage nach der Frage stellen: Welche Frage, welcher Aspekt des Problems ist relevant und kann im Rahmen meiner Arbeit sinnvoll behandelt werden? Dazu gleich mehr.

In Seminararbeiten, in B.A.- oder M.A.-Abschlussarbeiten kommt es nicht darauf an, dass Sie Neuland beschreiten. Sie können ein schon behandeltes Thema aufgreifen, ergänzen, neu diskutieren, mit weiterem Material konfrontieren oder, oder oder… Das Hauptziel auf diesen Qualifikationsstufen ist es, dass Sie wissenschaftliche Argumentation und wissenschaftliche Arbeitsschritte erlernen und beherrschen. Das „Meisterwerk", das die Forschung revolutioniert, wird vor der Promotion nicht erwartet.

2. *Die Fragestellung*

Die meisten Probleme lassen sich nicht allein durch wissenschaftliche Texte lösen. Aber wissenschaftliche Forschung ist fast immer ein Beitrag zur Lösung, besonders natürlich für wissenschaftliche Puzzle. Voraussetzung dafür ist aber, dass die wissenschaftliche Arbeit zwar einen wesentlichen Aspekt des Problems adressiert, sich aber nicht darin übernimmt, alle Fragen beantworten zu wollen. Und so müssen auch Sie das Problem oder das wissenschaftliche Puzzle, mit dem Sie sich beschäftigen wollen, auf eine Frage herunterbrechen, die Sie im Rahmen der Text- und Arbeitsform sinnvoll bearbeiten und beantworten können. Das ist nicht so einfach und erfordert einiges Nachdenken.

Nach der Vorrecherche (s. o.) wissen Sie schon viel über ein Thema. Sie sollten nun in der Lage sein, Aspekte und Fragen zu Ihrem Thema aufzuschreiben und zu sortieren. Vielleicht drängt sich daraus schon eine Frage auf, die geeignet ist, ihre leitende Fragestellung zu werden. Wenn Ihnen nichts oder zu wenig einfällt, lesen Sie noch etwas, erweitern Sie Ihre Vorrecherche.

Nehmen Sie sich dann Zeit zum Nachdenken. Schreiben Sie dann Ihre Frage als grammatikalische Frage auf. Nur dann kann Ihre Frage auch wirklich klar sein, und nur dann können andere auch etwas Kluges dazu sagen. Ihre Fragestellung gibt oft schon die Richtung für Ihr Forschungsdesign vor: Wenn Sie eine „Warum"-Frage stellen, dann liegt es nahe, dass Sie kausalanalytische Methoden (s. Kap. 4) anwenden werden. Wenn Sie eine „Wie"-Frage stellen, dann wird Ihre Methode vielleicht eher interpretativ oder deskriptiv sein. Auch dazu finden Sie in Kap. 4 noch weitere Ausführungen.

Ganz wichtig: Begnügen Sie sich mit *einer* Frage. Mehrere Fragen haben den Nachteil, dass sie dazu nötigen, gleichzeitig in verschiedene Richtungen zu denken. Wenn Sie sich gleichzeitig für mehrere Fragen interessieren, dann prüfen Sie, ob sie sich nicht in eine Hierarchie bringen lassen. Vielleicht sind einige Fragen in Wahrheit Unterfragen einer anderen. Das könnten dann schon Aspekte sein, aus denen Kapitel Ihrer Arbeit werden. Wenn eine Hierarchisierung nicht möglich ist, dann müssen Sie sich entscheiden, welche Frage Sie nehmen wollen. Aus Erfahrung raten wir dringend davon ab, in Seminar- oder Abschlussarbeiten mehrere gleichberechtigte Fragen gleichzeitig zu verfolgen. Es führt unausweichlich zu Verwirrungen, entweder für Sie oder später beim Leser.

Ihre Fragestellung wird fortan den ganzen weiteren Arbeitsprozess begleiten, denn das Ziel Ihrer Seminar- oder Abschlussarbeit ist nun, eine Antwort auf diese Frage zu finden. Sie müssen Ihre Frage daher gleichsam in der Tasche tragen und auswendig kennen, wenn Sie an einem Thema arbeiten. Nur dann können Sie merken, wenn es nötig wird sie zu verändern. Denn vielleicht hat man sich eine gute Frage überlegt, stellt aber bei der ersten genaueren Durchsicht des Materials fest, dass sie gar nicht wirklich bearbeitet werden kann, weil die entscheidende Literatur fehlt oder weil die Bearbeitung zu aufwendig ist. Dann ändern Sie Ihre Fragestellung. Das ist dann kein Fehler, sondern ein Fortschritt.

2.5 Wie schreibe ich ein Exposé?

Wenn Sie Ihre Fragestellung haben, dann kommen die nächsten beiden Schritte. Jetzt geht es darum, was Sie brauchen, um diese Frage zu beantworten. Das ist zum einen ein Minimum an Theorie und zum anderen eine, seltener mehrere, Methoden mit dem nötigen Material.

3. Die Frage der Theorie

Alle Theorien sind vorläufig, keine kann ewige Gültigkeit beanspruchen. Sie sind Konstruktionen, die die empirische Welt bewusst vereinfachen, um sie analytisch zugänglich zu machen. Dazu formulieren Theorien bestimmte Grundannahmen wie z. B. „Staaten sind die zentralen Akteure im internationalen System" und betonen dabei bestimmte Aspekte und blenden anderen aus. Obwohl Theorien kein Abbild der Wirklichkeit sind, haben sie in der Wissenschaft vor allem zwei wichtige Funktionen: Sie erlauben uns eine Orientierung in Sachgebieten, und sie sind Speicher von generalisiertem, wenn auch immer vorläufigem Wissen, das uns hilft, Dinge zu verstehen. Für Ihr Exposé sind sie aus beiden Gründen wichtig. In Ihren Seminararbeiten sollen Sie den kritischen Umgang mit Theorien einüben, also lernen, die Orientierungs- und Erklärungsfunktion zu überprüfen und sich darin zu üben, über gedankliche Arbeit und Auseinandersetzung mit einem Material die Erkenntnisse, die in Theorien eingelagert sind, zu erweitern.

Ein Beispiel: Im Teilbereich Internationale Beziehungen erklären die gängigen Theorien Kriege sehr unterschiedlich. Welche davon passt für den Ersten Weltkrieg? Wenn eine davon nicht passt, woran liegt es? Was ist ihre „Lücke" oder ihr empirischer Geltungsbereich?

Wie wir weiter unten in Kap. 4 erläutern werden, kommen noch einige andere Formen des Umgangs mit Theorie hinzu, aber in Ihren schriftlichen Arbeiten sollen Sie lernen, Theorien zu nutzen und dennoch ein kritisches Verhältnis zu ihnen einzunehmen.

Gleichzeitig brauchen Sie, wenn Sie eine Frage verfolgen, theoretische Ausgangspunkte. Sie sollten also in der Lage sein, Ihren eigenen theoretischen Standpunkt anzugeben, indem Sie wenigstens Ihre Grundannahmen offen legen und die zentralen Begriffe klären, die Sie benutzen.

In Ihrem Exposé sind deshalb zwei Dinge wichtig: Sie sollten sagen können, aus welcher theoretischen Perspektive Sie auf einen Gegenstand blicken, indem Sie etwa angeben, welche Theorien Sie nutzen wollen, um bestimmte Phänomene zu erklären. Und Sie sollten sagen können, was die zu erwartende Relevanz Ihrer Arbeit für die Theorien des Sachgebiets sein könnte – etwa die Bestätigung einer Theorie, ihre mögliche Falsifizierung, oder aber eine Erweiterung um einen Aspekt. Vielleicht wird auch einfach nur klarer, wie sich bestehende Theorien zueinander verhalten – widersprechen sie sich oder sind sie vielleicht komplementär?

Einerseits ist das vielleicht der schwierigste Teil eines Exposés. Lassen Sie sich hier nicht zu schnell entmutigen. Je besser Sie im Verlauf des Studiums mit Theorien vertraut werden, desto leichter werden Ihnen diese Überlegungen fallen. Andererseits ist die theoretische Diskussion, vor allem die Diskussion von Begriffen, ein wissenschaftliches Kerngeschäft. Es ist gut, wenn Sie sich so früh wie möglich darin üben, Begriffe klar zu fassen, gute Definitionen zu entwickeln und bei empirischen Begriffen auch darüber nachzudenken, wie Sie sie „operationalisieren", also für Beobachtungen zugänglich machen können.

4. *Welche Methode? Welches Material?*

In Kap. 4 dieses Buches behandeln wir das Thema „Methoden" ausführlicher. Wenn Sie mit der Wahl von Methoden noch gar nicht vertraut sind, lesen Sie dort die entsprechenden Abschnitte durch. In Ihrem Exposé sollten Sie jedenfalls angeben können, welche Methoden Sie in Ihrer Arbeit nutzen wollen. Im Studium beruhen zwar viele Arbeiten auf Sekundärliteratur. Methoden der empirischen Sozialforschung kommen darin erst nach und nach vor. Aber auch Arbeiten, die rein auf wissenschaftlicher Literatur basieren, sollten wenigstens eine methodische Idee haben: Sind es Einzelfallstudien oder vergleichende Fallstudien? Schreiben Sie eher einen Literaturbericht oder verwenden Sie Primärdaten? Vergleichen Sie die Verständnisse eines Begriffes bei zwei verschiedenen Theoretikern?

Wie Sie in Kap. 4 auch sehen werden, ist die Auswahl an empirischem Material nahezu unbegrenzt. Sie können statistische Daten, Reden von Politikern, die Zeitungsberichterstattung oder die Architektur von Regierungsgebäuden ebenso analysieren und interpretieren wie die Gesetzgebung eines Landes oder das Abstimmungsverhalten im UN-Sicherheitsrat. Für all das gibt es etablierte Methoden. Ihre Dozenten werden Sie dabei beraten, was geht und was nicht. Im Exposé sollten Sie jedenfalls angeben, welche Methode(n) und welches Material zum Einsatz kommen sollen.

5. *Erwartete Ergebnisse*

In einem Exposé können Sie natürlich noch nicht wissen, was Ihre Ergebnisse sein werden. Ihre Untersuchung wird ja erst geplant. Aber es wäre gut, wenn Sie sagen können, was für eine Form Ihre Ergebnisse wahrscheinlich haben werden: eine oder mehrere überprüfte Hypothesen? Ein Modell? Eine Liste von möglichen Faktoren oder eine erste Beschreibung und theoretische Einordnung eines neuen Phänomens?

Wenn Sie das sagen können, ist das gut für Sie, weil Sie wissen, auf was die Arbeit eigentlich hinauslaufen soll. Und es ist gut für Ihre Leser, also Ihre Prüfer, weil sie besser abschätzen können, ob das, was Sie erreichen wollen, auch wirklich erreichbar ist.

Ihre Ergebnisse hängen natürlich von Ihrer Methode ab. Wenn Sie kausalanalytisch arbeiten, dann zielt Ihre Arbeit darauf ab zu prüfen, ob und zwei oder mehr Variablen miteinander im Zusammenhang stehen, ob eine Korrelation besteht – oder eben nicht. Eventuell können Sie auch Thesen über einen möglichen Mechanismus präsentieren, und erläutern, wie Variable x Variable y beeinflusst. Wenn Sie Begriffsverständnisse vergleichen, dann sind Ihre Ergebnisse eher Aussagen über Gemeinsamkeiten und Unterschiede, usf.

Beunruhigen Sie sich bitte nicht, wenn Ihnen in den ersten Semestern hierzu noch nichts rechtes einfallen will. Um die Frage nach den zu erwartenden Ergebnissen beantworten zu können, ist schon einige Erfahrung nötig. Darüber nachzudenken ist aber hilfreich, weil es Ihnen hilft, mit kritischer Distanz auf Ihre eigene Arbeit zu blicken. Denn an den meisten Universitäten wird großer Wert darauf gelegt, dass Sie spätestens am Ende des Studiums die Fähigkeit zur Selbstbeobachtung haben. Damit ist gemeint, dass Sie die Dinge nicht einfach nach „Schema F" abspulen, sondern dass Sie ein theoretisches und methodisches Selbstbewusstsein haben und wissen, warum Sie wie arbeiten und was dabei herauskommen könnte. Zu folgenden Fragen sollten Sie in Ihrem Exposé daher äußern (Abb. 2.3):

2.6 Vom Exposé zur Einleitung

Mit einem guten Exposé sind Sie auf einem guten Weg zu einer guten Seminar- oder Abschlussarbeit. Wenigstens das Exposé Ihrer Abschlussarbeit sollten Sie mit Ihren Prüfern in der Sprechstunde beraten und dann ggf. anpassen. Spätestens dann geht es mit den anderen Schritten weiter, die Sie in den weiteren Kapiteln dieses Buches beschrieben finden. Ihr Exposé sollten Sie aber nicht wegwerfen. Es kann Ihnen nämlich noch als Vorlage für die Einleitung Ihres Textes dienen. Natürlich werden Sie Ihr Exposé dazu überarbeiten müssen, denn es wird sicher einiges anders gelaufen sein als Sie es geplant hatten. Das ist normal und keine Schande.

Im Folgenden werden wir Ihnen aber noch ein paar Hinweise geben, womit Ihr Exposé ergänzt werden sollte, damit eine richtige Einleitung daraus wird (Abb. 2.4).

Über die Punkte 2, 4, 5, 7 und 8 haben wir oben bei der Vorstellung der Textform Exposé schon alles Wichtige gesagt. Die noch fehlenden Elemente 1, 3, 6 und 9 werden gleich eingehend behandelt. Beachten Sie, dass diese Liste nicht als starres, unabänderliches Schema zu verstehen ist, sondern als Vorschlag. Die Reihenfolge hat sich zwar bewährt, aber vielleicht finden Sie eine bessere, für Ihre

Abb. 2.4 Neun Elemente einer guten Einleitung

1. Hinführung zum Thema (Einstieg)
2. Beschreibung des Problems/Puzzles
3. Überblick über die Literatur
4. Vorstellung der Fragestellung
5. Angaben zu theoretischen Ausgangspunkten
6. Klärung von zentralen Begriffen
7. Angaben zu Methoden
8. Beschreibung der Materiallage
9. Vorstellung und Erläuterung der Gliederung

Zwecke angepasste Lösung. Aber wenn Sie zu all diesen Punkten in einer Einleitung etwas Überlegtes geschrieben haben, kann die Einleitung schon nicht mehr schlecht sein.

Noch ein Wort zur Länge: In Seminararbeiten nimmt jedes dieser Elemente, will man es genau machen, mindestens einige Zeilen und maximal vielleicht zwei Absätze ein. Das bedeutet, dass eine Einleitung durchaus mehr Platz verdient, als ihr gängiger Weise zugestanden wird – sie sollte nicht auf der ersten Seite enden. Zwei oder drei Seiten sind durchaus nötig. Auch müssen nicht alle diese Elemente tatsächlich in der Einleitung stehen. Häufig ist einer dieser Aspekte so umfangreich zu behandeln, dass sich dafür ein Extrakapitel lohnt, oder aber dieser Aspekt lässt sich gut im Hauptteil mitbehandeln, in dem vielleicht längere theoretische Erörterungen enthalten sind. Doch nun zu den drei noch fehlenden Elementen im Einzelnen:

zu 1) Hinführung zum Thema (Einstieg) Nicht immer ist es eine Zeitungsmeldung oder der markige Ausspruch eines Politikers, aber solche Zitate und Aktualitäten sind sehr gut geeignet, die Aufmerksamkeit des Lesers zu wecken und zugleich zum eigentlichen Thema hinzuleiten. Eine aufgedeckte Forschungslücke, sich widersprechende Aussagen in der wissenschaftlichen Literatur oder eine aktuelle politische Diskussion können denselben Zweck erfüllen. Beim Schreiben eines Entwurfs ist vielleicht noch gar kein Einstieg notwendig. Hierzu kommen später beim Lesen des Materials meist genug gute Ideen.

2.6 Vom Exposé zur Einleitung

zu 3) Überblick über die Literatur Hier wird die wichtige Literatur zum gewählten Thema aufgeführt und kurz eingeordnet. Das muss nicht erschöpfend sein und auch nicht allzu sehr ins Detail gehen. Sie sollen hier die Literatur vorstellen, die Sie zum Thema kennen und die für Ihre Arbeit relevant ist, in positiver wie negativer Hinsicht. Worauf bauen Sie auf, was fanden Sie wenig überzeugend oder lückenhaft? Nutzen Sie die Gelegenheit, Ihr Thema mit der vorliegenden Literatur ins Verhältnis zu setzen. Dafür bieten sich zusammenfassende Aussagen an, wie in diesem Beispiel aus einer Seminararbeit über die Entwicklungshilfe der deutschen evangelischen Kirche:

> Empirische Untersuchungen, die sich mit ‚Brot für die Welt' beschäftigen, sind bisher ausschließlich auf die konkrete entwicklungspolitische Arbeit bezogen worden (vgl. Meier 2009; Müller 1998) und nicht auf die Organisation selbst. Daneben gibt es eine umfangreiche Literatur über die Programmatik der kirchlichen Entwicklungshilfe und über einzelne Projekte. Eine Analyse der Budgets und der Organisationsentwicklung, wie Sie in dieser Arbeit versucht wird, liegt bis heute nicht vor.

Fast immer gibt es einige Standardwerke zum Thema, die an dieser Stelle genannt werden sollten. Ihre Hauptaussagen und ihr Stellenwert in der Forschung lassen sich rasch zusammenfassend beschreiben. In der Einleitung geht es vor allem darum, die großen Argumentationslinien darzustellen. Eine ausführlichere Darstellung der Debatte in der Fachliteratur könnte in Abschlussarbeiten nötig werden, sie gehört dann in ein gesondertes Theorie- und Literaturkapitel (siehe Kap. 5). In Seminararbeiten reicht es, wenn Sie darlegen, was Ihrer Ansicht nach die Literaturlage ist, welche Werke wichtig sind und was sie zum Thema leisten, und wie sich Ihre Arbeit dazu verhält. Einiges, wie Artikel in Handbüchern oder ein paar Zeitschriftenaufsätze, haben Sie dazu schon in der Vorrecherche gelesen. In Kap. 4 erklären wir näher, wie Sie weitere Literatur finden, die Sie für diesen Teil berücksichtigen sollten.

zu 6) Klärung von zentralen Begriffen In jeder Arbeit sind einige Begriffe zentral. Meist sind es die, die auch im Titel des Seminars oder der entsprechenden Sitzung auftauchen. Wenn es sich nicht gerade um ganz eindeutige Bezeichnungen wie „Quadrat" oder „Verfassungstext" handelt, ist es geboten, das verwendete Verständnis dieser zentralen Begriffe deutlich zu machen. Denn schon beim Wort Afrika ist gar nicht so klar: Ist nur das subsaharische Afrika gemeint oder auch der Maghreb und Ägypten? Zählen Madagaskar, die Seychellen, Sao Tomé und Principe auch mit dazu? Oder geht es um die „least developed countries" in Afrika – dann würden etwa Südafrika und Marokko nicht dazu gehören.

Schwieriger ist es mit Begriffen wie Demokratie, Frieden oder Sicherheit. Gerade wenn Sie diese Begriffe im Titel der Arbeit, in der Fragestellung oder in Kapitelüberschriften benutzen, müssen Sie über die zugrunde gelegte Definition einleitend in aller gebotenen Kürze etwas sagen. Man kann sich dabei etwa den Definitionen in Handbüchern und Fachlexika anschließen, vielleicht findet sich bei der Lektüre eine besonders präzise Fassung. Natürlich sind auch eigene Formulierungen erlaubt und sogar erwünscht. Das gilt besonders dann, wenn sich trotz Mühen keine angemessene Definition finden lässt.

Es gibt einen wichtigen Sonderfall, der die Begriffsklärung in der Einleitung überflüssig macht: In der politischen Theorie kann eine ganze Arbeit in Begriffsexplikationen bestehen, etwa unter dem Titel „Der Kapitalismusbegriff bei Max Weber und Karl Marx: ein Vergleich". Dann gehört die Erläuterung des Begriffs natürlich nicht in die Einleitung, weil es hier den ganzen Text hindurch um die Unterschiede der beiden Auffassungen geht. Ein Ergebnis einer solchen Untersuchung könnte aber sein, dass die Auffassungen dieser beiden Klassiker darüber, was Kapitalismus ist, einige Gemeinsamkeiten haben. Und solche Ergebnisse können dann bereits in der Einleitung bekannt gegeben werden. Wo die Erläuterung zentraler Termini hingehört, ist also eine Frage der Abwägung. Wenn in einer Arbeit etwa die Behandlung einer Theorie vorgesehen ist, dann können die dafür zentralen Begriffe auch in entsprechenden Kapiteln erläutert werden.

zu 9) Erläuterung der Gliederung Dieser Teil einer Einleitung kann mit einer kurzen Antwortthese beginnen, etwa „Wie im Folgenden gezeigt werden soll, ist die Wiedereinführung der Wehrpflicht in der Bundesrepublik in den 1950er Jahren vor allem auf zwei Faktoren zurückzuführen: ..." Und dann werden diese zwei Faktoren auch genannt. Eine Seminararbeit sollte kein Krimi sein. Es ist meistens sehr hilfreich, wenn der Leser weiß, auf welchen Punkt hin argumentiert wird, damit er bei der Lektüre die Argumente prüfen kann. Mit der Antwortthese im Kopf ist auch der Argumentation besser zu folgen. Viele Leser erwarten mittlerweile ganz selbstverständlich, dass Sie Ihr Argument, Ihre Antwort auf die Fragestellung später in der Endfassung auch schon in der Einleitung erwähnen. Auch in der wissenschaftlichen Literatur werden Sie sehen, dass dies inzwischen der Standard ist. Eine Ausnahme mögen hier nur theoretische Werke bilden, die so komplex sind, dass sich ihre Thesen nicht in wenigen Sätzen zusammenfassen lassen.

Für die Gliederung Ihres Textes gibt es natürlich viele Möglichkeiten. In Kap. 5 geben wir Ihnen dazu ein paar Hinweise.

Die Gliederung sollte jedenfalls nicht beliebig sein. Wägen Sie ruhig Alternativen ab. Wenn Sie die Grundstruktur der Arbeit in Ihrer Einleitung dem Leser

2.6 Vom Exposé zur Einleitung

vorstellen, versuchen Sie es einmal, ohne auf die konkreten Inhalte einzugehen, etwa so:

> Im ersten Kapitel dieser Arbeit werden zunächst die zentralen Aussagen der „Neuen Kriege"-These von Mary Kaldor (1998) vorgestellt. Im zweiten Kapitel werden diese mit empirischen Studien konfrontiert, die sowohl auf qualitativen wie quantitativen Methoden beruhen und die These der „Neuen Kriege" als wenig fundiert erscheinen lassen. In der Schlussbetrachtung werde ich dann versuchen zu erklären, warum die erwiesenermaßen empirisch falsche These in der Öffentlichkeit so langlebig ist.

Diese Art Formulierungen machen die Lektüre angenehm, weil der Plan der Arbeit jetzt offenliegt. Ihnen selbst wird dabei vielleicht auch noch klarer, wie sich die Teile Ihrer Argumentation besser und überzeugender anordnen lassen.

Entwarnung Lassen Sie sich durch den Inhalt dieses Kapitels nicht allzu sehr beeindrucken. Denn gerade in den ersten Semestern erwartet niemand Perfektion. Was erwartet wird, ist die kontinuierliche Verbesserung der schriftlichen Arbeiten, sowohl was den Inhalt wie auch die formale Gestaltung angeht. Je früher man sich den Standards anzunähern versucht, die hier in idealer Weise formuliert sind, desto besser. Doch auch bei der Produktion der liebsten Seminararbeit muss immer ein gesundes Verhältnis von *Anspruch* und *Effizienz* gewahrt bleiben. Überfordern Sie sich nicht!

In dieser Phase des Arbeitsprozesses geht es vorerst nur um *Entwürfe*. Deshalb sollte man sich nicht von den hier geäußerten Ansprüchen erdrücken lassen. Beim Entwurf entwickeln sich die Gedanken erst. Sie können und müssen nicht schon alles am Anfang wissen.

Der Entwurf soll im Wesentlichen helfen, die Gedanken zu ordnen und den Arbeitsprozess effizient und frustrationsarm zu gestalten. Es ist durchaus normal und es kommt auch häufig vor, dass im Verlauf der weiteren Arbeit an einem Thema die Fragestellung, das Thema, die Methoden, die Gliederung oder das ganze Programm verändert werden. Das ist aber keine Schande, sondern ein Erkenntnisfortschritt! Veränderungen dürfen allerdings auch nicht zu leichtfertig vorgenommen werden, sondern nur nach reiflicher Überlegung, denn sie ziehen oft einen großen Arbeitsaufwand nach sich. Ein stetes Wechseln des Themas, der Frage, der Methode oder der Gliederung ermüdet und frustriert nur. Mit zunehmender Übung passiert dies immer seltener, und die Mühsal, die mit dem Wechseln und Ändern verbunden ist, bleibt einem umso häufiger erspart, je mehr das systematische Arbeiten zur Routine geworden ist.

Nach dem Entwurf einer Einleitung geht es an die Recherche, die jetzt etwas aufwendiger betrieben werden wird, als dies bisher nötig war. Planen Sie ruhig einen ganzen Tag für die Recherche nach Material in Bibliotheken ein. Und zögern Sie nicht, den gerade aufgestellten Plan zu ändern, wenn sich das von der Materiallage her anbietet. Das wird vielleicht sogar mehrere Male nötig sein und dokumentiert Ihre wachsende Beherrschung eines Gebietes und die Fähigkeit, die Bearbeitbarkeit von Forschungsfragen einschätzen zu könne.

Wie finde ich Material? 3

In diesem Kapitel geht es darum, wie Sie das Material finden, mit dem Sie sich für Referate oder Seminararbeiten beschäftigen. Das wird am Anfang vor allem Sekundärliteratur sein, das können aber auch zahlenmäßige Daten sein, oder Theorien, Beschreibungen, Auflistungen, Bilder oder Tondokumente. Im Grunde geht es also um die Recherche, um das Suchen. Der Fantasie sind hier keine Grenzen gesetzt, und deshalb sind die folgenden Suchstrategien auch keine fixen Dogmen, sondern aus Erfahrungen generiert, die wir selbst im Studium und in der Forschung sowie Lehre gemacht haben.

Die Gesellschaft verändert sich ständig, und damit auch die Möglichkeiten, wie man etwas herausfinden kann. Mit dem Aufstieg von „google" über die letzten fünfzehn Jahre hat sich unter Studierenden der Mythos verbreitet, alles stünde im Internet. Das stimmt natürlich nicht. Internetressourcen sind sehr wichtig geworden, und viele Recherchen sind heute viel einfacher und müheloser als sie es noch vor zehn Jahren waren. Das Internet ist aber nur ein Teil der sozialen Wirklichkeit und es ist auch nur ein Teil dessen, was Wissenschaft ausmacht. Zwei andere Teile der Wissenschaft möchten wir Ihnen deshalb besonders ans Herz legen: die Bibliotheken und die direkte Interaktion mit Menschen. Für beide ist das Internet kein Ersatz. Warum das so ist, wird in diesem Kapitel hoffentlich deutlich.

Recherche bedeutet nichts anderes als: Suche nach Informationen. Recherche in der Wissenschaft unterscheidet sich also nicht grundsätzlich von dem, was Journalisten betreiben, die sich über ein Thema kundig machen wollen, oder von dem, was Privatleute tun, die sich zur Anschaffung einer neuen Waschmaschine entschlossen haben. Für die letzteren ist es noch am einfachsten: Wenige Klicks im Internet reichen meistens aus, um sich einigermaßen Überblick über den Markt zu verschaffen. Auch für Journalisten ist es vergleichsweise einfach zu recherchieren, denn ihnen geht es meist um eine begrenztere Anzahl von Informationen, die sie auch rasch finden, wenn sie entweder eine gute Ausbildung erfahren haben, viel Erfahrung besitzen oder beides aufweisen können.

Die wissenschaftliche Recherche dagegen ist aufwendiger, weil sie gründlicher sein muss. Wie in guten journalistischen Texten müssen in wissenschaftlichen Texten alle Quellen dokumentiert und belegt werden. Außerdem muss aber die bisherige Fachliteratur zum Thema zur Kenntnis genommen werden, wenigstens in Grundzügen. Die Recherche muss dabei im Studium umso gründlicher sein, je größer der Grad der Ausarbeitung ist, für die recherchiert wird und je höher der Qualifikationsschritt, für den recherchiert wird. Für eine Seminararbeit oder ein Referat wird natürlich weniger intensiv und umfangreich recherchiert als für eine Abschluss- oder Doktorarbeit.

Recherche muss System haben, und Gott sei Dank gibt es Techniken, die diese Suche effizient machen können. Um diese wird es in diesem Kapitel hauptsächlich gehen. Wir stellen dem aber ein paar Merksätze zum Umgang mit Quellen voran, weil Sie bedenken sollen, dass in der Wissenschaft strengere Maßstäbe für den Umgang mit Informationen gelten als in der privaten Kommunikation oder der nicht-wissenschaftlichen Öffentlichkeit. An der Beachtung dieser Standards hängt das Renommee der Wissenschaft.

Gleichviel, wofür man recherchiert, ob als Journalist, als Wissenschaftler, als Studierender oder als Privatperson, für Informationen gelten gewisse Maßstäbe. Sie sollen *wahrhaftig* sein, das heißt, sie sollen nach bestem Wissen und Gewissen erstellt und verarbeitet worden sein. Tatsächlich kann man weder als Journalist noch als Wissenschaftler jede Information auf ihre Quelle überprüfen. Die Plausibilität der Information, ihre Übereinstimmung mit Bekanntem und die Glaubwürdigkeit der Quellen dienen als Qualitätsmerkmal für einen Großteil von Informationen. Aber vieles ist umstritten, und vieles wird in unterschiedlichen Versionen erzählt. Deshalb gilt:

▶ **Prüfen Sie Ihre Quellen!**

Informationen sollen außerdem *nachprüfbar* sein, das bedeutet, sie müssen, wenn der Wunsch danach besteht, wieder bis auf ihre ursprüngliche Quelle zurückgeführt werden können. Dem dient in der Wissenschaft der Beleg, über den im Kapitel „Wie schreibe ich" noch intensiv unterrichtet werden wird. Für jede Information, die von jemand anderem stammt, gilt also:

▶ **Nennen Sie Ihre Quelle!**

Informationen sollen *eindeutig* und *verständlich* sein. Sie sollten also keine Information weiterverwenden, die Sie nicht selbst verstanden haben. Denn es passiert häufig, dass eine wiedergegebene Information mit der ursprünglichen nicht mehr viel zu tun hat. Als Gesellschaftsspiel mit dem Namen „Stille Post" hat dies schon für viel Heiterkeit gesorgt. Meistens aber ist es ärgerlich, wenn eine Information aus mangelnder Sorgfalt, aus Versehen, sprachlicher Ungenauigkeit oder böser Absicht miss- oder unverständlich transportiert wird. Folglich heißt es:

▶ **Prüfen Sie Ihr Verständnis!**

Anhand dieser Kriterien sollte daher jeder Text noch einmal kritisch betrachtet werden, bevor er in andere Hände gelangt. So viel zum Umgang mit Informationen. Doch um diese anzuwenden müssen Sie erst einmal welche haben. Und darum geht es im Folgenden.

3.1 Welche Informationsquellen gibt es?

Im Grunde gilt auch hier, was bei der Vorrecherche schon einmal gesagt wurde: Jede Quelle, ob ein Gespräch, eine Zeitung oder ein Buch, ja selbst das Fernsehen oder das Internet sind brauchbar, solange die oben genannten Regeln befolgt werden.

Für den wissenschaftlichen Gebrauch, und um den geht es ja im Studium, lassen sich Informationsquellen sinnvoll systematisieren. Von dieser Systematik lässt sich dann leicht übergehen auf die Methoden, wie Informationen erschlossen werden können.

Grundsätzlich kann zwischen veröffentlichten und nicht veröffentlichen Informationen unterschieden werden. Am häufigsten benutzt man im Studium veröffentlichte Quellen. Sie stehen deshalb auch hier im Vordergrund. Nicht veröffentlichte Quellen sind etwa Gespräche und Quellen im geschichtswissenschaftlichen Sinne wie Akten, Urkunden, Protokolle, u. ä. Diese nicht immer öffentlich zugänglichen Quellen sind im Studium der Politikwissenschaft jedoch eher unwichtig. Folgende Informationsquellen lassen sich unterscheiden (Abb. 3.1):

Bücher und Zeitschriftenaufsätze machen im Studium der Politikwissenschaft sicher das Gros aus. Dort finden Sie die Fachdebatten zu einem Thema und die Ergebnisse der Forschung. Sogenannte graue Literatur, also solche, die nicht über den Handel erhältlich ist und keine „Internationale Standardbuchnummer" (ISBN) hat, kann unter Umständen auch von Bedeutung sein. Vereine, Verbände oder auch Einzelpersonen publizieren Stellungnahmen oder Pamphlete, die interessante Ar-

Literatur	Empirische Daten (Beispiele)
Bücher	eigene Erhebungen
Fachzeitschriften	Datenbanken
"graue Literatur"	Statistiken
	Zeitungsberichterstattung

Abb. 3.1 Informationsquellen im Studium

gumente enthalten, aber sie schreiben keine Aufsätze oder Bücher. Nicht alles davon ist seriös. Deshalb ist in diesen Fällen nötig, die Qualität der Quelle besonders gründlich zu prüfen. Das gilt besonders für Internetpublikationen, deren Ursprung nicht nachvollziehbar ist. In welchem Kontext und zu welchem Zweck ist dieser Text entstanden? Aus welchem Jahr stammt er? Wenn sich dazu gar keine Informationen finden lassen, sollten Sie diese Quelle nicht benutzen. Das gilt auch für Internetpublikationen, deren Ursprung, Autor und Entstehungskontext nicht nachvollziehbar ist.

In vielen Seminararbeiten aber auch Referaten benötigen Sie Informationen über die empirische Welt. Klassische Quellen sind hier Reden, Stellungnahmen und Positionspapiere, Wahlprogramme, Gesetze und Verträge, Parlamentsdebatten etc.

In Statistiken aggregierte Daten werden auch häufig im Studium vorkommen. Im fortgeschrittenen Studium wird der eine oder die andere auch Datensätze nutzen und daraus selber Statistiken generieren. In vielen Studiengängen gehört dies mittlerweile zum Pflichtteil der Methodenausbildung. Eigene Datenerhebungen sind allerdings im B.A.-Studium eher die Ausnahme.

Es gibt aber noch mehr. Zum Beispiel all das, was die Historiker eine *Quelle* nennen. Das kann alles Mögliche sein, von den Akten einer Verwaltungsabteilung bis zu den Tagebüchern eines Politikers. Auch literarische Werke werden in der Politikwissenschaft gelegentlich interpretiert, um politische Haltungen zu analysieren. Die Reihe möglichen Materials geht aber noch weiter: Die politische Ikonographie beispielsweise beschäftigt sich mit den politischen Zwecken und Gehalten von Gemälden und Wahlkampfplakaten, die politische Ethnographie mit den Gesprächen in Polizeiwachen oder in der Alltagskommunikation.

Der entscheidende Unterschied zur wissenschaftlichen Literatur und zu den von anderen gesammelten Daten besteht darin, dass Quellen „unmittelbar" sind. Sie sind, sofern es sich nicht um Übersetzungen handelt, direkte, unverfälschte Äußerungen anderer, die man selbst deuten und analysieren muss (Abb. 3.2).

3.1 Welche Informationsquellen gibt es?

Abb. 3.2 Hauptgruppen von Quellen

Mündliche Quellen	Schriftliche Quellen
Gespräche	Akten im Archiv
Debatten	Protokolle
Reden	Wahlprogramme
Interviews	Positionspapieren
	Verträge und Gesetze
	Artefakte

Je nach Art der Informationen gibt es unterschiedliche Zugangsweisen. Durch Zufall lässt sich auch immer einzelnes, wie ein bestimmtes Buch oder ein bestimmter Gesprächspartner finden, um an Informationen zu gelangen. Damit ist aber nicht garantiert, dass Sie an die wirklich bedeutsamen und neuesten Informationen gelangen. Dazu müssen Sie systematisch vorgehen. Hierfür gibt es eine ganze Reihe von unterschiedlichen Rechercheschritten, von denen einige im Abschnitt „Die Vorrecherche" schon behandelt wurden. Im Folgenden konzentrieren wir uns auf die Suche nach Literatur und anderen schriftlichen Informationsquellen. Für alles andere gibt es zahlreiche gesonderte Einführungen, auf die wir am Ende des Kapitels hinweisen.

Der erste Schritt der Literatursuche wird wegen der zunehmenden Nutzung des Internet oft vergessen: der Überblick über die örtlichen *Bibliotheken*. Wichtig ist nämlich immer, welche Bibliotheken in einer Stadt zur Verfügung stehen. Denn auch wenn es empfehlenswert ist, sich einige Standardwerke des jeweiligen Fachgebiets zu kaufen, weil man sie gründlich durcharbeiten sollte – wenige Studierende kaufen Bücher in großer Zahl, weil dafür weder das Geld noch der Platz reicht. Das ist auch nicht nötig, denn der Sinn von Bibliotheken ist ja gerade, wissenschaftlich relevante Informationen für Studierende und Wissenschaftler bereit zu halten oder den Zugang zu ihnen zu ermöglichen. Deshalb bieten Universitätsbibliotheken heute auch weit mehr als nur Bücher an.

Schauen Sie zunächst, welche Bibliotheken für Sie relevant sind. Nicht immer ist es nur die Universitätsbibliothek. Es könnte andere Forschungsinstitute an Ihrem Studienort geben oder große Staatsbibliotheken, die auch alle hervorragende Dienste anbieten. Ähnliches gilt für die Dokumentationen politischer Organisationen und großer Verlage. Nicht alle sind für die Öffentlichkeit zugänglich, häufig ergibt sich aber bei höflicher Nachfrage und Darlegung der lauteren Absichten eine Nutzungsmöglichkeit.

Das Schöne an Bibliotheken ist: Dort gibt es immer hilfreiches Personal, das darin geschult ist, Ihnen bei der Recherche zu helfen. Doch der erste systematische Schritt ist der Gang an den *Katalog* oder an die Kataloge. Schon früh im Studium sollten Sie an einer Einweisung in die Nutzung des Online-Katalogs Ihrer Universitätsbibliothek teilnehmen. Machen Sie sich aber auch vertraut mit überregionalen Katalogen, etwa dem „Karlsruher Virtuellen Katalog" (KVK), der Ihnen auch Zugang zu zahlreichen Nationalbibliotheken bietet. Sie müssen nicht zur „Library of Congress" nach Washington DC fahren, aber Sie können so sehen, was es zu einem Thema wirklich alles gibt.

Neben den Katalogen der Universitätsbibliotheken sind *Literaturdatenbanken* heute der zweitwichtigste Zugang zu wissenschaftlicher Literatur. „Sowiport" oder „web of science" sind die bekannteren unter ihnen, weitere finden Sie im Anhang dieses Buches. Fast alle Universitäten in Deutschland bieten Ihnen heute Zugang zu einer Fülle von Zeitschriftenaufsätzen „als pdf", also in digitaler Form mit minimalem Aufwand. Lassen Sie sich auch hier zeigen, wie Sie darin effizient suchen. Zeitschriftenliteratur ist aktueller und ist häufig differenzierter als das, was zwischen Buchdeckel gedruckt wird. Ihr Vorteil ist aber auch ein Nachteil: Die starke Spezialisierung erlaubt es häufig nicht mehr, die Zusammenhänge herzustellen. Beides, Buch- und Zeitschriftenliteratur, sind deshalb zusammengenommen der Kern dessen, was Sie im Studium lesen sollten.

Schließlich bieten sich viele meist *kommerzielle Dokumentations- und Informationsdienste* an, die gegen Gebühr regelmäßig über neue Literatur informieren oder auf Anfrage sogar ganze Bibliographien zu einem Thema erstellen. Die Kosten für diese Dienste können aber schnell ein studentisches Budget sprengen. Sinnvoller ist es, sich in den hier beschriebenen Arbeitsschritte Routine anzueignen und das schöne Geld für andere Dinge zu sparen.

Eine wichtige Quelle in der Politikwissenschaft sind außerdem *Presseberichte*. Sie werden vieles frei im Internet finden können. Aber über Ihre Universitätsbibliothek werden Sie einen viel systematischeren Überblick über die internationale Presseberichterstattung zu einem Thema finden. Wenn Sie zur öffentlichen – oder besser: veröffentlichten Meinung zu einer politischen Frage arbeiten, ist die überregionale Presse nach wie vor die zentrale Quelle. Die meisten Universitätsbibliotheken haben kommerzielle Anbieter wie „factiva" oder „Lexis Nexis" abonniert, die erlauben in diversen nationalen und internationalen Zeitungen per Schlagwortsuche zu recherchieren. Zudem haben die Universitätsbibliotheken zahlreiche Zeitungen archiviert, oder alte Ausgaben liegen auch einem entsprechendem Suchprogramm als CD-ROM vor.

Das Internet hat indes den Vorteil, dass Sie mittlerweile auch die ausländische Presse entfernter Gegenden lesen können, die die Universitätsbibliotheken in der

3.1 Welche Informationsquellen gibt es?

Regel nicht vorrätig haben. Der „Dawn" aus Pakistan oder der „Monitor" aus Uganda zeigen Ihnen, wie die große Weltpolitik unter Umständen ganz anders interpretiert wird als bei uns. Das Internet ist schließlich hilfreich, um Ton- und Bilddokumente zu nutzen, die früher nur mit viel Mühe aus weit entfernten Archiven besorgt werden konnten. Denn natürlich können Sie auch Youtube-Beiträge oder Netcasts von Radiosendern als Quelle nutzen, sofern Sie damit ebenso quellenkritisch umgehen, wie mit allem anderen Material.

Etwas komplizierter ist der Zugang zu statistischen Daten. Solche Daten liegen in den unterschiedlichsten Formen zu den unterschiedlichsten Sachgebieten vor. Sie reichen von Datenbanken über die Opfer von Kriegen über die Einkommensstatistik bis hin zur Erfassung der Nistplätze des Schwarzstorchs in Niedersachsen. Denn Zahlen erfreuen sich allgemein großer Beliebtheit, und das gilt noch mehr für ihre Zusammenfassung in Statistiken, weil diese an sich schon wissenschaftlich wirken und weil sie für unsere mittlerweile hochbürokratischen Regierungsmaschinen wichtige Entscheidungsgrundlagen sind. Der Umgang mit Zahlen und Statistiken ist jedoch nicht beliebig. Vielfach suggerieren Zahlen nur Wissenschaftlichkeit und Tatsachencharakter. Wenn Sie Statistiken nutzen, sollten Sie prüfen, wie die Zahlen zustande gekommen sind: Was genau wurde dort wie gemessen? Unterschiedliche Arten der Datenerhebung erklären zum Beispiel unterschiedliche Werte in zwei Datensätzen zum selben Thema. Und nicht alles lässt sich in Zahlen ausdrücken. Zu diesem komplexen Thema kann im Rahmen dieser Einführung in die Arbeitstechnik nur wenig gesagt werden. Es sei hier wiederum auf die einschlägigen Einführungen in die empirische Sozialforschung und die Methodenlehre verwiesen.

Wie kommt man nun an statistische Daten heran? Die wichtigste Quelle hierfür sind *Datenhandbücher*, die heute zumeist von Behörden ins Internet gestellt werden. Das „Statistische Jahrbuch der Bundesrepublik Deutschland" ist das bekannteste unter ihnen und für die Bundesrepublik Deutschland zunächst einmal das wichtigste. Ähnliche Jahrbücher gibt es auch für die meisten anderen Staaten, zumindest für die westlichen Demokratien. Für Daten zu den EU-Staaten sei auf Eurostat verwiesen. Für die internationale Politik sind aber natürlich die Statistiken der Weltbankgruppe, der OECD oder des Internationalen Währungsfonds genauso interessant. Entsprechende Statistiken sind für alle Bereiche der internationalen Politik vorhanden. Auch diese Organisationen stellen grundlegende Daten heute ins Internet, wo sie frei verfügbar sind. Auch Umfragedaten können von Interesse sein, da sie Einblicke in politische Einstellungen und Werten der Bevölkerung zu einem bestimmten Zeitpunkt oder im Zeitverlauf geben. Im Anhang dieses Buches finden Sie einen Verweis auf einige internationale Umfrageprojekte. Ein Großteil von statistischen Daten liegt allerdings auf den Servern von Universitäten überall

auf der Welt oder bei großen Forschungseinrichtungen. Ihre Dozenten sollten Ihnen sagen können, zu welchem Thema Sie wo etwas finden.
An Zahlen herrscht also kein Mangel. Schwieriger ist der Umgang damit. Was aus den riesigen Datenmengen herausgelesen werden kann, ist nicht immer so klar. Wichtig ist also, dass Sie vorher überlegen, wozu Sie die Daten brauchen. Woher man sie bekommt, ist dann eine zweite Frage. Ist man nun der Ansicht, dass diese oder jene Frage ohne Rückgriff auf umfangreiches Zahlenmaterial und seine statistische Auswertung nicht beantwortet werden kann, kann man entweder auf Primärdaten anderer Wissenschaftler zurückgreifen oder aber deren Auswertungen zu Rate ziehen.

Für Seminararbeiten und Referate im B.A.-Studium ist in der Regel das zweite Verfahren das angemessenere, denn die statistische Bearbeitung von Daten setzt schon große methodische Kenntnisse auf diesem Gebiet voraus, die ihrerseits Gegenstand des Studiums sind. In der Regel sind existierende Daten auch soweit ausgewertet und zusammengefasst, dass für Zwecke eines Referats oder einer Seminararbeit genügend Informationen zur Verfügung stehen.

Sucht man Daten und findet sie nicht, auch nicht mit Hilfe der angegebenen Handbücher, dann hilft folgende, sehr politologische Überlegung weiter, die von einem erfahrenen Forscher stammt: Statistische Daten werden von Körperschaften des öffentlichen Rechts, Verbänden, und Privatpersonen im nationalen Bereich und zusätzlich von zahlreichen Institutionen im internationalen Bereich erhoben. Hinter jeder Erhebung steht ein politisches oder ein ökonomisches Interesse. Wenn Sie partout keine statistischen Daten finden können, dann fragen Sie sich also, wer ein Interesse an der Erstellung der benötigten Daten haben könnte, und versuchen Sie dann darüber eine mögliche Bezugsquelle aufzuspüren. Denn vielleicht gibt es ja eine internationale Organisation, eine Nicht-Regierungsorganisation, eine staatliche Behörde oder einen nationalen Verband, der die Daten gesammelt hat, ohne dass dies allgemein bekannt ist. Zur Not müssen Sie eben Emails bzw. Briefe schreiben oder telefonieren. Dass es wirklich nichts gibt, ist sehr selten. Zur Not kann noch ein Anruf beim jeweiligen Statistischen Landesamt weiterhelfen. Die Statistiker dort wissen vielleicht, wer haben könnte, was selbst sie nicht wissen.

Bei *schriftlichen Quellen* gilt eine ähnliche Überlegung wie bei der Suche nach Statistiken. Denn unter diese Rubrik fallen Protokolle von Verhandlungen, Verträge, Budgetpläne oder Redemanuskripte – Dinge also, die häufig gut versteckt in Archiven lagern. Bei der Suche nach Textquellen ist also wie bei ausgefallenen Zahlenwünschen die persönliche Phantasie gefragt. Die Mühe, ein Archiv aufzusuchen und bestimmte Aktenmengen durchzuarbeiten, lohnt sich kaum für Seminararbeiten, für eine Abschlussarbeit dagegen schon. Meist finden sich solche Quellen in den Archiven derjenigen Institutionen, um die es geht. Viele Dokumen-

3.1 Welche Informationsquellen gibt es? 47

te werden mittlerweile aber auch im Internet veröffentlicht und sind zugänglich über Suchmaschinen auf der Internetseite der jeweiligen Institution. Das gilt zum Beispiel für die Verhandlungen des Deutschen Bundestages oder die des US-amerikanischen Kongresses. Die Europäische Union ist hier ein positiver Sonderfall: Entgegen ihrem schlechten Ruf ist sie sehr aktiv darin, umfangreiches Material online zur freien Einsicht zur Verfügung zu stellen. Von Protokollen der Ministerratssitzungen bis zu Gesetzesentwürfen in ihren verschiedenen Stadien, von Urteilen des Europäischen Gerichtshofes bis hin zu Kommissionsberichten über die Umsetzung einer bestimmten Politik lässt sich hier alles finden.

Als wichtige Bezugsquellen seltener oder unveröffentlichter Informationen gelten die Stellen für Öffentlichkeitsarbeit von Behörden, Firmen oder Verbänden. Es ist ja auch ihre Aufgabe, Informationen nach außen weiterzugeben. Bedenken Sie aber auch hier, dass keine Organisation alles veröffentlicht. Politik hat auch immer etwas mit Geheimnissen zu tun.

Auch bei der Suche nach *mündlichen Quellen* sind der Phantasie keine Grenzen gesetzt. Selbst für eine Seminararbeit ist es in einigen Fällen sinnvoll, sich mit jemandem zu unterhalten, der oder die auf einem bestimmten Sachgebiet über langjährige Erfahrung oder große Kenntnisse verfügt. Das fängt mit zuständigen Behördenmitarbeitern und den berühmten „Vertretern der Wirtschaft" an und hört mit wissenschaftlichen Experten auf. Häufig sind schon die Meinungen von Nicht-Experten ein wichtiges Korrektiv. Arbeitet man zum Beispiel über den politischen Wandel in Nigeria, dann mag es sich lohnen, Kontakt zu Kommilitonen aus Nigeria aufzunehmen, ganz einfach um etwas über die konkreten Realitäten eines Landes zu erfahren, das man für die Erstellung eines Referats oder einer Seminararbeit nicht extra bereisen kann.

Sie können „googlen" um Experten aufzuspüren. Institutionen und Organisationen lassen sich ja meist schnell im Internet ausfindig machen. Es gibt aber auch Handbücher und Verzeichnisse, die relevante Organisationen für Sachgebiete auflisten, und es gibt das „Who is who" für die meisten Staaten der Welt, also Verzeichnisse, die wichtige Personen – oder solche, die dafür gehalten werden – für unterschiedliche Lebensbereiche auflisten. Aber auch mit einfacher Fantasie und wachsender Kenntnis werden Sie keine Schwierigkeiten haben gute Gesprächspartner zu finden, von denen Sie Dinge erfahren werden, die noch nicht irgendwo stehen. Deshalb sind diese Quellen wichtig, aber auch, weil dieser Rechercheschritt Sie in etwas schult, was Sie in jedem Berufszweig brauchen werden: ein sachliches Gespräch mit Ihnen unbekannten Personen führen, von dem beide etwas haben.

Abschließend seien die wichtigsten Zugänge zu Informationsquellen noch einmal zusammengefasst:

> **Quellen und Materialarten**
> *Literatur*
> - Bibliotheken, Kataloge, Bibliographien, Bücherverzeichnisse,
> - Dokumentationsdienste, Pressearchive
>
> *Daten*
> - Datenhandbücher, Statistiken, Umfragedaten, Geschäftsberichte, Jahrbücher,
> - Dokumentationen, Protokolle, Interviews, Autobiographien,
> - mündliche u. schriftliche Quellen: Archive, Research Directories, Personen.

3.2 Welche Suchstrategien gibt es?

Natürlich viele – welche man nimmt, hängt davon ab, wonach man sucht und wofür. Denn danach richtet sich, mit welchem Aufwand eine Recherche betrieben werden kann. Auch hier stehen wieder die beiden Leitwerte „Anspruch und Effizienz" im Vordergrund: Mit viel Zeit lassen sich natürlich die außergewöhnlichsten Publikationen und sonstigen Materialien finden. Im Folgenden werden nun zwei unterschiedlich intensive Recherchestrategien vorgestellt. Die schnellere Variante der Recherche ist die systematische Formulierung des Verfahrens, das schon zu Anfang unter dem Stichwort Vorrecherche vorgestellt wurde. Die zweite ist etwas umfangreicher und eignet sich für eine Ausarbeitung vom Umfang einer Seminararbeit, also für einen gut formulierten Text von 15 bis 20 Manuskriptseiten. Für Examensarbeiten sind noch wenige weitere Schritte nötig, die abschließend vorgestellt werden.

3.3 Die Vorrecherche

„Googlen" reicht nicht. So wichtig das Internet als Informationsquelle geworden ist, eine wissenschaftliche Vorrecherche muss immer darüber hinausgehen. Beim Googlen werden Sie von der Fülle an Informationen erschlagen, und es fehlen ohne Vorwissen die Kriterien, die nötig sind, um die Spreu vom Weizen zu trennen. Fangen Sie niveauvoller an. Für eine kleine Ausarbeitung, die innerhalb weniger Tage erstellt werden soll, oder zur ersten Orientierung, eignet sich das folgende Verfahren. Es ist das unaufwendigste, sichert aber zugleich die wichtigsten In-

3.3 Die Vorrecherche

- Mündliche Informationen
- Artikel aus Nachschlagewerken wie Handbüchern und Fachlexika
- Kursorische Lektüre ausgewählter Standardwerke
- Lektüre von Abschnitten aus Einführungswerken
- Lektüre von ein bis zwei neuen Zeitschriftenaufsätzen

Abb. 3.3 Die Arbeitsschritte der Vorrecherche

formationen und einen einigermaßen brauchbaren Anschluss an ein wissenschaftliches Thema. Mit etwas Übung benötigt man für diese Arbeitsschritte nicht mehr als ein bis zwei Arbeitstage, in vielen Fällen sogar weniger. Diese Vorrecherche besteht aus fünf Elementen, die gleich im Einzelnen kommentiert warden (Abb. 3.3).

Wie im vorigen Kapitel schon angedeutet, sind *mündliche Informationen* neben der „quick and dirty"-Recherche im Internet immer noch das schnellste Mittel, um zu einem Thema etwas zu erfahren. Experten können vielleicht eine wichtige Publikation zum Thema nennen, auf einige wichtige Aspekte hinweisen oder etwas über den gegenwärtigen Stand der Diskussion zu einem aktuellen Thema sagen. Und solche Experten müssen nicht immer Wissenschaftler sein. Es können auch Verbandsfunktionäre sein, die in einem bestimmten Politikfeld aktiv sind, oder Mitarbeiter von Parlamentariern, die sich für das Thema interessieren. Der große Vorteil des Gesprächs ist es jedenfalls, dass man direkt fragen kann. Sie müssen nicht lange blättern oder rauf- und runterscrollen. Bei Texten kann es sehr lange dauern, bis man zu einem bestimmten Aspekt etwas erfährt. In persönlichen Gesprächen können Sie schnell zum Punkt kommen. Und Sie werden fast immer etwas erfahren, von dem Sie bisher nichts wussten.

Etwas zuverlässiger und eher am wissenschaftlichen Standard orientiert sind *Nachschlagewerke*. Hier finden Sie knapp zusammengefasstes und konsolidiertes Wissen. Einige der wichtigsten Einführungswerke, Handwörterbücher und Fachlexika der Politikwissenschaft sind im Anhang dieses Buches aufgeführt. Viele der dort angegebenen Nachschlagewerke sind aber auch für andere Disziplinen nützlich oder sogar unverzichtbar. Lexika und Handwörterbücher stehen immer in den Freihandbereichen der Bibliotheken, weil sie für den schnellen Zugriff gedacht sind. Hier gilt die Regel: Je weniger man zu wissen glaubt, desto allgemeiner muss das erste Lexikon sein, zu dem man greift. Natürlich ist es legitim, für einfache Sachfragen Wikipedia zu nutzen. Das gilt für Fragen nach Personen: Wer waren Hans Filbinger, Mohammed Ahmed Ben Bella oder Louise Schröder? Bei Wikipedia finden Sie wahrscheinlich die wichtigsten Angaben. Erwarten Sie aber keine ausgewogene und wissenschaftlichen Ansprüchen genügende Qualität der dortigen Beiträge. Darin sind die kostenpflichtigen Lexika, die Sie in Bibliotheken finden, einfach besser. Sie liefern außerdem weitere Stichworte, zu denen dann auch in

Fachwörterbüchern nachgeschlagen werden kann. Unter ihnen ist das von Dieter Nohlen herausgegebene „Lexikon der Politik" für die Politikwissenschaft im deutschsprachigen Raum sicher das bekannteste und umfassendste. Es lohnt sich aber immer, mindestens zwei weitere der im Anhang aufgeführten Nachschlagewerke zu konsultieren. International ist die Serie der „Oxford Handbooks of Political Science" zu empfehlen. Die relevanten Artikel darin halten auch eine ganze Reihe von Verweisen auf wichtige Standardwerke parat, von denen man ein paar neuere auswählen und einsehen sollte.

Die *Überfluglektüre dieser Standardwerke* ist sicher der zeitaufwendigste Schritt der Vorrecherche. Hier erfährt man, wie das jeweilige Thema in der Politikwissenschaft behandelt wird, welche Hauptaspekte es aufweist und welche Diskussionen sich darum ranken. All dies ist wichtig, um in der eigenen Arbeit Anschluss an den Stand der Forschung zu finden. Zunächst aber hilft es zu sehen, wie ein Thema gegliedert und bearbeitet wird. Gute Standardwerke enthalten, meist am Beginn, einen Überblick über den wissenschaftlichen Diskussionsstand. Einige Werke lassen sich sicher über den Schlagwortkatalog der Bibliothek aufspüren, nur hier hat man nicht die Garantie, dass es sich bei den aufgeführten Titeln auch um die relevantesten handelt. Besser ist es, sich an die Angaben in den Nachschlagewerken zu halten.

Die *Lektüre von Abschnitten in Einführungen* ist eine andere Möglichkeit, Standardwerke ausfindig zu machen, und bietet darüber hinaus noch andere Vorteile. Einführungen sollten einfach geschrieben sein. Sie sind es leider nicht immer. Angesichts der Vielzahl von Einführungen in die Politikwissenschaft, von denen die wichtigsten ebenfalls im Anhang dieses Buches stehen, dürfte es aber kein Problem sein, einen verständlich gehaltenen, allgemeinen Abschnitt über das Themengebiet zu finden, der zugleich etwas über den Stellenwert des Themas im Fach aussagt. Achten Sie darauf, dass Sie möglichst aktuelle Einführungen finden. Da die Forschung ein dynamischer Prozess ist und immer neues Wissen hinzukommt, verändern sich die Debatten und Erkenntnisse über die Jahre. In Einführungswerken können ebenso Hinweise auf relevante Nachbarwissenschaften stehen, die in den meisten Fällen einiges zum Thema beizutragen haben, mitunter sogar mehr als die Politikwissenschaft im engeren Sinne. Zudem helfen Ihnen Einführungswerke, zentrale Autoren und Schlagworte zu identifizieren, die Sie bei der Recherche im Bibliothekskatalogen nutzen können.

Im Verlauf dieser vier Schritte ist sicher der ein oder andere Hinweis auf einen Zeitschriftenaufsatz oder der Titel einer bestimmte Zeitschrift aufgefallen. Oder ein Autorenname taucht des Öfteren wieder auf. Das sind die Schlüssel zur *neueren Zeitschriftenliteratur*. Ein Blick in den aktuellen Jahrgang einer Zeitschrift, die regelmäßig erwähnt wird, ist also lohnend: Vielleicht hat die Zeitschrift jüngst wie-

3.3 Die Vorrecherche

der einen Beitrag zum Thema veröffentlicht. Nutzen Sie auch hier wieder die online verfügbaren *Kataloge und Literaturdatenbanken* Ihrer Universitätsbibliothek. Es lohnt auch zu recherchieren, was die zentralen Autoren, die in den Debatten genannt werden, in den letzten Jahren veröffentlicht haben. Wenn Sie nach Publikationen einzelner Wissenschaftler suchen, können Sie auch deren Internetseite nutzen. Die meisten Wissenschaftler veröffentlichen dort eine Liste ihrer aktuellen Veröffentlichungen.

Um sich im Dschungel der Fachzeitschriften zu orientieren, kann man zudem auf Kompendien zurückgreifen, die die einzelnen politikwissenschaftlichen Zeitschriften erläutern und kommentieren. Im Anhang findet sich ein Verweis auf ein solches Kompendium. Viele Zeitschriften sind auf ein bestimmtes Themengebiet oder eine bestimmte Region spezialisiert. Nur wenige Zeitschriften sind in ihrer Themenwahl breit gefächert. Die Beilage „Aus Politik und Zeitgeschichte", die der Wochenzeitung „Das Parlament" beiliegt, ist so ein Glücksfall. In ihrem Jahresregister finden sich Titel zu allen möglichen Gebieten. Wer sich mehr für ferne Gegenden interessiert, etwa zur jüngeren Entwicklung im Iran arbeitet, könnte im letzten Jahrgang der Zeitschrift „Current History" fündig werden, die jedes Jahr ein Heft zu jeder großen Weltregion publiziert.

Mit der Zeit bildet sich auch hier eine gewisse Expertise heran. Schon nach einigen Semestern verfügen die meisten Studierenden über einige Erfahrungen, welche Zeitschriften für welche Themengebiete in Frage kommen. Auch das ist Fachwissen. Eine Hilfe sind dabei Zeitschriftenbibliographien wie „Public Affairs Information System" (PAIS) oder die „Internationale Bibliographie der Zeitschriftenliteratur" (IBZ), die in den meisten Universitätsbibliotheken per Internet zur Verfügung stellen. Jüngere Zeitschriftenaufsätze sind vor allem deshalb eine so gute Ressource, weil sie meist den wirklich aktuellsten Forschungsstand enthalten und außerdem immer auf einige der wichtigsten Standardwerke verweisen.

Diese fünf Elemente sind nun nicht als einmalig hintereinander zu absolvierende Arbeitsschritte gedacht, sondern können bis auf eine Ausnahme in beliebiger Reihenfolge wiederholt werden. Finden Sie beim ersten Mal nicht genug, dann variieren Sie die Schlagworte oder nehmen Sie allgemeinere Begriffe. Deshalb sollten Lexika, Handwörterbücher und Fachlexika unbedingt weit am Anfang eingesehen werden, damit Sie die richtigen Schlagwörter finden, die Ihnen als Studienanfänger vielleicht noch nicht geläufig sind. Reicht der Umfang der gewonnenen Informationen nicht aus, können Sie von vorne beginnen, z. B. indem Sie nach weiteren Handwörterbüchern fragen oder mit weiteren Personen über Ihre Fragen reden oder Ihre Schlagworte variieren.

3.4 Die erweiterte Recherche

Die Vorrecherche ist eine feine Sache, sie reicht für Seminararbeiten aber nicht aus. In allen politikwissenschaftlichen Studiengängen in Deutschland sind mehrere längeren schriftlichen Arbeiten anzufertigen. Auch für diese lohnt sich eine Vorrecherche, etwa schon, um zu entscheiden, ob Sie beim Thema bleiben wollen.

Um wirklich auf bestem Niveau zu einem Thema schreiben zu können, sind weitere Schritte nötig. Probieren Sie, die folgenden Arbeitsgänge für jede längere Ausarbeitung bei jeder Seminararbeit durchzuexerzieren, so langweilig und unergiebig dies auch auf den ersten Blick erscheinen mag. Alles Handwerk ist mühselig zu erlernen, spät erst sorgt Routine für Leichtigkeit. Die Übung der Recherche ist aber auch deshalb wichtig, weil sie für die große Recherche zur wissenschaftlichen Abschlussarbeit trainiert. Je früher Sie diese Schritte trainieren, desto besser werden Sie am Ende Ihres Studiums darin sein. Und diese Fähigkeiten werden Ihnen auch in jedem späteren Berufsfeld immer von Vorteil sein, im Journalismus ebenso wie in der Verbandspolitik, in einer NGO ebenso wie in einem Ministerium.

Bei der folgenden Übersicht kommt es nun auf die Reihenfolge an. Denn nur sie bietet die richtige Mischung aus: – Effizienz und Anspruch! Natürlich kann man gleich den Dozenten oder die Dozentin nach Literatur und anderen Materialien fragen. Oder man hangelt sich anhand der Literaturliste der Seminarleitung durch. Doch wenn es sich nicht gerade um das Spezialgebiet handelt, auf dem Professor XY seit fünfzehn Jahren forscht, dann wird einiges darin fehlen. Etwas Neues gibt es immer zu finden, weil keine Literaturliste und kein Lehrender erschöpfende Auskunft geben und wirklich alle Dimensionen eines Themas bedenken kann.

Seminarleitung oder Experten können allerdings oft wichtige Materialien zur Verfügung stellen, die schwer oder der Öffentlichkeit gar nicht zugänglich sind, wie Konferenzpapiere, noch unveröffentlichte Aufsätze und dergleichen mehr. Und sie sind unverzichtbare Ratgeber, wenn es um das Auffinden von solcher Quellen geht, die in der folgenden Übersicht nicht extra aufgeführt werden wie Vortragsmanuskripte, Konferenzpapiere und andere nicht veröffentlichte Texte (Tab. 3.1).

Über die Bedeutung von *Nachschlagewerken* wurde oben schon einiges gesagt. Als Faustregel sollten Sie für eine Seminararbeit in mindestens drei verschiedene hineingeschaut haben, wobei sich ein Blick in die Lexika der Nachbarwissenschaften lohnt. Soziologie, Geschichte, aber auch Wirtschaftswissenschaften und Philosophie haben oft Wesentliches, manchmal sogar Besseres zu einem Thema beigetragen als die Politikwissenschaft. Vielleicht entdecken Sie so auch Aspekte, die die Politikwissenschaft bisher übersehen hat.

Die Suche in *Literaturdatenbanken* ist der nächste, meistens schon sehr ertragreiche Schritt. Machen Sie sich über die entsprechenden Veranstaltungen Ihrer

3.4 Die erweiterte Recherche

Tab. 3.1 Die Arbeitsschritte der erweiterten Recherche

Wo man sucht…	… Was man sich anschaut…	… Und was man findet:
Nachschlagewerke	Stichworte, Großbegriffe	Allgemeine Informationen zum Thema, weitere Stichwörter, Hintergrundinformation
Zeitschriftenbibliographien	Autorennamen, Stichworte	Aktuelle Aufsätze, Titel der wichtigen Fachzeitschriften
Aktuelle Zeitschriften	Namen, Stichworte	Aktuelle Ausätze, Kenntnis des neuesten Diskussionsstands
Standardwerke	Text und Fußnoten, Literaturverzeichnis	Erkenntnis- und Diskussionsstand, wichtige Literatur
Schlagwortkatalog	Stichwörter	In Bibliotheken vorhandene Literatur zum Themengebiet
Fachbibliographien	Systematische Begriffe	Literatur zu Einzelaspekten
Seminarleitung/Experten	Einzelne Aspekte	evtl. übersehene Standardwerke, „graue" Literatur, sonstiges Material
Verlagskataloge	Autorennamen, Stichworte	Neuerscheinungen, Ankündigungen
Pressearchive	Stichworte	Aktueller Stand politischer Auseinandersetzungen

Universitätsbibliothek mit diesem Rechercheschritt vertraut. Die „Internationale Bibliographie der Zeitschriftenliteratur" (IBZ) oder das „Public Affairs Information System" (PAIS) oder „Web of Science" sind solche stets aktualisierten Verzeichnisse, mit denen man sich nicht früh genug vertraut machen kann. Zudem sei auf die von der GESIS bereitgestellten Internet-Portale „sowiport" und „ProQuest" verwiesen. Verlassen Sie sich nicht allein auf „JSTOR", dem vielleicht populärsten Online-Archiv für wissenschaftliche Zeitschriftenaufsätze. Viele sehr gute wissenschaftliche Zeitschriften, gerade solche, die nicht auf Englisch erscheinen, sind darin nicht berücksichtigt. In den Zeitschriftenbibliographien hingegen sind auch sie erfasst.

Sie werden schnell auf ein paar Namen von *Fachzeitschriften* stoßen, die für das Themengebiet relevant sind. Wenn Sie topaktuell sein wollen, dann schauen Sie im Internet unter dem Namen der Zeitschriften auf den Verlagsseiten nach, was dort in den jüngsten Ausgaben erschienen ist. Denn viele Themen sind in bestimmten Zeitschriften „zuhause", und so kriegen Sie die jüngsten Beiträge zur Diskussion mit, die noch nicht in den Zeitschriftenbibliographien erschienen sind.

Bei vielen Zeitschriften kann man sich zudem für einen Newsletter registrieren, dann erhält man die aktuellen Inhaltsverzeichnisse per E-Mail zugeschickt.

Schauen Sie nach, welche Werke in den Fußnoten dieser Aufsätze wiederholt auftauchen, dann kommt rasch eine Liste von wichtigen *Standardwerken* zusammen. Meist sind es mehr, als Sie für eine Seminararbeit lesen können. Schauen Sie sich die am häufigsten genannten und die jüngst erschienenen an, und prüfen Sie, was Sie daraus für Ihre eigene Arbeit brauchen. Bevor man sich ans richtige Lesen macht, können aber eine Reihe von kritischen Blicken sortieren helfen: Inhaltsverzeichnis, Klappentexte, Zusammenfassungen und Einleitungen, Untertitel und das Literaturverzeichnis erleichtern die Entscheidung, ob ein Buch wirklich für die eigene Arbeit gebraucht wird. Mehr zum Umgang mit dem Material steht übrigens im folgenden Kapitel.

Der *Schlagwortkatalog* der Bibliothek kommt als nächstes dran. Stichworte sollte es jetzt schon zuhauf geben, zur Not nehmen Sie die Ausdrücke, die in den Titeln von Aufsätzen und Büchern am häufigsten auftreten, oder die, die Sie sich selbst als für Ihre Fragestellung relevant überlegt haben. Fragen Sie zur Not das Bibliothekspersonal. Bibliothekare kennen die Stärken und Schwächen der Kataloge am besten, und gerade zu Unteraspekten liefern diese Kataloge oft hilfreiche Hinweise. All das kann Spaß machen und bringt gelegentlich endlose Listen als Ergebnis. Aber Vorsicht: Nur die Bücher sind wirklich von Belang, die auch in den örtlichen Bibliotheken stehen oder über Fernleihe einigermaßen fristgerecht beschafft werden können. Gerade im B.A.-Studium ist das aber schon ein erheblicher Aufwand, den niemand wirklich von Ihnen erwartet. Hier geht Effizienz vor Anspruch. Eine zehnseitige Titelliste aus der „Library of Congress" in Washington D.C. nützt Ihnen nicht viel, auch wenn sich diese Liste heutzutage in Minuten zusammenstellen lässt. Der Vorteil der Recherche in den Katalogen der örtlichen Bibliotheken ist: Die Bücher sind auch zur Stelle, wenn sie nicht gerade entliehen sind.

In den *Fachbibliographien* kann seltene Literatur aufgespürt werden, wenn die anderen Rechercheschritte zu einem Aspekt nichts ergeben haben oder wenn das eigene Rechercheergebnis getestet werden soll. Der große Nachteil von Schlagwortkatalogen ist nämlich, dass sie nicht unbedingt alles erfassen, was eine Bibliothek zu bieten hat. Und gerade für ältere Literatur sind die Fachbibliographien sehr nützlich. Wenn Sie zum Begriff des Rechts bei Immanuel Kant schreiben sollten, ist eine Kant-Bibliographie sicher hilfreich, weil es dazu durchaus heute noch relevante Beiträge aus den 1920er Jahren gibt, die nicht im Schlagwortkatalog erfasst sind.

Bei der Vervollständigung des Materials können aber auch *die Seminarleitung oder andere Experten* einspringen: Im Idealfall finden Dozenten die Zeit, den Entwurf einer Hausarbeit oder den Plan für ein Referat zu besprechen. Dabei kommen eigentlich immer noch ein paar hilfreiche Hinweise heraus. Für eine Examensarbeit ist die Vorlage eines solchen Exposés in schriftlicher Form obligatorisch. Die meisten Prüfer werden Sie bitten, ein vorläufiges Literatur- und Quellenverzeichnis mitzuliefern, so dass die Prüferin oder der Prüfer auf eventuelle Lücken aufmerksam machen können.

Geht es um ein Thema, das aktuelle politische Debatten oder Ereignisse betrifft, dann sollten Sie einen Gang ins nächstgelegene *Pressearchiv* unternehmen oder ein entsprechendes Online-Archiv nutzen. Die meisten Universitätsbibliotheken haben die Dienste „factiva" oder „LexisNexis" abonniert. Hier können Sie per Schlagwortsuche in nationalen und internationalen Tages- und Wochenzeitungen suchen. Auf der Grundlage von Presseberichten können Sie so schnell Chronologien von Ereignissen erstellen, oder anschauliche Beispiele, aktuelle Meldungen und dergleichen finden, die sehr gut geeignet sind, ein Referat einzuleiten oder einen Einstieg für eine Einleitung zu formulieren. Pressearchive sind außerdem sehr nützlich, um sich selbst auf den aktuellen Stand einer politischen Entwicklung zu bringen: Wenn Sie ein Referat über das Regierungssystem Brasiliens halten sollten, dann erfordert das schon, dass Sie als Vortragende wissen, was sich dort in den vergangenen Monaten ereignet hat – und das steht noch nicht in der wissenschaftlichen Literatur, aber in der Presse.

3.5 Recherchieren für die Abschlussarbeit

Die bislang geschilderten Rechercheschritte nehmen für eine normale Seminararbeit ein bis zwei Arbeitstage in Anspruch. Für eine Examensarbeit dauert die Suche etwas länger, schon deshalb, weil dafür ja deutlich mehr Material benötigt wird. Das gilt besonders für M.A.-Arbeiten. Außerdem kommen noch ein paar Schritte dazu.

Für eine Examensarbeit empfiehlt sich zum Beispiel eine Recherche in der *Deutschen Nationalbibliographie*. Ersatzweise können Sie über den „Karlsruher Virtuellen Katalog" (KVK) im Internet auch die Kataloge der Deutschen Nationalbibliothek oder anderer nationaler Zentralbibliotheken einsehen. Dieses umfassendste Verzeichnis aller Buchveröffentlichungen in deutscher Sprache ist für längere Arbeiten sinnvoll, auch wenn viele der gefundenen Titel vor Ort nicht verfügbar sind. Denn für eine Examensarbeit kann es sich lohnen, entweder einige Bücher per Fernleihe zu bestellen oder aber ein paar Wochen in einer anderen Stadt zu lesen, wenn dort eine Bibliothek mit viel Spezialliteratur vorhanden ist. Unter den Universitäts- und Staatsbibliotheken herrscht nämlich eine gewisse Arbeitsteilung: Die großen Bibliotheken haben jeweils „Sondersammelgebiete" zu denen sie besonders viel Literatur anschaffen. Zudem gibt es ungezählte Spezialbibliotheken im In- und Ausland, die unter Umständen – bei sehr speziellen Themen – einen längeren Aufenthalt lohnenswert machen. Nationalbibliographien gibt es natürlich auch für andere Staaten und Sprachen. Mindestens für Dissertationen, gelegentlich auch für eine Examensarbeit, werden diese Bibliographien relevant, besonders dann, wenn das Thema einen starken regionalen oder nationalen Bezug hat.

Solch ein Blick ins Ausland ist auch immer dann angebracht, wenn im eigenen Land und in deutscher Sprache zu einem Thema partout nichts gefunden werden kann. Das dürfte zwar selten vorkommen, ist aber nicht völlig ausgeschlossen, gerade wenn die Themenwahl etwas eigenwillig ist und neue Wege einschlägt. Dann kann sich eine Recherche im Katalog der „Library of Congress" lohnen, oder auch im Katalog der „Bibliothèque nationale de France". Dank des Internets ist das heute kein Problem mehr. Ein im deutschen Sprachraum neues Thema ist vielleicht in Frankreich, Spanien oder in den USA schon einmal bearbeitet worden. Mit der richtigen Übersetzung der Suchbegriffe lässt sich das leicht feststellen. Bei Arbeiten in B.A.- und M.A-Studiengängen wird aber nicht erwartet, dass Sie in großem Umfang Literatur verwenden, die lokal nicht verfügbar ist. Das schließt aber die Nutzung der Fernleihe für ausgewählte Werke nicht aus.

Die Recherche zu einem Examensthema kann schließlich auch wieder an den Anfang aller Recherchekunst zurückkehren: Personen befragen. Mitstudierende wissen manchmal mehr als man denkt. Auch andere Dozenten neben dem Prüfer, ja selbst Wissenschaftler an anderen Universitäten und Instituten können befragt werden. Das sollte man nicht für jede Seminararbeit machen, denn alle sind immer schwer beschäftigt. Für ein ganz spezielles Thema einer Examensarbeit kann man schon mal den einen oder anderen Experten anschreiben und um ergänzende Hinweise bitten. Das machen Wissenschaftler selbst oft ganz genauso.

3.6 Was lese ich?

Grundsätzlich unterscheiden wir in den Sozialwissenschaften zwischen Literatur und empirischem Material: Mit dem empirischen Material haben wir uns oben beschäftigt, mit Blick auf die Methoden. Um „Literatur" geht es im Folgenden, und damit ist nicht die Belletristik gemeint, sondern die wissenschaftliche Fachliteratur, die wissenschaftlichen Kriterien genügen will. Dieser Abschnitt soll Ihnen dabei helfen, Ihre Kompetenzen im effizienten und kritischen Lesen zu verbessern.

Jedes Buch, das Sie zur Hand nehmen, jede Dokumentensammlung, jeder Artikel, den Sie in Augenschein nehmen, sollten Sie zunächst auf seine Tauglichkeit für Ihre eigene Arbeit hin prüfen. In der Regel stellt sich schnell heraus, dass ein großer Teil der recherchierten Werke für die gewünschten Zwecke nur einge-

3.6 Was lese ich?

schränkt oder gar nicht tauglich ist. Eine beschaffte Statistik enthält etwa keine aktuellen Zahlen oder legt nicht die gewünschten Indikatoren zugrunde. Oder ein Buch behandelt das Thema, nach dem der vielversprechende Titel klingt, nur für den Zeitraum des 17. Jahrhunderts, während Ihr Zeitraum das 20. Jahrhundert ist. Aber auch relevante Bücher müssen nicht unbedingt von vorn bis hinten gelesen werden. Aus vielen braucht man nur eine winzige Information oder eine These, in anderen ist vielleicht nur ein Kapitel wichtig. Und wie man die herausfiltert, bzw. wie man schnell herausfinden kann, ob ein Werk für den gedachten Zweck in Frage kommt oder nicht, auch das lässt sich methodisch angehen. Diese Methode besteht im Grunde in nichts anderem, als in einzelnen Prüfungen und Entscheidungen, gewissermaßen Buchrücken von Buchtiteln bis in die Feingliederung der darin enthaltenen einzelnen Gedanken – also eine Reihe von Testfragen zu stellen, die etwas über den Stellenwert eines Buches für die eigene Arbeit sagen. Gerade wenn Sie viel Literatur gefunden haben, heißt die Devise: Auswählen, Entscheiden!

Der Katalog der Testfragen beginnt mit dem *Titel* und dem *Erscheinungsjahr*. Der Titel muss zum Thema passen, und neuere Bücher und Aufsätze sind im Prinzip älteren vorzuziehen. Manchmal aber gibt es Standardwerke, die schon 30 oder 70 Jahre alt sind, deren Lektüre aber nach wie vor lohnt. Das gilt nicht nur für Klassiker des politischen Denkens wie Max Weber oder Antonia Gramsci, sondern in der Forschung zu Kriegen etwa auch für die Beiträge von Quincy Wright oder Pitirim Sorokin. Handelt es sich um einen Autor oder eine Autorin, die als Koryphäe auf dem Themengebiet gilt, in dem auch unser Gegenstand angesiedelt ist, lohnt sich vielleicht der Blick in eine Neuerscheinung, auch wenn der Titel zunächst keine unmittelbare thematische Nähe vermuten lässt. Umgekehrt können die über Schlagwortfunktionen gefundenen Titel völlig unbekannter Autoren Neuigkeiten und sehr fruchtbare Ansätze enthalten.

Neuere Werke zum Thema enthalten, wenn sie gut sind, auch eine Zusammenfassung des Forschungsstandes. Aus Gründen der Effizienz ist es daher sinnvoll, sich in der Erscheinungsfolge rückwärts vorzuarbeiten. Zunächst werden die neuesten Arbeiten gelesen, die älteren später.

Hat das Buch, der Zeitschriftenaufsatz oder die Dokumentensammlung diesen ersten Test bestanden, dann prüfen Sie, ob sich die vertiefte Lektüre lohnt. Das *Inhaltsverzeichnis* gibt Auskunft darüber, wie der Autor sein Thema gliedert, ob also der Titel hält, was er verspricht. Häufig genug findet sich so das relevante Kapitel. Interessant ist auch immer zur eigenen Weiterbildung *wie* der oder die Verfasser ihr Thema gliedern. Steckt da Methode dahinter?

Die *Zwischenüberschriften* tauchen im Inhaltsverzeichnis häufig gar nicht auf, um es nicht zu unübersichtlich zu machen. Schlägt man im interessanten Kapitel nach, genügt ein Blick auf die Zwischenüberschriften, um die zentralen Seiten ausfindig zu machen. Aber das geht natürlich nur, wenn Zwischenüberschriften da sind. Sie können auch Absatzanfänge und -enden lesen, um schnell zu prüfen, ob das Werk hält, was Sie sich davon versprochen haben. Oder das *Register* hilft Ihnen weiter. Ob es nun ein Stichwortregister oder ein Personenregister oder beides gibt, ist zunächst unerheblich. Mit etwas Nachdenken und einigen Grundkenntnissen lässt sich das eine wie das andere benutzen. Denn in einem Buch zur Geschichte der deutschen Arbeiterbewegung findet sich wahrscheinlich auf den Seiten zum Stichwort „Kommunistische Internationale" auch etwas über die Beziehungen zu Stalin. Umgekehrt lässt sich dasselbe Verfahren anwenden: Wo in einem solchen Buch etwas über Stalin steht, ist sicher auch etwas über die „Komintern" geschrieben worden.

Das *Literatur-* und, so vorhanden, das *Quellenverzeichnis* geben Auskunft darüber, auf welches Material sich der Autor oder die Autorin stützt. Vielleicht wurden gerade hier die von allen anderen vernachlässigten oder mittlerweile verschollenen Archivalien untersucht oder höchst wichtige, mittlerweile verstorbene Zeitzeugen befragt. Natürlich kann dieser Test auch negativ ausfallen, etwa wenn ein Werk über die „Perestroika" in der Sowjetunion nicht eine einzige russischsprachige Publikation aufführt und sich nur auf Übersetzungen stützen kann. Dann gibt es sicher Besseres, und das Buch kann ohne Scheu zurück ins Regal.

Gerade bei englischsprachigen Texten lohnt sich immer das Anlesen der überblickshaften *Introduction* und der das Werk abschließenden *Conclusions*. Bei Fachzeitschriften sollten Sie das *Abstract, die* Kurzzusammenfassung, lesen. Ist dies gut gemacht, sind hier die wichtigsten Thesen und Ergebnisse eines Buches oder eines Aufsatzes versammelt. Aber auch hier ist Vorsicht geboten: Es bleibt ein gewisses Risiko, nur die Ergebnisse eines Buches zur Kenntnis zu nehmen, ohne das Werk wirklich gelesen zu haben. Denn so wurde ja gar nicht nachgeprüft, ob die Argumentation und die Belege, die der Autor oder die Autorin anführt, die Schlussfolgerungen auch wirklich stützen!

Um das zu überprüfen, sollte man also etwas tiefer in den Text einsteigen, ohne dass dies bedeuten muss, jedes Buch gleich ganz durchzuarbeiten. Denn zunächst hilft jetzt das *Anlesen* der Kapitel weiter. Teile dieses Verfahrens, das nichts anderes ist als eine rasche Durchsicht, sind jetzt schon bekannt, nämlich der Blick auf Überschriften, Inhaltsverzeichnis, Register usw.

Das lässt sich fortführen. Sei es dadurch, dass kurz die Kapitelanfänge und -enden gelesen werden oder dadurch, dass man sich im nächsten Schritt die Absatzanfänge und -enden vornimmt. Sucht man nach Definitionen, kann man auch die Seiten nur nach der Gestalt des gewünschten Wortes überfliegen. Wer's ganz genau wissen will, muss aber „richtig" lesen (s. u.). Und das heißt auch heute noch: Satz für Satz, Seite für Seite.

Bevor Sie das tun, ist es aber richtig, rigoros auszuwählen. Es sei denn, Zeit ist massenhaft vorhanden, so dass der Leitwert Effizienz etwas in den Hintergrund geraten kann. Sonst aber gilt: Geben die oben erwähnten Schritte keine Hinweise auf eine Relevanz für das Thema oder einer seiner Aspekte, dann weg mit dem Ding! Es ist viel geschrieben worden und es wird täglich mehr, so dass nur die allergrößte Disziplin einen einigermaßen tauglichen Damm gegen die Flut des Gedruckten und den Ozean des Internet abgibt.

3.7 Wie lese ich „richtig"

Wie sich einen Text erarbeiten, der für Ihre eigenen Zwecke zentral ist, hängt zunächst einmal davon ab, ob er gedruckt ist oder nicht und wem der gedruckte Text gehört. In eigenen Büchern oder Kopien kann natürlich herumgestrichen und markiert werden, in denen aus öffentlichem Besitz nicht! Auch nicht mit weichem Bleistift, der hinterher mehr schlecht als recht ausradiert wird. In eigenen Texten kann man sich Randnotizen machen, mit dem Textmarker herumfahren oder am Seitenende kurze Inhaltsangaben notieren, usw. In Büchern aus fremdem Besitz, besonders aus Bibliotheken, ist das ein absolutes Tabu! Sie können relevante Kapitel aber bei Bedarf kopieren oder scannen. Prüfen Sie aber vorher, ob der Text diese Mühe wert ist.

Richtig lesen, heißt: bewusst und zielgerichtet lesen. Zwar kommt es mit abnehmender Konzentration immer häufiger vor, dass beim Lesen die Gedanken abschweifen, und das kann sehr fruchtbar sein, denn oft kommen ja beim Lesen die besten Einfälle, warum der Autor nicht recht hat, wie es wirklich ist, oder wenigstens sein sollte usw. Nichts gegen diese geistigen Kurzausflüge. Doch nicht jedes Abschweifen bringt etwas ein, und manche Texte sind an sich schon so komplex, dass man ohnehin schon sehr viel Zeit braucht, um sie zu verstehen. Im Studium kommen sehr schwierige Texte vor, die viel Zeit und Konzentration erfordern. Sie richtig zu lesen, ohne frustriert zu werden, braucht viel Geduld, etwas Technik und vor allen Dingen Ausdauer im konzentrierten Lesen.

„Bewusstloses" Lesen bedeutet also nicht, dass die Gedanken gelegentlich abschweifen, sondern dass beim Lesen überhaupt nicht an die eigene Arbeit gedacht wird. Denn unter den Gesichtspunkten der Effizienz und des Anspruchs schweben dem Erfassen des Textsinns die Fragen über dem Haupt des oder der Lesenden: „Wofür? Ist das wichtig? Kann ich das verwenden? Brauche ich das?". Um Missverständnissen vorzubeugen: Natürlich sollen Sie auch aus einfacher Neugier oder ungerichtetem Interesse lesen. Selten genug sind sozialwissenschaftliche Texte so geschrieben, dass man einfach wie bei einem guten Roman von der Lektüre fortgerissen wird. Doch diese freiere Lektüre aus Neugier ist ein anderes Thema. Der Seminararbeit nützt nur das zielgerichtete Lesen, und deshalb empfiehlt sich eine entsprechend nüchterne Betrachtung der Lektüre.

Lesen kann man nun auf ganz verschiedene Weise. Das Lesen eines Lehrbuchs zum Beispiel dient anderen Zwecken, als das Überfliegen eines Aufsatzes, der vielleicht für eine Seminararbeit brauchbar ist. Die Arbeit an einem komplexen theoretischen Text, der in einer Arbeitsgruppe besprochen werden soll, erfordert ein anderes Herangehen als die Analyse einer Tabelle. In der Arbeitstechnik für das Studium wird nun gewöhnlich zwischen drei Lesearten unterschieden, wobei die Übergänge zwischen diesen Lesearten natürlich fließend sind: kursorisches, selektives und intensives Lesen.

Kursorisches Lesen ist mit dem bereits erwähnten Anlesen vergleichbar. Es beschränkt sich auf das rasche Überfliegen eines Textes, ist nach Stichworten in Überschriften und Absätzen aus, und wird lediglich dort etwas intensiver, wo das gesuchte Stichwort auftaucht. Dann gilt es zu prüfen, ob die Textstelle verrät, dass dort etwas Interessantes zu erwarten ist. Das kursorische Lesen braucht man, um längere Texte rasch zu prüfen. Gerade bei den Werken, die die Tests der Materialsichtung bestanden haben, ist es gut, zunächst einmal herumzublättern und kursorisch zu lesen.

Selektives Lesen ist zeitaufwendiger. Hierunter versteht man die auswählende Lektüre: Nicht ein ganzes Buch, sondern nur ein Kapitel, vielleicht auch nur ein paar Absätze werden intensiv gelesen, der Rest überflogen oder gar nicht angeschaut, zum Beispiel weil die Überschriften keinen Hinweis auf Relevanz geben. Dieses Verfahren wendet man an, wenn aus einer allgemeinen Darstellung nur Teile für Nebenaspekte der eigenen Arbeit gebraucht werden. Aber Vorsicht: Beim selektiven, und noch viel mehr beim kursorischen Lesen wird viel übersehen. Niemand liest mit Scanner-Geschwindigkeit, und gerade schwierige Texte kosten Zeit, wenn sie wirklich geprüft werden sollen.

Intensives Lesen lohnt sich bei Texten, die alle vorläufigen Tests bestanden haben, und demnach inhaltliche Beiträge für die eigene Arbeit versprechen. Nehmen Sie sich die Zeit, Satz für Satz durchzugehen und zuallererst Verständnis entwickeln. Das ist bei manchen Texten gar nicht so einfach, weil Politologen gelegentlich zu unnötig komplizierten Formulierungen neigen, weil die Inhalte tatsächlich komplex sind, oder weil im Text unbekanntes Vokabular benutzt wird. Sie werden aber merken, wie sich Ihr Textverständnis im Lauf der Zeit verbessert, so dass Sie auch schwierige Texte schneller verstehen als am Anfang des Studiums.

Das intensive Lesen ist echte Arbeit, es kostet Zeit und strengt an. Deshalb sollte man sich Pausen gönnen und sich nicht zu viel zumuten. Wichtig ist, dass Stift und Zettel bereit liegen oder der summende Computer daneben steht. Denn

3.7 Wie lese ich „richtig"

Sie sollten Inhalte und Gedanken, die zum Gelesenen entstehen, festhalten. Kein Mensch kann sich alles ohne Aufzeichnungen merken. Manche Texte enthalten nur wenige Aspekte, die für das eigene Thema von Belang sind, andere sind voller anregender und brauchbar erscheinender Gedanken und Informationen. Das Auswahlproblem dauert also noch an: Ist das *alles* für die eigene Arbeit wichtig? Eine gute Hilfe, sich auf das Wesentliche zu konzentrieren, ist das *Exzerpt*. Und die Produktion eines guten Exzerptes erfordert nun ein hohes Maß an Konzentration. Es hat die verschiedensten Funktionen. Ein Exzerpt kann Inhalte zusammenfassen, Zitate enthalten, Nebengedanken festhalten usw. Oder es beginnt mit einer Bemerkung über die logische Struktur eines Textes und seine inhaltliche Gliederung. Etwas leichter macht man sich die Sache, wenn man ein paar private Symbole verwendet: Ein ⇒ kann zum Beispiel für „daraus folgt" eingesetzt werden, ein „D" für Definition, ein nach unten gerichteter Pfeil kann „Abnahme", ein nach oben gerichteter „Zunahme" bedeuten, usw. Wer es perfekt machen will, eigne sich die Symbolsprache der formalen Logik an, die für alle logischen Beziehungen Symbole hat.

Ein brauchbares Exzerpt beginnt übrigens *immer* mit allen bibliographischen Angaben eines Textes, inklusive des Bibliotheksstandorts sowie der Signatur. Dies ganz einfach deshalb, damit das Werk, das eventuell später noch einmal gebraucht wird, leicht wiedergefunden werden kann. Die bibliographischen Angaben auf dem Exzerptblatt können sich auf Autorennamen und Jahreszahl beschränken, wenn die Angaben andernorts gespeichert werden, etwa in einer Literaturdatei oder -liste.

Darüber hinaus enthält ein Exzerpt die jeweils wichtigen Inhalte, bei längeren Passagen, die nicht direkt zitiert werden sollen, in Stichworten, oder prägnante Zitate in akribischer Abschrift. Dabei die Seitenzahl nicht vergessen, die ja später im eigenen Text mit angegeben werden muss! Man erleichtert sich übrigens die Wiederverwertung eines Exzerptes, wenn auf der rechten oberen Ecke einige Schlagworte über das Thema des Textes festgehalten werden, etwa „Staat, Bismarck". Aus der in den Studienjahren wachsenden Sammlung von Exzerptblättern können dann die für ein neues Thema relevanten schnell herausgefischt werden. Sie können Ihre Exzerpte von Hand schreiben oder am Computer. Sie können sie als „hard copy", also als Papierblätter sammeln oder als oder als Dateien in Literaturverwaltungsprogrammen (s. nächster Abschnitt).

Richtiges Lesen ist auch kritisches Lesen: Auch in der Wissenschaft geht nicht immer alles mit rechten Dingen zu. Auch in wissenschaftlichen Publikationen gibt es Irrtümer, falsche Schlussfolgerungen, schlecht begründete Behauptungen und schwache Argumente. Nicht alles, was berühmte Leute gesagt haben, ist deshalb schon eine unhinterfragbare Wahrheit.

Lesen sollte man also mit kritischem Blick. Was der kritische Leser indes in den Blick nimmt, ist wenigstens teilweise Einstellungssache. Entsprechend vielfältig sind die Empfehlungen, welche kritischen Fragen ein wissenschaftlicher Leser an einen Text herantragen sollte. Im Folgenden wird deshalb nur ein vergleichsweise kleiner Katalog von Fragen formuliert, der den kritischen Umgang mit Texten er-

Zum Verständnis

- Wie lauten die zentralen Aussagen des Textes?
- Wie werden sie begründet?

Immanente Kritik - Kritik "von innen"

- Ist die Begründung überzeugend?
- Material und Methode: Worauf stützen sich die Argumente? Auf Untersuchungen, auf Alltagsmeinungen oder Vermutungen des oder der Autorin?
- Reicht die Materialbasis für die Behauptungen des Textes?
- Ist der Text logisch schlüssig oder widersprüchlich und verwirrend?

Externe Kritik - Kritik "von außen"

- Was ist die Intention des oder der Verfasser?
- Trifft sie oder er das Problem?
- Stimmen die grundlegenden Annahmen des Textes?
- Welche Gegenargumente sind bekannt oder denkbar?
- Wie ordnet sich der Beitrag in die Diskussion zum Thema ein? Bringt er wirklich Neues? Setzt er sich mit anderen Meinungen zum Thema auseinander?

Zum Nutzen des Textes

- Wie passt dies mit dem bisher Erarbeiteten /mit meiner Forschungsfrage zusammen?
- In welchem Zusammenhang steht das Gelesene zu dem, was ich schon weiß?
- Welche Definitionen, Argumente, Vorschläge oder Verweise kann ich übernehmen und sei es, um sie zu kritisieren?
- Welche Überlegungen ergeben sich für die weitere Arbeit?

Abb. 3.4 Die Fragen des kritischen Lesers

leichtert. An erster Stelle stehen die Verständnisfragen, denn nur ein gutes Textverständnis ist eine hinreichende Grundlage für fundierte Kritik. Und Kritik wird in den Sozial- und Geisteswissenschaften gängigerweise in immanente und externe Kritik unterschieden. Während die erstere den Text mit seinen eigenen Maßstäben misst, kommt die externe Kritik aus einer Richtung, die nicht unbedingt die des Verfassers sein muss. Am Ende stehen immer die Fragen nach dem Gebrauchswert eines Textes oder einer Quelle für die eigene Arbeit. Natürlich darf auch anders und vor allem mehr gefragt werden!

Nicht alle Kritiken, die bei der Lektüre anfallen, haben später in einem Manuskript Platz, also wählen Sie rigide aus. Sie müssen nicht alles notieren. Bei der Lektüre im Studium steht natürlich der eigene Nutzen im Vordergrund. Doch wenn Sie an einem Text etwas Gewichtiges zu kritisieren haben – oder die Verfasser loben möchten – dann spricht nichts dagegen, diese das auch wissen zu lassen. Auch als Studierende können Sie sich am wissenschaftlichen Diskurs jenseits Ihrer Lehrveranstaltungen beteiligen (Abb. 3.4).

3.8 Das Material ordnen – die Ablage

Sie lesen, Sie exzerpieren, Sie machen sich Notizen, und so wächst langsam Ihr Stapel von Kopien, Notizen, Exzerpten und Entwürfen, mit denen die Abfassung eines Manuskripts begonnen werden kann. Bevor wir diesen Arbeitsschritt näher erläutern, noch ein paar Anmerkungen zu einem deutschen Lieblingsthema: zur Ordnung. Denn in der Idealvorstellung soll die geleistete Arbeit ja nicht verlorengehen und sich auch nicht in der einmaligen Niederschrift einer Seminararbeit erschöpfen. Vieles kann man nämlich mehrmals verwenden, insbesondere Arbeiten zu theoretischen Aspekten oder Material, das in anderem Zusammenhang noch einmal von Bedeutung sein könnte. Oder aber, das bearbeitete Thema erweist sich als so interessant, dass sich die Überlegung aufdrängt, es später zum Prüfungsthema zu wählen. Damit man es später wiederfindet und erneut verwenden kann, sollte es sortiert sein. Dem dient eine großartige bürokratische Erfindung: die Ablage, über die nun ein paar Worte verloren werden sollen.

Das mag alles etwas formal und spießig klingen, aber eine gute Ablage spart viel Zeit, und die gesparte Zeit kann man dann mit unordentlichen Dingen zubringen, die meistens mehr Spaß machen. Sie sollten es mit der Ordnung allerdings auch nicht übertreiben. Manchmal ist der Stapel oder der Stehordner, in dem Sie alles sammeln, eben auch ein gutes Ablagesystem – nämlich dann, wenn Sie die Dinge nur einmal brauchen und nicht wiederfinden müssen. Viele Wissenschaftler arbeiten inzwischen nur noch „digital", indem sie Literaturverwaltungsprogramme wie Endnote, Zotero oder Citavi benutzen und alle Informationen hierin ablegen. Andere sind demgegenüber skeptisch und arbeiten weiterhin „auf Papierbasis", weil sie das flexibler und übersichtlicher finden. Eine Patentlösung gibt es wohl nicht.

Es gibt nun eine große Vielzahl von Methoden und Verfahren der Ablage. Kaum jemand hält sich an die in den einschlägigen Büchern so preußisch formulierten Vorgaben. Deshalb sind auch die folgenden Vorschläge wohl immer individuell anzupassen. In der Praxis ist eine Kombination aus den hier vorgestellten Ablagesystemen sicher das Beste. Literaturlisten, Seminarunterlagen, Kopien und handschriftliche Exzerpte kommen in Ordner, ebenso wie Zeitungsausschnitte und anderes Material. Literaturangaben und Dateien mit Exzerpten werden im Computer in einem entsprechenden Programm oder nach einer eigenen Logik abgelegt. Und selbst diejenigen, denen die Erstellung einer handgeschriebenen Kartei altertümlich und unsinnig vorkommt, werden die Vorteile von Karteikarten für das Erlernen von Vokabular und Definitionen sicher zu schätzen wissen.

Bei jeder Ablage taucht das Problem der Systematik auf, weil sie gleichzeitig mehreren Zwecken dienen soll. Einmal will man die bibliographischen Angaben eines bestimmten Werkes darin nachschlagen, ein anderes Mal sollen alle Angaben und Notizen zu einem bestimmten Stichwort zusammengestellt werden. Hat man nun seine Notizen und die gesamte Ablage nach Autoren geordnet, dann wird es ein ungeheurer Aufwand sein, zu einem bestimmten Schlagwort zu suchen, weil das gesamte Material durchgesehen werden muss. Ist die Ablage nach Schlagworten sortiert, dann taucht das gleiche Problem auf, wenn ein bestimmtes Buch gesucht wird oder eine Bibliographie zu einem bestimmten Autor erstellt werden soll. Mittlerweile gibt es frei verfügbare Software wie Zotero, mit der Sie einen Großteil Ihres Materials so ablegen können, dass Sie es nach unterschiedlichen Aspekten umsortieren oder befragen können.

Dennoch wird es immer einen nicht-digitalen Rest geben: Ihre Bücher, ein paar kopierte Aufsätze, ein Notizbuch oder Zeitungsausschnitte, die nicht im Computer sind. Computerdateien können auch sehr schnell sehr unübersichtlich sein, so dass viele junge Forscherinnen und Forscher auch heute noch den Großteil Ihres Materials analog aufbewahren. Deshalb schildern wir Ihnen eine Reihe von Ablagetechniken. Sie unterscheiden sich im dafür nötigen zeitlichen Aufwand, sie sind aber auch unterschiedlich kompliziert und unterschiedlich teuer. Am besten ist es, Sie basteln Sie sich selbst Ihr ideales System aus diesen Elementen zusammen.

Karteisysteme Dies ist wohl das älteste Verfahren der Dokumentation, bekannt durch die bewunderten Zettelkästen der großen Schriftsteller bis hin zur belächelten Hauskartei mit Kochrezepten. Jede Kartei erfordert Pflege und Umsicht, denn

3.8 Das Material ordnen – die Ablage

jede Karte muss wieder genau an ihren Platz gestellt werden, und jede neue nach genauer Überlegung einen guten Platz erhalten. Die häufigste Nutzung von Karteien im Studium ist sicher die Literaturkartei, in der nach Verfassern alphabetisch sortiert, die geprüfte und gelesene Literatur festgehalten wird. Bei solchen Karteien stellt sich das Problem der Systematik oft mit besonderer Schärfe. Denn schnell wächst ein Berg von Karten oder Zetteln heran, die ja unter den unterschiedlichsten Gesichtspunkten sortiert werden können. Eine Lösung besteht natürlich darin, bei jedem neuen Vorhaben den vorhandenen Bestand durchzuforsten und nach den aktuellen Bedürfnissen zu ordnen. Ansonsten bieten sich verschiedene Ordnungssysteme an, bis hin zur Markierung mit unterschiedlich farbigen Steckreitern für unterschiedliche Sachgebiete und der dergleichen mehr. Oder man unterteilt die Kartei gleich nach unterschiedlichen Sachgebieten, etwa der Gliederung der Seminarbibliothek folgend.

Noch für einen anderen Zweck sind Karteien sehr gut geeignet: für die Aneignung des Lernstoffes. Auf größeren Karteikarten lassen sich etwa Geschichtsdaten oder Begriffe und ihre Definitionen notieren. Wichtige Fakten und Zusammenhänge aller möglichen Gebiete lassen sich so schnell lernen. Viele Vortragende stützen sich bei ihren Referaten dann auf nicht viel mehr als auf solch einen kleinen Stapel.

Karteien als Ablagesystem haben jedoch den Nachteil, dass man in sie zwar gefaltete Exzerpte und Literaturhinweise hineinstopfen kann, dass sie aber für die Ablage von kopierten Aufsätzen, von Zeitungsausschnitten oder kleineren Broschüren völlig ungeeignet sind. Dafür braucht man dann doch wieder eine andere Ablageform.

Aktenordner oder Hängemappen Diese beiden haben den Vorteil, dass alles reinpasst, lose Blätter, Zeitungsausschnitte oder Kopien von Aufsätzen. Leider sind Hängemappen teuer und erfordern zudem die Investition in einen entsprechenden Schrank. Aktenordner hingegen sind preiswert. Deshalb sind sie auch das wohl am meisten benutzte Ablagesystem unter Studenten. Aktenordner erfordern aber schon einen ziemlichen Aufwand – das Herumwälzen in ihnen ist ebenso nervtötend wie papierschädigend. Deshalb: Besser Heftstreifen und Prospekthüllen zum „Bündeln" einsetzen. Eine einfache Alternative sind Stehordner, die einfach offene DIN A4-Kästen sind. Hier können Sie einfach alles anfallende Material hineinstopfen. Das geht schneller, erfordert aber etwas Geschick im Umgang mit dem im Ordner entstehenden Chaos.

Die wenig schmückenden Aktenordner sind eigentlich die einzige effiziente Möglichkeit der Ablage von kopierten Texten. Nicht alle dürfen nach Abschluss eines Seminars in die Recyclingtonne wandern. Je nach Interesse und Ambition sollten unterschiedlich viele von ihnen aufbewahrt werden. Sie können natürlich auch ganz auf gedruckte Versionen verzichten und Notizen nur an digitalen Textversionen vornehmen. Aber auch dann brauchen Sie ein System, mit dem Sie Ihr Material ablegen. Einen digitalen Ordner „Exzerpte" brauchen Sie ebenso wie einen mit dem Titel „Texte". Jedes Dokument darin sollte den Nachnamen des Autors, das Publikationsjahr und einen Kurztitel enthalten, etwa so „Barnett2011Humanitarianism". So finden Sie den Aufsatz oder das entsprechende Exzerpt später schnell wieder.

Pultordner Pultordner sind solche Mappen, die im Innern untergliedert sind, sei es numerisch oder nach Gliederungspunkten. Eine solche kleine Ablage ist besonders geeignet für kurz- und mittelfristige Aufgaben. Die Anlage eines Pultordners empfiehlt sich zum Beispiel für das Schreiben einer Seminararbeit, indem dort entsprechend der (vorläufigen) Gliederung der Arbeit alles abgelegt wird, was darin verarbeitet werden soll, egal, ob es sich dabei um kopierte Aufsätze, Zeitungsausschnitte, Notizen oder Exzerpte handelt. Für jedes geplante Kapitel gibt es ein Fach. Wollen Sie das Material später noch einmal verwenden, oder schließen Sie das jedenfalls nicht aus, dann muss das Material aus dem Pultordner natürlich nach Abfassung der Arbeit woanders untergebracht werden, damit der Pultordner frei ist für die nächste Aufgabe. Der Pultordner ist also keine endgültige Ablage, aber eine sehr hilfreiche Zwischenlösung.

Datenbanken im Computer Der Computer ersetzt zwar den Gebrauch von Papier nicht vollständig, aber er eine sehr nützliche Erfindung. Mit freier Software wie Zotero oder kostenpflichtiger wie Endnote können Sie auch Literatur, Notizen und Exzerpte effizient erfassen und leicht zugänglich halten. Sie müssen sich dann allerdings in die Programme einarbeiten, um deren Möglichkeiten auch wirklich ausschöpfen zu können. Ein nicht zu unterschätzender Vorteil solcher Programme ist es zum Beispiel, dass Sie damit die Literaturverzeichnisse für Ihre Seminar- und Abschlussarbeiten mit wenigen Knopfdrücken nach unterschiedlichen Standards erstellen können. Ein gewisser Nachteil ist es, dass Sie immer nur sehen, was auf dem Bildschirm ist. Das großflächige Ausbreiten des Materials auf dem Fußboden, um einmal einen Gesamtüberblick über das Gesammelte zu bekommen, ist nur möglich, wenn Sie viel drucken.

In der Praxis haben dann offenbar doch alle irgendwie geartete Mischsysteme: Mehr oder weniger viel ist im Computer, aber es gibt auch immer ein Regal mit Büchern und Ordnern. Ein allgemeines Ideal gibt es offenbar nicht, weil, gottseidank, auch die Persönlichkeiten unterschiedlich sind.

Noch ein Hinweis zur Sicherheit: Wer die Ergebnisse der eigenen Arbeit im Computer aufbewahrt, geht besondere Risiken ein. Hausbrände vernichten zwar auch Karteikästen, das beschriebene Papier ist aber gegen den Absturz der Festplatte immun. Dateien im Computer sind es nicht und sollten daher immer auf möglichst zwei Datenträgern abgespeichert werden. Hilfreich können auch Internetdienste sein, die ermöglichen, Sicherheitskopien in der „Cloud" zu speichern. Empfehlenswert als Basissicherung ist dennoch eine eigene, separate Festplatte, auf der in regelmäßigen Abständen die eigenen Dateien gesichert werden.

Literatur[1]

Brandt, Ahashver von. 2012. *Werkzeug des Historikers. Eine Einführung in die Historischen Hilfswissenschaften,* 18. Aufl. Stuttgart: Kohlhammer.
Buß, Eugen, Ulrike, Fink, und Martina, Schöpf. 1994. *Kompendium für das wissenschaftliche Arbeiten in der Soziologie,* 4. Aufl. Heidelberg: UTB.
Howell, Martha, und Walter, Prevenier. 2004. *Werkstatt des Historikers: Eine Einführung in die historischen Methoden.* Stuttgart: UTB.
Kalina, Ondrej, Stefan, Köppl, Uwe, Kranepohl, Lang, Rüdiger, Jürgen, Stern, und Alexander, Straßner. 2003. *Grundkurs Politikwissenschaft: Einführung ins wissenschaftliche Arbeiten.* Wiesbaden: Springer VS für Sozialwissenschaften.
Müller, Ragnar, Jürgen, Plieninger, und Christian, Rapp. 2013. *Recherche 2.0. Finden und Weiterbearbeiten in Studium und Beruf.* Wiesbaden: Springer VS für Sozialwissenschaften.
Niedermaier, Klaus. 2010. *Recherchieren und Dokumentieren.* Konstanz: UTB.
Stykow, Petra et al. 2010. *Politikwissenschaftliche Arbeitstechniken,* 2. Aufl., 191–265. Stuttgart: Fink/UTB.

---

[1] (Vgl. Sie auch die Recherchebibliographie im Anhang).

Methoden: Was mache ich mit dem Material? 4

In diesem Kapitel geht es um den Umgang mit dem Material, das man für eine Seminararbeit oder ein Referat braucht, und um die Methoden, mit denen man dieses Material bearbeitet. Material und Methode sind zwei Aspekte des wissenschaftlichen Arbeitens, die eng miteinander zusammenhängen. Jede Entscheidung für eine Methode setzt nämlich voraus, dass das entsprechende Material verfügbar ist. Die Verfügbarkeit des Materials entscheidet also nicht nur darüber, *was* in einer wissenschaftlichen Arbeit behandelt werden, sondern auch *wie* das geschehen kann. Nicht jedes Material passt zu jeder Methode.

Wenn Sie theoriegeleitet forschen wollen, also schon eine Frage haben, dann brauchen Sie eine gewisse Vorstellung davon, *wie* man ein Thema angehen möchte, um Material suchen zu können. Für jede Fragestellung gibt es besser und weniger geeignete Methoden, aber in der Regel mehr als eine mögliche. Oft lässt sich dieselbe Frage mit verschiedenen Methoden bearbeiten. Für die meisten Methoden brauchen Sie entsprechendes Material, zum Beispiel statistische Daten oder veröffentlichte Reden von Politikern. Vergewissern Sie sich also, bevor Sie sich auf eine Methode festlegen, ob das dafür nötige Material auch vorliegt oder dass Sie es ohne großen Aufwand beschaffen können.

Die ersten Arbeitsschritte aus Kap. 2 haben bis hierher genügt. Nach der Vorrecherche und dem Exposé liegt bereits ein grober Plan vor. Stellt sich nun heraus, dass das Material, von dem es als sicher galt, dass es vorhanden ist, doch nicht erhältlich ist, dann sollten Sie diesen Plan eben ändern. Das ist nicht dramatisch, denn noch ist dafür Zeit: Je früher man beginnt, sich über diese Fragen Gedanken zu machen, desto eher stellt man eventuelle Schwierigkeiten fest, und desto eher kann man sich eine andere Strategie überlegen.

Bevor wir die Frage des Forschungsdesigns und der Methodenauswahl näher vorstellen, noch etwas Allgemeines zum Begriff der Methode: Im Unterschied zu der Verwendungsweise, wie das Wort „Methode" vielleicht in Einführungen in die empirische Sozialforschung benutzt wird, verwenden wir es hier sehr breit. Viele Lehrbücher über empirische Methoden in der Politikwissenschaft schließen Methoden wie den offenen Vergleich oder die biographische Forschung aus. Wir plädieren für einen erweiterten und offenen Kanon an Methoden. Wir schließen in dieses Kapitel auch solche Dinge mit ein, die von anderen Wissenschaftlern vielleicht eher als Forschungslogiken bezeichnet werden würden. Das erscheint uns sinnvoll, um den Begriff der Methode nicht auf feststehende, genau definierte Techniken zu reduzieren, sondern Kreativität und Innovationen zu fördern.

Mit Methode im engeren Sinne ist immer ein *Verfahren* gemeint, das nach bestimmten, *angebbaren Regeln* funktioniert. Welche Regeln das sind, das ist eben von Methode zu Methode unterschiedlich und veränderbar. In der Geschichte der Wissenschaft hat es trotzdem immer wieder Versuche gegeben, die grundlegenden Regeln von Methoden zu formulieren. Eine solche Stelle findet sich zum Beispiel in der Schrift „Discours de la méthode" von René Descartes (1596–1650), der gemeinhin als einer der Gründerväter der neuzeitlichen Philosophie in Europa angesehen wird. Descartes formuliert die Regeln seiner Methode so:

> Die erste besagt, niemals eine Sache als wahr anzuerkennen, von der ich nicht evidentermaßen erkenne, dass sie wahr ist: d. h. Übereilung und Vorurteile sorgfältig zu vermeiden und über nichts zu urteilen, was sich meinem Denken nicht so klar und deutlich darstellte, dass ich keinen Anlass hätte, daran zu zweifeln.
> Die zweite, jedes Problem, das ich untersuchen würde, in so viele Teile zu teilen, wie es angeht und wie es nötig ist, um es leichter zu lösen.
> Die dritte, in der gehörigen Ordnung zu denken, d. h. mit den einfachsten und am leichtesten zu durchschauenden Dingen zu beginnen, um so nach und nach, gleichsam über Stufen, bis zur Erkenntnis der zusammengesetztesten aufzusteigen, ja selbst in Dinge Ordnung zu bringen, die natürlicherweise nicht aufeinander folgen.
> Die letzte, überall so vollständige Aufzählungen und so allgemeine Übersichten aufzustellen, dass ich versichert wäre, nichts zu vergessen.

Descartes nennt damit einige Schritte, die gewissermaßen grundlegend für das wissenschaftliche Denken sind und ohne die eigentlich keine wissenschaftliche Beschäftigung, gleich zu welchem Thema, auskommen kann. Als Oberbegriffe für diese Denkschritte lassen sich formulieren:

1. *Abstraktion* – das meint die Distanzierung von Alltagsvorstellungen, Vorurteilen, also einen gesunden Grundzweifel an allen gängigen Voreinstellungen, die zu einem Gegenstand existieren;

2. *Analyse* – das ist das Auseinandernehmen zusammengesetzter Dinge;
3. *Synthese* – das ist das Aneinanderfügen der getrennter Dinge, nachdem man sie einzeln betrachtet hat;
4. *Synopse* – das ist die Zusammenschau der analysierten und wieder aneinandergefügten Teile im Zusammenhang mit anderen Wissensteilen.

In dieser Tradition der kritischen Philosophie steht die moderne Wissenschaft, also auch die Politikwissenschaft. Alle Wissenschaften analysieren, sie versuchen jenseits der Alltagsvorstellungen zu denken, und sie synthetisieren, bringen also Einsichten aus Untersuchungen wieder zusammen.

4.1 Forschungsdesign und Methoden

Im Verlauf Ihres Studiums werden Sie merken, dass es an Theorien und Denkschulen in der Politikwissenschaft wahrlich nicht mangelt. Das gilt auch für das Feld der Methoden. Gerade in den letzten zehn Jahren ist es in der Politikwissenschaft zu einem wahren Boom an Methoden gekommen, der für Anfänger verwirrend sein muss. Weil kurze, aber umfassende Übersichten hierzu fehlen, fügen wir hier einen kurzen Exkurs ein, der Sie in die wesentlichen Begrifflichkeiten, Zusammenhänge und Debatten einführt.

Dabei geht es zunächst um die Unterscheidung zwischen quantitativen und qualitativen Methoden und um den Begriff des Forschungsdesigns. Die wichtigsten Unterschiede zwischen den großen Methodenschulen erläutern wir dann in einem kurzen wissenschaftsgeschichtlichen Rückblick. Darauf folgt eine kurze Unterscheidung zwischen grundsätzlichen Formen, wie eine Forschung aufgebaut werden kann, also des „Forschungsdesigns". Im letzten Teil dieses Abschnitts stellen wir ganz knapp ein paar Methoden vor, um zu verdeutlichen, wie weit der Bogen an Möglichkeiten von konkreten Forschungen in der Politikwissenschaft gespannt ist.

Am Ende des Kapitels finden Sie Literaturhinweise für die weitere Beschäftigung mit Methoden. Besonders empfehlen möchten wir das Buch von Donatella Della Porta und Michael Keating (2008), weil es eines der wenigen ist, die wirklich ein weites Spektrum von Methoden vorstellen und nicht andere zugunsten der eigenen Position verschweigen. Auch empfehlenswert ist das Buch von Behnke et al. (2010), die die Methoden zwar enger spannen, dafür aber stärker ins Detail gehen.

Was Sie in diesem Kapitel lernen, soll Ihnen die Orientierung erleichtern. Gerade in Ihren ersten Seminararbeiten wird man von Ihnen nicht die perfekte Beherrschung komplizierter Methoden erwarten. Doch spätestens bei Abschlussarbeiten wird vorausgesetzt, dass Sie sich ein Forschungsdesign für Ihre Arbeit überlegen und dass Sie mit guten Gründen Ihre Methoden auswählen. Was Sie hier zur ersten Orientierung lernen können, wird im Verlauf des Studiums also noch stärker eingeübt.

Grundbegriffe und Debatten Im politikwissenschaftlichen B.A.-Studium, aber auch in der Soziologie oder der Psychologie wird Ihnen die Unterscheidung zwischen quantitativen und qualitativen Methoden begegnen. Sie besagt im Wesentlichen, dass es Methoden gibt, die viele Fälle wie z. B. Wahlen, Kriege etc. auf eher abstrakter Ebene analysieren, um grundlegende Muster und Korrelationen ausfindig zu machen, und solche, die einen oder wenige Fälle stärker im Detail analysieren. *Quantitative Methoden* werden häufig mit Statistik gleichgesetzt. Das ist ganz grob gesprochen richtig, aber natürlich gibt es auch statistische Verfahren, die in qualitativen Verfahren eingesetzt werden, zum Beispiel einfache Zählungen oder Skalen. Dennoch: Quantitative Methoden erkennen Sie an klar dominierenden mathematischen Grundoperationen und an der Betonung der formalen Logik. Ziel ist es, Aussagen über eine große Anzahl von Fällen machen zu können. Ein Beispiel: Quantitative Methoden versuchen mit statistischen Verfahren herauszufinden, unter welchen Bedingungen Kriege ausbrechen und analysieren dazu eine große Anzahl von Kriegen über Zeit. Dazu werden in einem ersten Schritt Faktoren identifiziert, die möglicherweise einen Einfluss darauf haben, ob ein Krieg ausbricht. Diese Faktoren wie zum Beispiel Wirtschaftskraft, Staatsform etc. werden denn einheitlich definiert und messbar gemacht, zum Beispiel indem man sie entlang bestimmter Indikatoren kodiert. Bei großen Studien werden dazu sogenannte Codebooks angelegt, die genau bestimmen, wie bestimmte Konzepte wie „Demokratie" definiert und gemessen werden. Diese hochaggregierten Daten können nun mit Hilfe von Statistikprogrammen analysiert werden, um zu sehen, ob es einen Zusammenhang zwischen dem Vorkommen von Kriegen und den vermuteten Faktoren gibt. Quantitative Analysen wollen sowohl die Häufigkeit und Verteilung bestimmter Phänomene sichtbar machen als auch Aussagen über Kausalzusammenhänge treffen. Es geht also um die großen Muster und Zusammenhänge. Dabei ist das Abstraktionsniveau oft recht hoch. Hier spricht man oft von Breite statt Tiefe der Analyse: Das generelle Muster kann erläutert werden, Abweichungen und Einzelfälle aber nicht. Mit statistischen Methoden lassen sich etwa Aussagen machen, unter welchen Bedingungen es wahrscheinlich ist, dass Kriege ausbrechen. Warum ein ganz bestimmter Krieg zu einem bestimmten Zeitpunkt ausgebrochen ist, kann so aber nicht ermittelt werden.

Qualitative Methoden hingegen analysieren einen oder wenige Fälle im Detail. Um beim Beispiel zu bleiben:

Bei dieser Form der Analyse können Aussagen darüber gemacht werden, warum ein ganz spezieller Krieg ausgebrochen ist. Wenn quantitative Studien etwa herausfinden, dass Anfang der 1990er Jahre besonders viele Kriege geführt wurden, könnten qualitative Studien Licht ins Dunkel bringen, warum es so ist. Dazu nehmen sie die Besonderheiten des einzelnen Falls in den Blick und gehen inhaltlich stärker in die Tiefe. Eine größere Tiefe geht allerdings auf Kosten der Breite, die Ergebnisse von Einzelfallstudien lassen sich nicht einfach verallgemeinern. Einige qualitative Studien sind kausalanalytisch angelegt und wollen Ursache und Wirkung von etwas bestimmen und verallgemeinerbare Aussagen treffen. Das kann man etwa, indem man durch einen Vergleich weniger, nach bestimmten Kriterien ausgewählter Fälle Hypothesen testet oder die Fälle im Detail analysiert, die sich anders verhalten als die Masse. Viele qualitative Studien wollen aber gar keine Aussagen über Kausalbeziehungen machen. Eher interpretative Studien konzentrieren sich vor allem darauf, bestimmte Dinge verstehen zu wollen. Statt hochaggregierte Daten zu analysieren, rücken dabei Texte, Wortäußerungen oder Ereignisse in den Blick. Dazu konzentrieren sie sich auf das Gemeinte, auf den von Akteuren gemeinten Sinn oder auf die Bedeutung von Texten. In diesen Studien geht es also vor allem um das Verstehen von Sinn und Bedeutung.

Damit ist eine weitere Unterscheidung angesprochen, das den Ursprung der komplexen heutigen Methodendiskussionen gut erhellen kann: *Erklären* versus *Verstehen*. Diese Verben stehen für zwei wissenschaftstheoretische Schulen, die sich bis zum Ende des 19. Jahrhunderts herausgebildet haben, und die heute als Naturwissenschaften versus Geistes- oder Kulturwissenschaften immer noch einander gegenübergestellt werden. Wir sind heute noch Erben des Streits, ob es nur die naturwissenschaftliche „Methode" in der Wissenschaft geben kann, oder ob die Gegenstände der Geschichtswissenschaft, der Soziologie oder auch der Politikwissenschaft nicht doch eine andere Herangehensweise erforderlich machen.

Erklären, so die naturwissenschaftliche Position, kann man über empirische Gesetze, also solche allgemeinen Aussagen, die wir in Theorien finden, und die ihrerseits aus Forschungen hervorgegangen sind. Wenn das Gesetz gilt, dass Arbeiter links wählen, dann kann man mit diesem Gesetz erklären, wenn Arbeiter Müller links wählt. Diese Erklärung ist von ihrer logischen Struktur nicht anders als eine, die auf einem naturwissenschaftlichen Gesetz beruht. Allerdings geht es bei sozialwissenschaftlichen Gesetzen immer um Wahrscheinlichkeiten – Menschen sind schließlich soziale Wesen und keine Atome. Es gibt keine sozialwissenschaftlichen Theorien, die den Anspruch erheben alle Fälle erklären zu können. Wie gesagt, es geht um die großen Muster und Zusammenhänge, nicht um die Erklärung eines jeden Einzelfalls.

Die Vertreter der „Verstehen"-Schule, und das waren am Anfang vor allem deutsche Historiker im 19. Jahrhundert wie Wilhelm Dilthey (1833–1911), behaupteten dagegen, dass die Beobachtung von äußerlichem Verhalten nicht ausreicht, um Gesellschaft, Politik oder Geschichte zu verstehen. Sie legten größeren Wert auf die Bewusstseinsvorgänge der Akteure, auf den von ihnen gemeinten Sinn, wenn sie handeln. Der oben erwähnte Arbeiter könnte ja alle möglichen Motive haben, links zu wählen. Vielleicht war es nur eine einmalige Protestwahl, vielleicht hat er sich beim Ankreuzen vertan. Wir können also, so Dilthey und andere, die Motive nicht einfach aus unseren theoretischen Annahmen ableiten, sondern wir müssen „den subjektiv gemeinten Sinn" (Max Weber, 1864–1920) der Akteure erforschen. Das gilt auch für die Frage, welche Bedeutung Menschen den großen politischen Institutionen wie Gerichten, Parlamenten oder internationalen Organisationen zuschreiben. Das ist der Grund, warum in dieser Denkschule das Verstehen und die Interpretation zentral gesetzt werden.

Die Hauptaufgabe der Sozialwissenschaften ist dieser Schule zufolge also, Sinn und Bedeutung von sozialen Phänomenen zu verstehen. Eine Aufgabe, die sich bei Biologen oder Chemikern eben nicht stellt, weil ihre Gegenstände weder sinnhaft handeln können, noch Dingen Bedeutungen zuschreiben.

Der Streit zwischen den Politikwissenschaftlern, die sich wie die Wirtschaftswissenschaften eher an den Naturwissenschaften orientieren, und solchen, die sich wie die Historiker eher an der Idee des Verstehens orientieren, dauert bis heute an. An den guten politikwissenschaftlichen Instituten wird man den Pluralismus beider Schulen unterrichten.

In der heutigen Forschung zeichnet sich eine Art „Waffenstillstand" ab. Denn die meisten Forscher sehen diese Methoden eher als komplementär an. Ohne Statistik, also quantitative Methoden sind die großen Tendenzen und allgemeinen Aussagen über große Fallzahlen wohl nicht zu begründen. Und ohne qualitative Fallstudien kann man wenig darüber aussagen, wie Menschen handeln, Politik bewerten und ihr Handeln und Denken verändern. In der aktuellen Forschung findet man deshalb häufig sogenannte „mixed methods"-Ansätze, in denen quantitative und qualitative Methoden kombiniert werden. Ihr „Forschungsdesign" kann also durchaus aus mehr als einer Methode bestehen.

Damit sind wir beim letzten Grundbegriff: dem *Forschungsdesign*. Damit ist die forschungslogische Anlage einer Untersuchung gemeint, die Auswahl der Untersuchungseinheit, die Zahl der Fälle, die untersucht werden sollen, die Methoden, die eingesetzt werden sollen, um Daten zu erheben und zu analysieren, und die Reihenfolge der Methoden, wenn mehrere zum Einsatz kommen. Auch das Forschungsdesign wird heute an den meisten politikwissenschaftlichen Instituten gesondert unterrichtet, weil es davon eine fast unbegrenzte Menge an möglichen Kombinationen gibt. Wir unterscheiden dabei eher empirisch orientierte Arbeiten von solchen, die eher theoretische Fragen behandeln, und unter den theoretischen

Arbeiten solche, die normativen Fragen nachgehen von solchen, die sich eher mit Begriffen und Konstruktionen befassen. All dies ist Teil der Politikwissenschaft. Und auch wenn wir diese Formen hier getrennt vorstellen, so bleiben sie doch aufeinander bezogen.

An dieser Stelle eine Entwarnung: Im B.A.-Studium brauchen Sie in der Regel noch kein elaboriertes Forschungsdesign. Halten Sie Ihre Arbeiten einfach, probieren Sie ein oder zwei Methoden aus, und lernen Sie peu à peu, was es sonst noch gibt, und welche Vor- und Nachteile all diese Methoden haben.

4.2 Forschungsdesign: empirischer oder theoretischer Schwerpunkt?

Es gibt keine Vorschriften dafür, mit welchem Forschungsdesign welche Frage erforscht werden sollte. Fast immer gibt es mehrere Möglichkeiten, und deshalb empfiehlt es sich immer, mit anderen über die Möglichkeiten zu reden. In Examenskolloquien, in denen B.A.- oder M.A.-Arbeiten vorgestellt werden, geht es oft auch um diese Frage: Welche Methoden sind am besten geeignet, um die zentrale Forschungsfrage zu beantworten?

Zunächst sollten Sie wissen, ob Sie eine stärker theoretisch oder ein stärker empirisch orientierte Arbeit schreiben wollen. Auf die theoretisch orientierten Arbeiten kommen wir weiter unten noch einmal zu sprechen, zunächst zu den empirischen.

Ein wichtiger erster Schritt, um zwischen Methoden entscheiden zu können, ist für empirische Arbeiten die Bestimmung des Samples, also der Zahl der Fälle, die Sie untersuchen wollen. Dazu müssen Sie in einem ersten Schritt klären, was in der Arbeit die Untersuchungseinheit und damit ein „Fall" sein soll. Geht es um ganze Länder, um Bundestagswahlen, um Umweltgesetze der EU oder um Bürgerkriege? Wenn Sie geklärt haben, was in Ihrer Arbeit ein Fall sein soll, können Sie auch grob abschätzen, was die Grundgesamtheit, also die Anzahl aller existierenden Fälle, ist. Auf diese müssen Sie Bezug nehmen, wenn Sie die Auswahl ihrer Fälle begründen. Wir unterscheiden zwischen einer Fallstudie, in der nur ein einzelner Fall untersucht werden soll, dem Vergleich mit einer kleinen Fallzahl, die zwischen zwei und vielleicht acht schwanken kann, und dem makroquantitativen Vergleich, bei dem die Fallzahl viele Hunderte oder Tausende umfassen kann. Sie haben es gemerkt: Der makroquantitative Vergleich ist nur mit statistischen Mitteln möglich. Niemand kann allein Hunderte von Fällen mit qualitativen Methoden untersuchen. Der Aufwand ist zu groß. Deshalb dominieren bei Untersuchungen zu großen Fallzahlen quantitative Methoden.

Umgekehrt ist es bei der Untersuchung eines Einzelfalls oder bei kleinen Fallzahlen: Hier stehen fast immer qualitative Methoden im Vordergrund, da statistische Analysen eine hohe Fallzahl benötigen, um zu validen Ergebnissen zu kommen. Qualitative Methoden erlauben eine inhaltlich intensive Auseinandersetzung mit dem Gegenstand, was sehr anregend sein kann. Unser Eindruck ist, dass von Studierenden ein qualitatives Design zumindest im Bachelor-Studium am häufigsten gewählt wird.

Ihr Forschungsdesign ist also von der Fallzahl abhängig, und diese wiederum vom Forschungsstand und Ihrer Fragestellung. Wenn es darum geht zu sehen, ob es einen regelmäßigen Zusammenhang zwischen zwei Variablen gibt, dann ist die Untersuchung einer großen Fallzahl immer besser. Von einem einzigen Fall oder nur sehr wenigen Fällen können wir nicht auf generelle Zusammenhänge schließen.

Deshalb sind Untersuchungen an kleinen Fallzahlen oder Einzelfallstudien aber nicht weniger wertvoll. Wenn es darum geht, einen konkreten Mechanismus im Detail zu erforschen oder überhaupt erst einmal ein Grundverständnis eines Phänomens zu entwickeln, dann ist das an kleinen Fallzahlen besser möglich. Denn nicht hinter jeder beobachteten Korrelation verbirgt sich auch eine Kausalität. Qualitative Methoden sind auch besonders erfolgversprechend, um sogenannte Ausreißerfälle zu analysieren, also empirische Fälle, die sich ganz anders verhalten als die derzeit bekannten Theorien es vorhersagen. Und wenn über das Thema nichts oder nur sehr wenig bekannt ist, dann ist die „explorative Fallstudie" eines einzelnen Falls erst einmal besser, weil sie eine sehr breite Aufmerksamkeit für alle möglichen Facetten eines Themas erlaubt. Und schließlich gibt es die Form der sogenannten kritischen Fallstudie: Wenn Sie eine Theorie testen wollen, dann kann schon ein einziger, sehr prominenter Fall reichen, um die Theorie in Frage zu stellen. Hier ist allerdings die Fallauswahl zentral (Abb. 4.1).

Über den Fallvergleich, ob an kleinen oder an großen Zahlen, gibt es eine wachsende Literatur, an der Sie Ihre methodischen Kenntnisse verfeinern können. Wir empfehlen Ihnen dazu die Überblicke in Behnke et al. (2010) als erste weiterführende Lektüre. In der Politikwissenschaft ist dabei eine Theorie des Vergleichs wichtig geworden, die auf Ideen von John Stuart Mill (1806–1873) zurückgeht. Daneben gibt es aber auch noch die Tradition des sogenannten historischen Vergleichs, die weniger formal, dafür aber offener ist. Der Historiker Hartmut Kaelble hat dazu die wichtigsten Formen und Verfahrensschritte zusammengefasst (s. Literaturverzeichnis am Ende des Kapitels). Hier werden die zu untersuchenden Aspekte nicht von vornherein festgelegt, sondern unter einem Aspekt, dem *tertium comparationis* wird ergebnisoffen nach Gemeinsamkeiten und Unterschieden gesucht, meist ohne den Anspruch, allgemeine Gesetze aufzuspüren. Hier ist also

4.2 Forschungsdesign: empirischer oder theoretischer Schwerpunkt?

Fallzahl (N)	Untersuchungszweck
Einzelfallstudie (N=1)	Erkundung von etwas Nichterforschtem (explorative Fallstudie); Theorietest (kritische Fallstudie)
Kleiner Fallvergleich (N≈2-20)	Erfassung von Gemeinsamkeiten und Unterschieden (offener historischer Vergleich); Aufspüren und Testen allgemeiner Zusammenhänge und Kausalmechanismen
Große Fallzahl (N>20)	Regelmäßigkeiten und Verteilungen identifizieren, Überprüfung allgemeiner Zusammenhänge zwischen zwei oder drei Größen (Variablen)

Abb. 4.1 Fallzahlen und Erkenntniszwecke

wiederum die Tradition des Verstehens und die intensive Auseinandersetzung mit den wenigen Fällen wichtiger als die naturwissenschaftliche, gesetzesförmige Erklärung.

All diese Überlegungen sind für *Arbeiten mit theoretischem Schwerpunkt* höchstens eingeschränkt relevant. Zwei Beispiele seien genannt: Bei Arbeiten, die sich mit normativen Fragen beschäftigen, kommt es nicht auf die Fallzahlen an, sondern darauf, ob das moralische Argument überzeugt. Ist der Mindestlohn gerecht? Die Antwort auf diese Frage lässt sich nicht empirisch ermitteln, sondern erfordert eine andere Begründung, nämlich eine mit Theorien der Gerechtigkeit. Allerdings schadet es auch hier nicht, einige grundlegende empirische Kenntnisse über den Gegenstand zu haben. Etwa welche Länder bereits einen Mindestlohn in welcher Höher eingeführt haben und wie dort die Folgen diskutiert werden.

Bei Arbeiten, die sich auf ideengeschichtliche Fragestellungen beziehen, ist die Methodik eher rekonstruktiv: In welchem Zusammenhang stehen die Thesen der Vertragstheorien von Hobbes und Rousseau mit der Politik ihrer Zeit? Auch das sind Fragen, für die Fallzahl und die Logik des Vergleichs weniger wichtig sind, als eine intensive Auseinandersetzung mit der historischen Literatur und den Ansätzen der Ideengeschichte.

4.3 Die Wahl der Methode

Wenn Sie Ihre Fragestellung schon wissen, dürfte es Ihnen nun leichter fallen, sich für ein Forschungsdesign zu entscheiden. Welche Methoden Sie dann benutzen, ist damit noch nicht entschieden. Wie oben beschrieben, sind hier viele Möglichkeiten und auch Kombinationen denkbar.

Auch hier möchten wir für eine nähere Bekanntschaft auf die unten genannten Lehrbücher und Sammelwerke verweisen und Ihnen nur entlang von ein paar Bezeichnungen die grundlegenden Schritte einiger Methoden vorstellen. Für sie alle gilt: Sie sind Verfahren, die nach gut überlegten Regeln angewandt werden. Diese Standards stellen sich natürlich wie alles in der Wissenschaft der Diskussion.

Die Zahl und Bandbreite der Methoden in der Politikwissenschaft kann deshalb am Anfang verwirrend sein, auch weil die Kritik an Methoden zu einer laufenden Fortentwicklung führt. Im Verlauf des Studiums werden Sie idealerweise eine gewisse Bandbreite von Methoden genauer kennenlernen und einige auch selbst in Ihren Arbeiten anwenden. Hier finden Sie nur ein paar erste Angaben zur Orientierung. Die Lehrbücher sagen Ihnen schon mehr darüber, wie es geht. Aber letztlich ist es bei allen Methoden wie mit dem Schwimmen: Sie lernen es erst richtig im Wasser, dadurch, dass Sie es tun. Auf den folgenden Seiten werden wir Ihnen nur ein paar Methoden in Grundzügen vorstellen, damit Sie sehen können, worin sie im Wesentlichen bestehen. Wir stellen Ihnen aber nur eine ganz kleine Auswahl vor. Neben Kausalanalysen, Inhalts- und Diskursanalysen, „process tracing" und Begriffsdiskussion gibt es noch viele andere Verfahren, wie Sie im Studium sicher bemerken werden.

Kausalanalytische Methoden In kausalanalytischen Methoden geht es darum, Regelmäßigkeiten und möglichst allgemeingültige Wirkungszusammenhänge zu identifizieren. Das wird in einer Variablensprache ausgedrückt, wonach x als die unabhängige Variable gilt und y als die abhängige: Welchen Effekt hat x auf y? Unter welchen Bedingungen? Die politikwissenschaftlichen Theorien, die so entstehen, haben einen anderen Charakter als die Schriften, die der Politischen Theorie zugeordnet werden. Hier geht es um angenommene Gesetzmäßigkeiten zwischen x und y und die konkreten Mechanismen, die dabei wirken. Diese Methoden und Theorien sind also am naturwissenschaftlichen Ideal orientiert.

Ein klassisches Beispiel für eine solche Gesetzmäßigkeit ist „Duvergers Gesetz". Maurice Duverger (geb. 1917) argumentiert, dass die Art des Wahlsystems (x) einen Einfluss auf die Anzahl der Parteien im Parlament (y) hat. Konkret: Mehrheitswahlsysteme führen in der Regel zu zwei großen Parteien im Parlament wobei Verhältniswahlsysteme oft eine Vielzahl an Parteien hervorbringen.

4.3 Die Wahl der Methode

Empirische Arbeiten untersuchen nun, ob das Argument von Duverger in der Praxis stimmt. Kann man dieses Phänomen immer beobachten – oder nur unter bestimmten Bedingungen? Dazu werden aus dem Argument konkrete Hypothesen abgeleitet, hier z. B.: Verhältniswahlsysteme (x) führen zu mehr als zwei Parteien im Parlament (y). In einem nächsten Schritt werden die Konzepte hinter den genutzten Variablen definiert und operationalisiert, d. h. messbar gemacht. In diesem Beispiel müsste man definieren, was genau ein „Verhältniswahlsystem" ist. Welche Kriterien muss ein Wahlsystem erfüllen, um als ein solches zu gelten? Was ist mit komplexeren Wahlsystemen, zum Beispiel der personalisierten Verhältniswahl in Deutschland? Wenn der Kriterienkatalog steht, ist es möglich, die Wahlsysteme der verschiedenen Länder zu typologisieren, d. h. zu entscheiden, ob das Wahlsystem in einem Land in diese Kategorie fällt (dieses Einordnen wird in der Literatur oft „Mapping" genannt). Auch der erwartete Effekt „mehr als zwei Parteien" ist nicht komplett selbsterklärend: Heißt es, dass nur formal zwei Parteien im Parlament sein müssen, auch wenn eine Partei 90 % der Sitze auf sich vereint und die andere beiden jeweils fünf Prozent? Und dieses Wahlergebnis seit den letzten drei Wahlen zu beobachten ist? Auch hier ist es nötig, das Kriterium zu definieren und messbar zu machen.

Wenn die Variablen definiert und operationalisiert worden sind, ist es nötig, empirische Fälle für die Analyse auszuwählen. Dabei ist es sowohl möglich, in einer qualitativen Analyse wenige Fälle intensiv zu untersuchen und dabei die Besonderheiten der Wahlsysteme genauer herauszustellen (Tiefe statt Breite) als auch in einer quantitativen Analyse eine Vielzahl an Fällen zu betrachten, um herauszufinden, wie groß die sogenannte Reichweite des Argumentes ist (Breite statt Tiefe). Auch eine „kritische Fallstudie" ist denkbar, also die Analyse eines Falles, bei dem der erwartete Effekt unbedingt eintreten sollte. Um beim Beispiel zu bleiben: Ein kritischer Fall wäre etwa ein Land, das sein Wahlsystem geändert hat. Wenn die Theorie von Duverger stimmt, sollte sich mit dem Wandel des Wahlsystems auch die Anzahl der Parteien im Parlament ändern. Neuseeland, das 1996 das Verhältniswahlsystem eingeführt hat, wäre also ein kritischer Fall. Da es in der sozialen Welt um das Verhalten von Menschen und nicht von Atomen geht sind die identifizierten Zusammenhänge oft nicht absolut. Ein Atom verhält sich in einer gleichen Situation immer gleich – bei Menschen ist das nicht unbedingt der Fall. Menschen können dazulernen, ihre Werte und Normen können sich ändern und damit auch ihre Präferenzen. Zudem können sie, anders als Atome, bewusst auf das Umfeld, in dem sie agieren, Einfluss nehmen. Daher sind wir Politikwissenschaftler auch schon zufrieden, wenn wir feststellen, dass der erwartete Effekt in 70 von 100 Fällen eintritt.

Was heißt das für empirische Hausarbeiten? In einer Hausarbeit im Bachelor- oder Master-Studium muss man nicht den Anspruch entwickeln, etwas völlig Neues herauszufinden. Das ist im Rahmen der begrenzten Mittel von Zeit und Ressourcen nicht möglich. Nutzen Sie unbedingt die Fachliteratur und die dort vorhandenen Argumente und theoretischen Konzepte. Welche Literatur gibt es zu Ihrem Thema? Welche Erkenntnisse sind schon vorhanden? Welche Fragen stellen sich Ihnen bei Durchsicht der Literatur? Dann sollten Sie sich über das Ziel Ihrer Hausarbeit klar werden. Was genau wollen Sie mit ihrer eigenen, kleinen empirischen Analyse herausfinden? Dabei kann der Fokus darauf liegen, dass Sie ein bestimmtes empirisches Phänomen wie zum Beispiel sinkende Wahlbeteiligung oder Unterschiede in der Einhaltung internationaler Verträge erklären wollen. Im Bachelor- und Masterstudium wird die Mehrheit der Arbeiten diesen Anspruch haben. Alternativ können Sie den Schwerpunkt auf ein theoretisches Argument legen, dass sie testen wollen. Für einen systematischen Hypothesentest mit Aussagekraft brauchen Sie in der Regel aber umfangreiches Datenmaterial. Im Folgenden wollen wir exemplarisch einige Methoden vorstellen.

Inhaltsanalyse Inhaltsanalysen sind eher deskriptive Verfahren, die sich sowohl mit kausalanalytischen Methoden wie mit qualitativen verbinden lassen. In ihnen geht es vor allem darum, über die Häufigkeit von Ausdrücken oder Wendungen in Texten Aufschluss über den gemeinten Sinn zu erhalten, bzw. über die hinter dem Text liegende Vorstellungswelt zu erhalten. Dabei wird zunächst ein Kategorienregister erstellt, mit dem der Text dann systematisch untersucht wird. Dabei ist die Annahme, dass die Häufigkeit von Ausdrücken und ihre Verknüpfung etwas über die Verfasser und ihre Weltsicht verraten.

Das Material für diese Methode besteht ausschließlich aus Text. Er wird „codiert", d. h. es werden Merkmale für die interessierenden Textbestandteile festgelegt, nach denen dann der gesamte Text durchsucht wird. Im Ergebnis zeigen sich dann Häufungen oder bestimmte Verbindungen oder Sequenzen, die sich heute mit dafür geschaffener Software sehr effizient ermitteln lassen. Sie könnten zum Beispiel herausfinden, dass in Reden der US-Präsidenten nach dem 11. September 2001 das Wort „Sicherheit" häufiger auftritt als vor diesem Datum, dazu vielleicht noch in bestimmten Verbindungen mit anderen Worten. Das alles ist noch eine quantitative Arbeit, bei der Sie zählen und gewichten.

Diese Ergebnisse müssen aber noch interpretiert werden. Und an dieser Stelle wird die Inhaltsanalyse zur qualitativen Methode: Denn was bedeutet es, wenn diese oder jene Worte immer zusammen auftauchen oder aber nie? Das zu interpretieren setzt, ganz im Sinne der Tradition des Verstehens, eine Auseinandersetzung mit dem Kontext voraus, aus dem sich Hypothesen über Bedeutungen ermitteln lassen.

4.3 Die Wahl der Methode

Prozessanalyse Eine andere Methode, in der kausalanalytisch gedacht wird, ist die Prozessanalyse (*process tracing*). Dabei geht es darum, einen zeitlichen Ablauf zu rekonstruieren und so systematisch zu überprüfen, ob x wirklich zu y geführt hat – oder es noch weitere Faktoren gab, die die Theorie gar nicht berücksichtigt. Dazu werden verschiedene gedankliche Tests durchgeführt, nicht unähnlich der kriminalistischen Suche nach dem Mörder: Wenn die Theorie stimmt, müsste ich Folgendes beobachten – kann ich dieses? Welche „Beweisstücke" finde ich in der Empirie, die die Theorie bestätigen?

Diskursanalyse Dies ist eine Sammelbezeichnung für eine mittlerweile sehr ausdifferenzierte Schule qualitativer Methoden, die grob gesagt versucht, grundlegende Strukturen von Gesellschaft und Politik über die Analyse sprachlicher Äußerungen zu ermitteln. Sie geht also in ihren Ansprüchen weiter als die Inhaltsanalyse, verfährt zumeist nicht quantitativ und geht von der Annahme aus, dass soziale Akteure über die Sprache ihre soziale Welt erst konstituieren. Diese Methode ist also stärker an der Tradition des Verstehens orientiert, als an der naturwissenschaftlichen Erklärung mit Gesetzen.

Jeder Text, jede sprachliche Äußerung, nach einigen Schulen auch die Art und Weise sowie die Situation des Sprechens werden hier zum Gegenstand gemacht, und eine weitere Wendung wird über die internen Bezugnahmen der sprachlichen Äußerungen genommen, über die sich auch Konventionen oder Konflikte erforschen lassen. Ein Beispiel: Was der Begriff „soziale Marktwirtschaft" bedeutet, lässt sich, frei nach Ludwig Wittgenstein (1889–1951) dadurch feststellen, dass man die Regeln der Verwendung des Begriffs untersucht. Wer benutzt ihn wann zu welchem Zweck? Was wird damit assoziiert? Welche Ausdrücke stehen in seinem Umfeld? Wer widerspricht sich im Diskurs über soziale Marktwirtschaft und womit sind die unterschiedlichen Positionen verbunden?

Mit dieser Methode lässt sich etwa der Diskurs der Weltbank untersuchen: Was hat sich in den letzten dreißig Jahren daran verändert? Was sagt die Weltbank über die Ursachen von Armut? Und welche „implizite Theorie" kommt darin zum Vorschein? Das Verfahren der Diskursanalyse besteht immer in der Codierung eines sogenannten „Textcorpus", also einer sorgfältig ausgewählten Textmenge, die nach festgelegten und sich anfangs oft noch entwickelnden Kategorien untersucht wird. Danach wird daraus entwickelt, welche Bedeutungen und Zusammenhänge im Text erzeugt werden.

„Grounded Theory" Anselm Strauss (1916–1996) gilt als Begründer dieser qualitativen Methode, deren Vor- und Nachteil zugleich ihre große Offenheit ist. Statt mit einer festgefügten Liste von operationalisierten Variablen an ein Thema heran-

zugehen, wird hier zu einem Thema mit einer möglichst offenen Agenda geforscht. Am Anfang ist alles potentiell relevant, und die Forschungsfrage darf sich lange unter dem Eindruck neuen Material noch lange verändern. Neben dem vorfindlichen Material aus Literatur und veröffentlichten Quellen kommen hier alle möglichen Formen der Datenerhebung zum Einsatz – Interviews, die wenig oder gar nicht strukturiert sind, ebenso wie teilnehmende Beobachtung oder die Interpretation von Bildmaterial.

Die Idee dieser Methode ist es, Voreingenommenheit so weit zu reduzieren wie möglich. Deshalb wird mit möglichst wenig Annahmen gearbeitet. Erst nach und nach soll sich aus der Auseinandersetzung mit einem möglichst vielfältigen Material ein Bild zur untersuchten Frage zusammensetzen.

Der Vorteil der Methode, sehr offen und potentiell sehr innovativ zu sein, ist deshalb zugleich ein Nachteil, weil sie viel Zeit erfordert und weil wegen der oft eigenwilligen Wege ihre Ergebnisse nicht in gleichem Maße so einfach nachprüfbar sind, wie etwa bei statistischen Verfahren. Auch hängt hier viel von Spürsinn, der Aufmerksamkeit und Kreativität der Forschenden ab.

„Grounded Theory" ist eine methodische Richtung, die für die Forschung zu Organisationen und Technologien wichtig wurde. Sie ist stark von der Wissenschaftsauffassung des US-amerikanischen Pragmatisten Charles Sanders Peirce beeinflusst und auch von den Erfahrungen der Ethnologie und Mikrosoziologie, wo sie auch Verwendung findet.

Begriffsdiskussion Die Begriffsdiskussion ist ein leider kaum in Methodenlehrbüchern vertretener Kernbestandteil der Politikwissenschaft. Sie besteht im Wesentlichen darin, die Merkmale und Konnotationen eines Begriffs etwa im Werk eines Theoretikers oder in einem Diskurs zu bestimmen und im Vergleich zu konkurrierenden Begriffen oder zur Fassung des Begriffs bei einem anderen Autor oder in einer anderen Theorie zu bewerten. Im Studium, etwa in Seminaren zur politischen Theorie, kommt diese Methode etwa insofern vor, als Studierende das Verständnis von Begriffen bei bestimmten Autoren rekonstruieren oder mit denen anderer vergleichen sollen. Das Material dieser Methode sind also meist theoretische Schriften. Aber diese Methode ist auch Bestandteil empirischer Forschung, gewissermaßen als Vorarbeit, um genauer zu bestimmen, was etwa mit „Demokratie" genau gemeint ist. Dazu gibt es viele Definitionen, aber nicht alle sind gleichermaßen gut dafür geeignet, in empirischen Untersuchungen verwendet zu werden. In der empirischen Forschung und in der Literatur zum Forschungsdesign findet man die Debatte und die Definition von Begriffen unter dem Schlagwort „Konzeptspezifikation". Gerade für die Frage der „Operationalisierung" von Begriffen ist eine klare Definition von Begriffen oder Konzepten notwendig. Um die Wahl

4.3 Die Wahl der Methode

einer Definition zu begründen ist es gängig, die verschiedenen Fassungen desselben Begriffs auf ihre Implikationen, aber auch auf ihren normativen Gehalt hin zu vergleichen. Ein Großteil der in der quantitativen Forschung benutzen Begriffe ist zum Beispiel identisch mit den Kategorien, die Regierungsinstitutionen benutzen. Ist das sinnvoll oder nicht? An dieser Methode wird daher am deutlichsten sichtbar, wie stark empirische und theoretische Forschungen zusammenhängen, auch wenn sie – wie in diesem Kapitel – zunächst getrennt diskutiert werden.

Im Studium werden Sie weitere Methoden kennenlernen, aber nicht alle wirklich einüben. Wir stellen Ihnen abschließend ein paar mögliche Designs für empirische Untersuchungen vor, ohne Anspruch auf Vollständigkeit oder Systematik. Bedenken Sie bitte, dass die Methodenentwicklung in der Politikwissenschaft dynamisch ist, so dass es hier ständig zu Neuerungen und Erweiterungen kommt. Das bedeutet auch, dass es hier keine dauerhaften Dogmen gibt. Im Gegenteil, Kritik an Methoden ist immer erwünscht. Ohne sie gibt es keinen Fortschritt.

Abschließend stellen wir Ihnen ein paar Varianten vor, wie Sie das „Forschungsdesign" einer Seminararbeit oder einer Abschlussarbeit anlegen können. Schauen Sie selbst, mit welchen Methoden das jeweils am besten ginge (Abb. 4.2):

Ein Hinweis noch: Es gibt zwar, wie gesagt, keinen feststehenden „Katalog der Methoden", auch wenn manche Politikwissenschaftler mit der Redeweise von einer „toolbox" das suggerieren. Was es allerdings gibt, sind Handbücher der Methoden für alle möglichen Fächer und Themengebiete und die darin dargestellten Methoden werden natürlich durch die Forschung ständig erweitert, umgeformt oder aber auch vergessen und verdrängt. Um zu sehen, wie es geht, was gut funktioniert oder was fragwürdig wirkt, achten Sie auch auf die Methoden, die in den Arbeiten angewandt werden, die Sie lesen. Dabei fallen nämlich nicht nur neue Methoden und interessante Varianten auf, sondern dies schult auch den Blick für Fehler und Schieflagen.

Einen guten Zugang zu methodischen Fragen für das Studium in Eigenregie bieten wie immer die einschlägigen Handwörterbücher. Zu Stichworten wie „Regressionsanalyse", „Fallvergleich", „historisch-genetische Methode", „Diskursanalyse" und „Begriffsgeschichte" findet sich in einigen von ihnen garantiert etwas. Für die meisten Methoden existieren schließlich umfangreiche Lehrbücher. Das gilt insbesondere für die empirische Sozialforschung und die Statistik. In anderen methodischen Gebieten sieht es schlechter aus. Wer sich also für Hermeneutik oder Begriffsanalyse interessiert, kann zu diesen Methoden in den Nachbarwissenschaften manchmal mehr lernen als in der Politikwissenschaft. Es lohnt sich schließlich auch, „den Großen" über die Schulter zu gucken: Für jede Methode gibt es nämlich große Vorbild-Arbeiten, an denen man sehen kann, wie es gemacht wird, was man braucht und wo die Stärken und Schwächen liegen.

- *Erklärung eines empirischen Phänomens* mit Hilfe politikwissenschaftlicher Theorien:

    o Sie wenden eine existierende Theorie auf ein empirisches Phänomen an, das Hauptinteresse liegt auf dem empirischen Fall, nicht auf der Theorie. Lässt sich das Phänomen mit Hilfe dieser Theorie erklären?

    o Sie nutzen zwei konkurrierende Theorien, die beide ihre empirische Beobachtung erklären können, aber unterschiedliche Mechanismen annehmen, die zum *selben* Ergebnis führen. Die Frage ist nun: Welcher Mechanismus führt zu dem beobachteten Ergebnis? Dazu sammeln Sie Daten zum „X".

- *Test konkurrierender Erklärungen*: Welche Theorie kann meinen Fall besser erklären? Diese Variante ist der oben genannten sehr ähnlich – arbeitet nur mit zwei Theorien, die *unterschiedliche* Konsequenzen haben. Welche davon können wir beobachten, welche Theorie erklärt also besser als die andere?

- *Test einer Hypothese*: Sie testen eine aus der Literatur abgeleitete Hypothese. Wenn die Hypothese aus der Literatur stimmt, müsste ich in meinem Fall finden, dass... In diesen Fällen ist die Auswahl der Fälle zentral.

- *Plausibilisierung eines Arguments durch die Erhebung von empirischen Daten:* Ein Argument basiert auf bestimmten Grundannahmen. Wenn diese Grundannahmen stimmen, müsste man ein bestimmtes Phänomen in der realen Welt finden (z.B. „Die Wahlbeteiligung ist bei Erstwählern systematisch niedriger als im Durchschnitt der Bevölkerung"). Ist denn das überhaupt der Fall? In einer solchen Arbeit sammeln Sie Daten, um ein Argument zu plausibilisieren. Sie führen eine Art „Faktencheck" durch.

- *Generierung von Hypothesen:* Sie setzen sich intensiv mit einem noch nicht oder erst anfänglich untersuchten Phänomen auseinander und versuchen im Sinne einer explorativen Fallstudie, einige Hypothesen zu seiner Erklärung zu entwickeln. Die Überprüfung dieser Hypothesen wären dann ein nächster Schritt, der nicht mehr in derselben Arbeit zu leisten ist. Ein Beispiel hierfür wären neue Phänomene, wie die Rolle von neuen Medien in politischen Krisen oder die Politik der „cyber security".

Abb. 4.2 Varianten von empirischen Hausarbeiten

Literatur

von Alemann, Ulrich. 2005. *Methodik der Politikwissenschaft*. 7 Aufl. Stuttgart: Kohlhammer.
Atteslander, Peter. 2010. *Methoden der empirischen Sozialforschung*. 13 Aufl. Berlin: Erich Schmidt Verlag.
Behnke, Joachim, Nina Baur, und Nathalie Behnke. 2010. *Empirische Methoden der Politikwissenschaft*. 2 Aufl. Stuttgart: UTB.
Della Porta, Donatella, und Michael Keating, Hrsg. 2008. *Approaches and methodologies in the social sciences. A pluralist perspective*. Cambridge: Cambridge University Press.
Descartes, René. 1960. *Discours de la méthode/Von der Methode des richtigen Vernunftgebrauchs und der wissenschaftlichen Forschung. Zweisprachige Ausgabe*. Hamburg: Verlag Meiner.
Fischer, Hans, Hrsg. 2002. *Feldforschung. Erfahrungsberichte zur Einführung. Neuausgabe*. Berlin: Reimer.
Fuchs-Heinritz, Werner. 2009. *Biographische Forschung. Eine Einführung in Praxis und Methoden*. 4 Aufl. Wiesbaden: Springer VS.
Hancké, Bob. 2009. *Intelligent research design. A guide for beginning researchers in the social sciences*. Oxford: Oxford University Press.
Kaelble, Hartmut. 2012. Historischer Vergleich, Docupedia-Zeitgeschichte. Begriffe, Methoden und Debatten der zeithistorischen Forschung. http://docupedia.de/zg/Historischer_Vergleich. Zugegriffen: 8. Sept. 2014.
Rosenthal, Gabriele. 2014. *Interpretative Sozialforschung. Eine Einführung*. 4 Aufl. Weinheim: Beltz Juventa.
Seiffert, Helmut. 1991 ff. *Einführung in die Wissenschaftstheorie*. Bd. 3. München: Beck.
Ströker, Elisabeth. 1992. *Einführung in die Wissenschaftstheorie*. 4 Aufl. Darmstadt: Wissenschaftliche Buchgesellschaft.

Wie schreibe ich? 5

5.1 Das richtige Umfeld schaffen – und anfangen

Zu Beginn ist es wichtig, sich auf das Schreibprojekt einzulassen und überhaupt Text zu produzieren. Wichtig ist bereits am Anfang des Studiums zu reflektieren und herauszufinden, was Ihnen persönlich hilft, um in den kreativen Schreibfluss hineinzufinden. Dass dieses nicht immer leicht ist, zeigt die Tatsache, dass das Wort „Prokastination" (eine Aufgabe systematisch aufschieben) zu einer Art Modewort geworden ist.

Um in den Schreibmodus zu kommen, benötigt es die Bereitschaft, sich auf das Schreiben einzulassen. Damit das gelingt, ist es wichtig, so viele *Ablenkungen* wie möglich *auszuschalten*. Ständig das Facebook-Profil zu checken oder im Minutentakt WhatsApp-Nachrichten zu beantworten, hilft dabei nicht. Selbst bei kurzen Unterbrechungen fällt es den meisten schwer, wieder in den konzentrierten Schreibmodus zu finden. Daher: Reduzieren Sie alle möglichen Störungen und Ablenkungen. Die Universität der Künste in Berlin organisiert eine eigene Schreibwoche im Kloster, die Universität Bremen veranstaltet die „Nacht der ungeschriebenen Hausarbeit". All diese Angebote versuchen genau das: Ablenkungen auszuschalten und ein Umfeld zu schaffen, das hilft, in den Schreibmodus zu kommen und anzufangen.

Ein zentraler Faktor ist dabei der Arbeitsplatz. Friedrich Schiller brauchte angeblich den Geruch verfaulter Äpfel, um schreiben zu können. Heute sieht die Idealvorstellung junger Kreativer eher so aus: Ich sitze im Café, nippe an meinem Latte Macchiato, klappe meinen Computer auf und schreibe meine Hausarbeit zum Verständnis des Politischen bei Hannah Arendt. Gerade in Großstädten haben sich die Cafés immer mehr zu öffentlichen Arbeitszimmern entwickelt. Aber um in einem Café effektiv arbeiten zu können, benötigen Sie die Fähigkeit, alles um sich herum ausblenden zu können: Die Gespräche am Nachbartisch, das Zischen der Kaffeemaschine, das Geklapper der Teller, die Musik – und die regelmäßigen Fragen der Kellnerin: „Kann es noch etwas sein?". So schön die Vorstellung ist, im Café zu schreiben– es ist wenig glaubhaft, dass unter diesen Umständen sehr gute Texte entstehen. Allerdings kann das Café ein guter Zufluchtsort sein, wenn Sie einen Text lesen müssen und Sie es nach Tagen am Schreibtisch zu Hause nicht mehr aushalten. Auch wenn Sie Abstand zum geschriebenen Text brauchen und in einer Kreativpause ihre Gedanken ordnen wollen – gehen Sie ins Café. In diesem Fall sogar am besten mit Freunden, mit denen Sie sich über Ihr Schreibprojekt austauschen können. Um in großer Konzentration längere Textpassagen zustande zu bringen, empfiehlt sich hingegen eine eher reizarme Umgebung. Und die muss nicht einmal schön sein. Zwei Orte bieten sich hier klassischerweise an.

Der Schreibtisch zu Hause Für die meisten ist es ein guter Ort zum Schreiben. Der große Vorteil ist, dass Sie alle wichtigen Materialien wie Bücher, durchgearbeitete Aufsätze, Mitschriften aus dem Seminar, Fremdwörterlexika etc. in Griffnähe platzieren können. Auf dem Schreibtisch sollten nur die Materialienstehen, mit denen Sie gerade arbeiten. Am eigenen Schreibtisch ist es zudem möglich, dafür zu sorgen, dass Stuhl und Schreibtisch bequem und der Körpergröße angemessen sind. So beugen Sie Rückenschmerzen und Verspannungen vor. Der Nachteil ist, dass die eigene Wohnung ein Hort der Ablenkung ist: Die Spülmaschine könnte ausgeräumt werden, und dort liegen noch zwei unbezahlte Rechnungen. Zudem hat die Mitbewohnerin gerade Kaffee gekocht und sich die neueste Staffel einer amerikanischen Serie aus dem Netz gezogen. Wenn Sie zu Hause arbeiten, sollten Sie daher ein paar Tipps beherzigen. Kündigen Sie Ihre Arbeitszeiten öffentlich an:Erklären Sie Freunden und Familie, dass Sie in den nächsten zwei Stunden nicht gestört werden wollen. Machen Sie die Zimmertür zu, gehen Sie in dieser Zeit nicht ans Telefon, stellen Sie das Handy aus. Wenn Sie das Internetnicht zur Recherche benötigen – nehmen Sie den Computer vom Netz. Wenn das gut klappt, erhöhen Sie das Zeitfenster nach und nach. Mehr als vier bis fünf Stunden am Tag können aber die wenigsten konzentriert arbeiten. Eine Alternative ist, (realistische) Teilziele festzulegen:Erst wenn ich einen ersten Entwurf der Einleitung geschrieben habe, rufe ich meine E-Mails ab.

Die Bibliothek Bibliotheken haben den Vorteil, dass dort eine Atmosphäre von Konzentration und Arbeitseifer herrscht. Lautes Sprechen ist nicht erlaubt, die Ablenkungen sind auf ein Mindestmaß reduziert. Zudem hat man in Universitätsbibliotheken in der Regel Zugang zu den elektronischen Fachjournalen und den Datenbanken der Universität. Das geht zu Hause über einen Proxy-Server allerdings auch. Auch die Fachbücher befinden sich gleich um die Ecke. Das kann sehr hilfreich sein. Wer zu Hause nicht in den Arbeitsmodus kommt, sollte es in der Bibliothek versuchen. Wenn man sich mit Freunden zum Arbeiten verabredet, kann man zudem gemeinsame Pausen einlegen. Nachteil:Laptop, Bücher und ausgedruckte Fachaufsätze müssen hin und hergetragen werden. Außerdem schließen einige Bibliotheken schon recht früh. Die wenigsten deutschen Universitätsbibliotheken haben Öffnungszeiten bis 24 Uhr oder länger, wie es an den großen amerikanischen Universitäten üblich ist.

Auf den nächsten Seiten behandeln wir verschiedene Textformen, die Sie im politikwissenschaftlichen Studium an der Universität früher oder später anfertigen müssen. Im ersten Teil geht es um die klassische Seminararbeit, danach beschäftigen wir uns mit den kleineren Schriftstücken wie Protokoll, Arbeits- und Thesenpapieren, Buchbesprechungen und Kurzgutachten, Essay und der Klausur.

5.2 Seminararbeiten – der Schreibprozess

Bis das erste Wort getippt wird, sind schon viele Phasen des Schreibprozesses durchlaufen. Umso gründlicher die Planung steht, desto einfacher wird das Schreiben. Bevor es an das eigentliche Schreiben geht, sollten daher folgende Schritte durchlaufen sein: Die Art des zu schreibenden Textes ist geklärt (Hausarbeit, Essay, Buchrezension etc.) und die Formalia sind abgesprochen (Wörter- bzw. Seitenzahl, Vorgaben zur Formatierung, gültiges Zitationssystem, Eigenständigkeitserklärung nötig?). Zudem sollten Sie die grundlegenden Entscheidungen getroffen haben. Dazu gehört: Die Wahl des Themas, die Formulierung einer Forschungsfrage sowie die Identifikation und Sichtung der relevanten Literatur. Bei empirischen Arbeiten sollten Sie zudem geklärt haben, welche Art von Daten und Informationen Sie für die Analyse benötigen (z. B. Bundestagsreden, Parteiprogramme, den Originaltext einer Theoretikerin, Positionspapiere von Interessengruppen, statistische Datensätze etc.) und ob diese auch zugänglich sind. Wenn die Planungs- und Recherchephase mehr oder weniger abgeschlossen sind, kann das Schreiben fast beginnen! (Abb. 5.1)

5.3 Eine Grundstruktur erstellen

Der nächste große Schritt ist, eine Grundstruktur der Arbeit zu entwickeln. Gehen wir davon aus, dass Sie eine Hausarbeit schreiben wollen. Zu den kleinen Textformen (Essay, Protokoll, Buchrezension) finden sich Informationen in einem spä-

Abb. 5.1 Die Phasen des Schreibprozesses

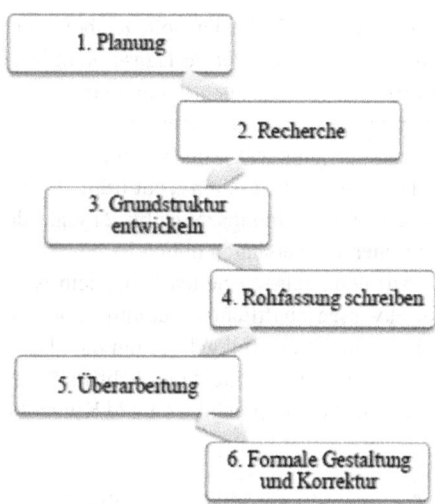

teren Abschnitt dieses Kapitels. Jetzt geht es darum, die Grundstruktur der Arbeit zu entwickeln. Aber beginnen Sie nicht gleich mit einer detaillierten Struktur aus Kapiteln und Unterkapiteln! Wenn Sie Ihre Kapitelstruktur zu früh festlegen, besteht die Gefahr, im Denken unflexibel zu werden und nicht die Beantwortung der Forschungsfrage im Zentrum steht, sondern das Füllen der Kapitel. Um eine sinnvolle Grundstruktur zu erstellen, die das große Ganze im Blick behält, gehen Sie in einem ersten Schritt die zentralen Planungsschritte durch. Dazu gehört, das Ziel der Arbeit zu klären, die Vorgehensweise festzulegen und die Argumentationslinie zu entwickeln. Versuchen Sie zunächst ein Exposé zu entwerfen, wie wir es in Kap. 2 empfehlen.

Die Grundstruktur des Exposés wird dann später in eine Kapitelstruktur „übersetzt". Die formale Struktur von politikwissenschaftlichen Arbeiten ist immer gleich. Sie besteht aus *Einleitung – Hauptteil – Fazit*. Der Hauptteil wird dabei in der Regel noch einmal unterteilt in einen Literatur-/Theorieteil und einen Analyseteil.

5.3.1 Einleitung

Die Einleitung ist eigentlich nichts anderes als ein etwas erweitertes und ausformuliertes Exposé. Sie gibt einen Überblick über die Arbeit. Zudem erfüllt die Einleitung eine zentrale Funktionen, die Sie nicht unterschätzen sollten: Sie soll

5.3 Eine Grundstruktur erstellen

beim Leser Interesse wecken. Schlecht geschriebene Einleitungen verwirren und nehmen die Lust am Weiterlesen – das gilt auch für die Dozenten, die Ihre Arbeit letztlich bewerten müssen. Daher widmen Sie der Einleitung genug Aufmerksamkeit, es lohnt sich! Die Elemente einer guten Einleitung wurden bereits in Kap. 2 ausführlich erläutert. Zur Erinnerung: In der Einleitung führen Sie kurz in Ihr Thema ein und präsentieren Ihre Frage. Oft ist die Frage von einem empirischen oder theoretischen Puzzle abgeleitet. Sie sollten erläutern, wie Sie von Ihrem Thema zu Ihrer Frage gekommen sind und warum die Beantwortung Ihrer Frage wichtig ist. Machen Sie deutlich, welche gesellschaftliche und/oder theoretische Relevanz Ihre Frage hat. Dazu können Sie kurz auf wissenschaftliche Literatur verweisen oder auf Zeitungsartikel in denen deutlich wird, dass es sich um ein reales politisches Problem oder eine überraschende Beobachtung handelt. In der Einleitung sollten sie auch kurz ein paar Informationen zu Ihren theoretischen Ausgangspunkten und den zentralen Begriffen liefern. Zudem stellen Sie in ein bis zwei Sätzen das geplante Vorgehen vor: *Was* will ich *wie* herausfinden und *welche Materialien* nutze ich dazu? Zudem sollten Sie, wenn Sie schon so weit sind, kurz darstellen, welche Art der Ergebnisse Sie erwarten. Eine Einleitung endet mit einer kurzen Übersicht über die Kapitelstruktur. Da die Einleitung eine Art Fahrplan für die Arbeit darstellt, empfiehlt sich, mit der Einleitung zu beginnen. Allerdings ist die Einleitung auch das letzte Textstück, das noch einmal überarbeitet werden muss. Fast immer ergeben sich im Schreib- und Rechercheprozess Änderungen, so dass die Einleitung noch einmal überarbeitet und angepasst werden muss, wenn das Fazit geschrieben ist.

Achtung: Einleitung und Fazit müssen unbedingt zusammenpassen! Hier geschehen immer wieder Fehler. Klassische Fehler sind etwa die Formulierung mehrerer Forschungsfragen in der Einleitung, von denen aber in der Arbeit nur eine bearbeitet und beantwortet wird. Oder die Einleitung kündigt an, dass bestimmte Materialien (z. B. die Bundestagsdebatten zur Rentenpolitik aus drei Legislaturperioden) ausgewertet werden sollen oder fünf Länderstudien angefertigt werden sollen – im Laufe der Analyse zeigt sich aber, dass der Anspruch zu ehrgeizig war und den Rahmen der Arbeit sprengt. Statt der angekündigten drei Legislaturperioden wird es nur eine oder aus den fünf Fallstudien sind zwei geworden. Solche Fehler vermeiden Sie, wenn Sie Ihre eigene Arbeit am Ende noch einmal gründlich lesen und auf ihre Konsistenz prüfen. Vielleicht hat sich im Laufe der Recherche gezeigt, dass eine andere Literatur als die ursprünglich anvisierte viel hilfreicher ist oder theoretische Konzepte geändert werden. Die Tatsache, dass sich bestimmte Änderungen im Schreib- und Analyseprozess ergeben ist normal. Wichtig ist nur, dass die Einleitung entsprechend angepasst wird, damit darin nicht alte, längst aufgegebene Pläne stehen.

5.3.2 Literatur- und Theorieteil

Der Einleitung folgt der Literatur- und Theorieteil. Dieser Teil einer wissenschaftlichen Arbeit erfüllt zwei Funktionen. Auf der einen Seite geht es darum, einen Überblick über die bereits existierende politikwissenschaftliche Literatur zum gewählten Thema zu geben. Auf der anderen Seite soll die eigene theoretische Perspektive deutlich und das eigene Argument entwickelt werden. Achtung: Die Darstellung der Fachliteratur zum Thema und die Entwicklung eines eigenen Arguments sind zwei unterschiedliche Dinge – auch wenn sie Hand in Hand gehen.

Sie starten in der Regel mit einem *Literaturüberblick* zum Thema. Dazu sollten Sie kurz reflektieren, welches größere Thema sich hinter der Forschungsfrage verbirgt. Wenn Sie etwa herausfinden wollen, welche Faktoren zum Wahlerfolg der NPD in ostdeutschen Landesparlamenten geführt haben, lesen Sie die Literatur zu rechten Parteien in demokratischen Systemen. Wenn Sie daran interessiert sind, warum in Syrien 2011 ein Bürgerkrieg ausgebrochen ist, lesen Sie die Literatur zum Ausbruch von Bürgerkriegen. Die zentralen Fachdebatten sollte man kurz darstellen, auch wenn es in der eigenen Arbeit letztlich nur zu einem kleinen Unterthema gearbeitet wird. Zu den meisten Themen gibt es eine ganze Reihe an Veröffentlichungen zu verschiedenen Fragen, Teilaspekten und aus verschiedenen theoretischen Perspektiven, auf die Sie früher oder später stoßen werden. In Kap. 3 finden Sie übrigens Hinweise zu Recherchestrategien, um die relevante Fachliteratur zielgerichtet zu finden. Anders als in Dissertationen wird in Hausarbeiten im Bachelor- und Masterstudium nicht verlangt, einen vollständigen „Stand der Forschung" zu präsentieren. Eine begründete Auswahl ist hier völlig ausreichend. Im Zweifelsfall lohnt es sich, mit den jeweiligen Dozenten abzusprechen, wie umfangreich der Literaturteil sein soll. Wenn eine Hausarbeit in einem Fachseminar geschrieben wird, sollte aber auf jeden Fall die relevante Fachliteratur aus dem Seminarplan auftauchen. Diese ist in der Regel auch ein guter Startpunkt für die Literaturrecherche. Auf folgende Fragen sollte der *Literaturteil* Antworten geben:

- Welche relevanten Veröffentlichungen zu meinem Thema gibt es bereits in der Fachliteratur? Welche Diskurse werden dort geführt? Was sind die zentralen Fragen und Kontroversen?
- Wie passt meine eigene Forschungsfrage in die existierende, politikwissenschaftliche Literatur?

Achtung: Wenn Sie einen Literaturüberblick schreiben, werden Sie die Positionen und Befunde verschiedener Autoren darstellen, einordnen und diskutieren. Daher ist es zentral, dass Sie sauber zitieren! Es sollte immer klar sein, ob gerade die Position eines Autors wiedergegeben wird, ob die Aussage eine eigene Interpretation oder Bewertung ist oder ob Sie gerade ein eigenes Argument entwickeln.

5.3 Eine Grundstruktur erstellen

Die zweite Funktion des Kapitels bezieht sich darauf, die eigene *theoretische Perspektive* zu erläutern. Welche Funktionen Theorien in politikwissenschaftlichen Arbeiten erfüllen und warum Sie Ihre theoretische Perspektive offenlegen müssen, finden Sie in Kap. 4. In der Regel knüpfen Sie an existierende Theorien oder Ansätze an, die Sie kritisieren oder als Analyseinstrumente nutzen. Zentrale Fragen sind hier:

- Was sind die genutzten Theorien, Konzepte und Argumente in der Literatur? Grenze ich mich davon ab oder nutze ich sie als Analyseinstrumente für meine Frage?
- Was sind meine Grundannahmen? Was sind die zentralen Begriffe und die theoretische Perspektive, aus der ich argumentiere?
- Was ist mein zentrales Argument? Wie knüpft es an bereits existierende Argumente/Theorien/Konzepte an?

Behalten Sie im Blick: Der Literaturüberblick und die Darstellung und Erläuterung der letztlich genutzten theoretischen Konzepte oder Perspektive sind zwei Dinge. Im Literaturüberblick stellen Sie theoretische Konzepte und Debatten vor, im Theorieteil liegt der Fokus dann nur noch auf den Ansätzen, die Sie auch wirklich für die eigene Argumentation nutzen. Wichtig ist hier, dass die genutzten Theorien und ihre Annahmen erläutert und Konzepte und Begriffe definiert werden. Zudem sollte deutlich werden, wie die vorgestellten Theorien/Konzepte mit der eigenen Argumentation zusammenhängen.

5.3.3 Analyseteil

Im Analyseteil führen Sie die eigentliche Analyse durch und präsentieren und diskutieren die Ergebnisse. Wichtig ist, dass Sie zu Beginn noch einmal kurz erläutern, welches Material Sie mit welcher Methode mit welchem Erkenntnisinteresse analysieren wollen. Um eine Forschungsfrage zu beantworten sind verschiedene Wege denkbar, dabei gibt es in der Regel nicht die perfekte Methode, jede Herangehensweise hat Vor- und Nachteile. Die Wahl eines bestimmten Vorgehens ist daher oft das Ergebnis von Abwägungsprozessen. Stellen Sie deshalb Ihr methodisches Vorgehen systematisch dar, damit der Leser weiß, wie Sie eine Antwort auf Ihre Frage finden wollen und die Entscheidungen nachvollziehen kann. Sie können sich hier kurz fassen, sollten aber Antworten auf folgende Fragen liefern: Ist der Schwerpunkt der Arbeit eher theoretisch oder empirisch? Bei empirischen Arbeiten: Ist die Herangehensweise qualitativ oder quantitativ? Wenn Fälle ausgewählt wurden, was waren die Kriterien? Wird für die Analyse des Materials eine bestimmte Methode oder ein Analyseraster genutzt? Und, ganz zentral, warum erscheint das gewählte Vorgehen sinnvoll, um die Frage zu beantworten? Ein paar grundlegende Überlegungen zu Forschungsdesign und Methodenauswahl finden Sie in Kap. 4.

In einem zweiten Schritt führen Sie die Analyse durch. Wie Sie hier vorgehen und welchen Seitenumfang die Analyse hat, kann je nach analysiertem Material und gewähltem Vorgehen stark variieren. In einem letzten Schritt präsentieren und diskutieren Sie Ihre Ergebnisse. Oft ist es hilfreich, sehr komplexe Ergebnisse noch einmal tabellarisch oder grafisch darzustellen. Mögliche Fragen für die Diskussion und Einordnung der Ergebnisse sind:

- Sind die Ergebnisse überraschend oder erwartet?
- Welche Probleme ergaben sich möglicherweise bei der Recherche? War z. B. wichtiges Datenmaterial nicht zugänglich, oder die Quellen lieferten sehr widersprüchliche Informationen? Welche Folgen hatte es für die Ergebnisse?
- Lassen sich die Ergebnisse auf andere Kontexte oder Fälle übertragen? Wenn ja, für welche?
- Welche Implikationen haben die Ergebnisse für die genutzten Theorie(n)? Entsprechen die Ergebnisse den Erwartungen der Theorie(n) oder sind sie überraschend?

5.3.4 Fazit

Im Schlusskapitel fassen Sie noch einmal knapp die zentralen Ergebnisse zusammen sowie die Schritte, die zu den Ergebnissen geführt haben (Wahl von Literatur, Theorie, Material, Methode). Daraufhin reflektieren Sie ihre Arbeit als Ganzes: Gibt die Arbeit eine Antwort auf die eingangs gestellte Frage? Wie aussagekräftig sind die Ergebnisse? Würde man mit einer anderen Methodik/Wahl der Materialien eventuell zu anderen Ergebnissen kommen? Welche Fragen bleiben offen oder entstehen erst durch die Arbeit? Wo müsste weiter geforscht werden?

Achtung: Der Schlussteil einer Hausarbeit ist kein Ort, um persönliche politische Einschätzungen bzw. moralische Betroffenheitsbekundungen abzugeben. Es geht darum, begründete Schlussfolgerungen aus der eigenen Analyse zu ziehen. Ihr Fazit muss auf jedem Fall empirisch oder normativ fundiert sein (Tab. 5.1).

5.3.5 Eine Kapitelstruktur entwerfen

Diese Grundstruktur übersetzen Sie nun in eine Kapitelstruktur. Dabei ist das erste Kapitel in der Regel die Einleitung und das letzte Kapitel das Fazit. Es folgt die Literaturliste und eventuell Anhänge. Den Hauptteil der Arbeit können Sie in meh-

Tab. 5.1 Grundstruktur einer politikwissenschaftlichen Hausarbeit

Einleitung	Einführung ins Thema, Problem/Puzzle nennen
	Forschungsfrage und ihre Relevanz vorstellen
	Wissenschaftliche Debatte nennen, an die die Arbeit anschließt
	Geplantes Vorgehen kurz darstellen
	Welche Form von Ergebnissen wird erwartet?
	Kapitelstruktur der Arbeit erläutern
Hauptteil	*Literatur und Theorie*
	Literaturüberblick: Wer schreibt zu dem Thema? Welche zentralen Debatten/Argumente gibt es? Wie gliedert sich meine Frage in die Literatur ein?
	Darstellung der genutzten theoretischen Konzepte
	Darstellung des eigenen Argumentationsganges
	Analyse
	Herangehensweise und Materialgrundlage erläutern
	Analyse durchführen
	Ergebnisse darstellen
Fazit	Diskussion: Wurde die Frage beantwortet?
	War die Herangehensweise sinnvoll? Was hätte man besser machen können?
	Bei empirischen Studien: Sind die Ergebnisse überraschend/wie erwartet?
	Welche theoretischen/gesellschaftlichen Implikationen haben meine Ergebnisse?

rere Kapitel und Unterkapitel gliedern, hier sind Sie relativ frei. Die Kapitelüberschriften sollten dabei aber möglichst selbsterklärend sein und deutlich machen, was Sie in dem Kapitel bzw. Unterkapitel behandeln werden. Hier ist ein Beispiel für eine Kapitelstruktur. Das Thema der Arbeit ist das Minderheitenwahlrecht in Deutschland. Die Frage war, welche Regelungen es hier auf Ebene der Bundesländer gibt und ob die Regelungen in der Praxis genutzt werden und dazu führen, dass Minderheiten verstärkt in den Landesparlamenten vertreten sind. Die Arbeit wurde im Bachelor-Studium geschrieben (Tab. 5.2).

5.4 Rohfassung schreiben

Wenn die Grundstruktur steht, geht es darum, Ideen und Analyse auf Papier zu bringen und zu formulieren. Wichtig ist zu wissen, dass der Prozess des Schreibens fast immer länger dauert als erwartet. Das ist selbst dann der Fall, wenn Studierende erklären, sie hätten die Arbeit „schon komplett im Kopf" und müssten sie „nur noch herunter schreiben".

Tab. 5.2 Beispiel für eine Kapitelstruktur

1. Einleitung
2. Minderheitenschutz und demokratische Repräsentation
   2.1. Konzepte demokratischer Repräsentation
   2.2. Minderheitenschutz als Funktion der repräsentativen Demokratie
   2.3. Unter welchen Bedingungen führen Sonderregelungen zu einer verstärkten Repräsentation im Parlament? Literaturüberblick und Hypothesen
3. Minderheiten und Minderheitenschutz in Deutschland
   3.1 Konzept der Minderheit und anerkannte Gruppen
   3.2. Sonderregelungen im Wahlrecht
4. Die Repräsentation von anerkannten Minderheiten in Landesparlamenten
   4.1. Daten und methodisches Vorgehen
   4.2. Analyse
      4.2.1. Die dänische Minderheit
      4.2.2. Die Sorben
      4.2.3. Die Friesen
      4.2.4. Sinti und Roma
   4.3. Diskussion der Ergebnisse
5. Fazit
6. Literaturverzeichnis

Das hat mehrere Gründe: Schreiben und denken gehen Hand in Hand. Oft wird die eigene Argumentation erst dann ganz klar, wenn ich versuche, sie niederzuschreiben. Ähnliches gilt für die Argumente anderer Autoren: Erst wenn ich versuche, die Argumentation eines Autors in eigenen Worten wiederzugeben, fällt mir auf, dass ich zentrale Gedankenschritte nicht nachvollziehen kann oder sie völlig unlogisch finde. Zu Beginn ist es daher wichtig, dass Sie überhaupt in den Fluss des Schreibens kommen und Ihre Ideen und Argumente verschriftlichen. Dabei sollten Sie auf keinen Fall den Anspruch haben, perfekt zu formulieren, das hält nur unnötig auf. Sie müssen die verschiedenen Textteile im Laufe des Schreibprozesses sowieso regelmäßig überarbeiten und anpassen. Dazu gehört auch nicht selten der erste Entwurf der Kapitelstruktur. Zudem noch ein Tipp: Um im Schreibprozess fokussiert zu bleiben und sich in der Flut der Texte und Informationen nicht zu verheddern, empfiehlt es sich, die zentrale Forschungsfrage auf eine Karteikarte zu schreiben und immer wieder einen Blick darauf zu werfen. Steht das, was ich gerade schreibe, noch im Zusammenhang mit meiner Frage? Bringt es mich bei der Beantwortung der Frage voran?

5.4.1 Keine Angst vor dem leeren Blatt: Teilziele formulieren, Lücken lassen

Die Literatur ist gelesen, das Grundkonzept steht, ich habe Zeit – aber dennoch geht es mit dem Schreiben nicht voran. Machen Sie sich dafür den Anfang so leicht wie möglich: Starten Sie mit den Textteilen, die Ihnen am einfachsten von der Hand gehen. Sie müssen sich nicht chronologisch von der Einleitung zum Fazit durcharbeiten. Menschen tendieren dazu, kurzfristige Befriedigungen und Erfolgserlebnisse zu bevorzugen. Das Schreiben hingegen ist ein langwieriger Prozess. Um hier der menschlichen Natur etwas entgegen zu kommen, sollten Sie überschaubare *Teilziele formulieren*, etwa: Ziel für heute ist, eine Rohfassung der Einleitung zu schreiben. Umso konkreter und überschaubarer Sie die Teilziele formulieren, desto einfacher ist es, sie zu erreichen und erste Erfolgserlebnisse zu sammeln. Eine Hausarbeit ist viel weniger einschüchternd, wenn sie in kleine Teilziele zerlegt wird, die man nacheinander abarbeiten kann. Wenn Sie das Tagesziel erreicht haben, gönnen Sie sich eine Pause. Machen Sie etwas, das Ihnen Freude macht. Sich dazu zu zwingen, acht Stunden am Schreibtisch zu verbringen ist eher unproduktiv. Ausnahme: Sie sind im „Flow" und die Arbeit schreibt sich fasst wie von selbst. In dem Fall: Nutzen Sie diesen Zustand! Sie werden ihn nicht jeden Tag erreichen.

Es gibt noch ein paar Strategien, um im Schreibprozess zu bleiben, wenn Sie erst einmal angefangen haben: Fügen Sie Platzhalter (evtl. mit Stichpunkten) ein für Textteile, die später noch geschrieben werden müssen, auf die Sie sich gerade aber nicht konzentrieren können (oder für die noch Informationen fehlen). Gleiches gilt für Formulierungen, mit denen Sie nicht zufrieden sind. Halten Sie sich nicht zu lange daran auf. Markieren Sie alle Sätze, Paragraphen oder ganze Kapitel gelb, die einer späteren Überarbeitung bedürfen – und schreiben Sie an anderer Stelle weiter. Die Darstellung der Literatur will gerade nicht richtig gelingen? Warum dann nicht erst einmal die Auswahl des empirischen Materials erläutern? Zur Erinnerung: Ziel ist, alle Ideen und Gedanken in einer *Rohfassung* auf Papier zu bringen.

5.4.2 In den Schreibprozess kommen – Kreativtechniken

Es gibt diverse Techniken, die helfen, in den Schreibprozess zu kommen oder Schreibblockaden zu überwinden. Nicht jede Technik hilft jedem. Wir stellen hier ein paar Techniken für den Selbstversuch vor.

Brainstorming Eine der klassischen Kreativtechniken. Das grundlegende Ziel ist, in kurzer Zeit viele Ideen zu generieren. Brainstorming funktioniert wie folgt: Notieren Sie in kurzer Zeit so viele Ideen wie möglich. Filtern Sie dabei nicht und kommentieren Sie nicht, schreiben Sie alles auf, was Ihnen zu einer konkreten Frage/Thema spontan einfällt. Erst in einem zweiten Schritt ordnen und bewerten Sie die Ideen. Ideal ist die Technik, um überhaupt erst ein Thema für eine Hausarbeit zu finden. Aber auch im Schreibprozess kann man sich die Technik zunutze machen, um einen Argumentationsgang zu entwickeln oder alternative Erklärungen zu finden.

Mindmapping Die Grundlogik ist ähnlich wie beim Brainstorming und basiert auf freiem Assoziieren. Allerdings ist der Vorgang deutlich strukturierter. In der Mitte malen Sie einen Kreis, in den Sie das zentrale Thema oder eine Frage notieren. Dann assoziieren Sie: Was fällt Ihnen als Unterthema oder Schlüsselbegriff ein? Diese Begriffe werden mit einem Strich mit dem Thema verbunden. Dann notieren Sie alles, was Ihnen zur zweiten Assoziation einfällt. Es entstehen immer weiter verzweigte Äste. Sie können die Methode zum Beispiel nutzen, um die gelesene Literatur zu einem Thema zu ordnen oder die Grundstruktur einer Arbeit zu entwickeln.

Concept maps Nehmen Sie Stift und Papier. Notieren Sie Ihre Frage. Versuchen Sie dann, die zentrale Argumentation Ihrer Arbeit grafisch darzustellen. Was sind die zentralen Konzepte? Wie hängen Sie zusammen? Was ist Ursache, was Wirkung? Welche Mechanismen wirken? Nutzen Sie Boxen, Pfeile und Klammern um Zusammenhänge deutlich zu machen. Dinge, die noch unklar sind, können Sie per Fragezeichen markieren. Überarbeiten Sie das Papier solange, bis Sie den Eindruck haben, dass die Darstellung Ihre Arbeit gut abbildet. Am Ende entsteht eine Art „Tafelbild". Dieser Prozess hilft, das Chaos im Kopf zu bändigen und die eigenen Gedanken zu ordnen. Dann fällt das Schreiben leichter.

Brief schreiben Schreiben Sie sich selber einen Brief, in dem Sie beschreiben, woran Sie gerade arbeiten und welche Probleme sich gerade stellen. Diese Form der Selbstreflektion sorgt dafür, dass Sie ohne Perfektions- und Erfolgsdruck schreiben und sich aktiv mit den Hindernissen auseinandersetzen. Da das Schreiben oft das Denken strukturiert, hilft es, (wieder) in den Schreibprozess zu finden.

5.4.3 Wissenschaftliche Sprache

Die Sprache der Wissenschaft ist anders als die Alltagssprache. Sie ist eine Fachsprache und arbeitet mit Fachbegriffen und versucht Zusammenhänge und Interpretationen möglichst präzise und gut verständlich darzustellen. Wissenschaftliche Sprache unterscheidet sich dabei deutlich von journalistischer oder literarischer Sprache. Um Missverständnissen vorzubeugen: Es ist nicht wissenschaftlich, in

5.4 Rohfassung schreiben

schwer verständlichen, langen Schachtelsätzen zu formulieren, lange Passivkonstruktionen zu nutzen und jedes zweite Verb zu substantivieren. Komplexe Gedanken müssen nicht in komplexen Sätzen ausgedrückt werden. Auch wenn es in dem einen oder anderen deutschen Fachartikel so anmuten mag, ist Unverständlichkeit kein Gütekriterium. Im Gegenteil: Achten Sie auf einen verständlichen, gut lesbaren Schreibstil. Sie wollen ja schließlich, dass der Leser Ihre Gedanken und Argumente nachvollziehen kann.

Allerdings sei darauf hingewiesen, dass ein verständlicher Schreibstil an deutschen Universitäten erst seit einigen Jahren als Gütekriterium gilt. Heute gibt es Schreibwerkstätten, um Studierende an eine verständliche Schriftsprache heranzuführen. Lange Zeit wurden jedoch Texte geduldet, die sich durch lange Schachtelsätze, Passivkonstruktionen und Substantivierungen ausgezeichnet haben. Sie sehen daran, dass es zu einem Wandel an Konventionen in den Fachdisziplinen kommen kann. Und es gibt immer noch Felder, auf denen die Kämpfe nicht ausgefochten sind. Ein Beispiel ist die Frage, ob es wissenschaftlich ist, in einer Seminararbeit „ich" zu benutzen. Der Trend geht, auch beeinflusst von internationaler Kooperation und englischsprachiger Fachliteratur, verstärkt in diese Richtung. Erkundigen Sie sich aber an Ihrer Universität, welche Konventionen bei Ihnen gelten.

Hier ein paar Grundregeln, die zu einem verständlichen Schreibstil beitragen:

▶ Schreiben Sie aktiv

Vermeiden Sie Passivkonstruktionen: Wer ist das Subjekt des Satzes? In den meisten Fällen lassen sich die Sätze aktiv umformulieren.

▶ Kein Nominalstil und keine komplizierten Formulierungen

Machen Sie Verben nicht zu Substantiven, das macht Texte holprig und schwer lesbar. Ein Beispiel von Kanzlerin Merkel, wie man es nicht machen soll: „Das Bekanntwerden und Sich-Herumsprechen des Wahlbetrugs gab der Bürgerrechtsbewegung massiven Auftrieb." Vermeiden Sie auch Formulierungen, die die Aussage des Satzes eher vernebeln als erhellen. Um es mit Karl Popper zu sagen: „Wer's nicht einfach und klar sagen kann, der soll schweigen und weiterarbeiten, bis er's klar sagen kann."

▶ Lange Schachtelsätze vermeiden

Sätze sollten sich nicht über einen ganzen Paragraphen erstrecken. In solch einem Fall: Teilen Sie den Satz. Lesen Sie sich Sätze laut vor, wenn Sie beim Lesen ins Stocken geraten, ist es sehr wahrscheinlich, dass es den Lesern ebenso geht. Formulieren Sie den Satz noch einmal um.

▶ Nutzen Sie den Schatz der Sprache: Variationen in der Wortwahl

Variieren Sie die Wortwahl, vor allem bei den Verben. Achten Sie darauf, dass Sie nicht dieselben Verben in aufeinanderfolgenden Sätzen verwenden.

▶ Witze und Ironie vermeiden

Wissenschaftliche Texte sind nicht der richtige Ort für Witze: Entweder der Leser versteht sie nicht oder teilt den Humor nicht. Ähnliches gilt für Ironie und Sarkasmus.

▶ Keine Umgangssprache

Formulieren Sie in ganzen Sätzen und nutzen Sie keine Umgangssprache. Zur Umgangssprache gehört etwa die Verkürzung von Wörtern (Mathe statt Mathematik, Abi statt Abitur), umgangssprachliche Ersatzwörter (Bulle für Polizist, pauken statt lernen) oder Wertungen wie cool, doof, toll, super, total krass etc. Auch auf umgangssprachliche Füll- und Verstärkungswörter wie echt, eh, wirklich sollten Sie verzichten. Vermeiden Sie auch Dialektausdrücke und unnötige Anglizismen.

▶ Fremdwörter vermeiden, Fachbegriffe erläutern

Es ist kein Ausdruck wissenschaftlicher Brillanz, möglichst viele Fremdwörter zu benutzen. Ziel muss sein, so zu formulieren, dass die Leser die Argumentation verstehen. Vermeiden Sie daher unnötige oder nichtssagende Fremdwörter. In der Regel lässt sich ein Satz ohne Fremdwort verständlicher formulieren. Wenn es für ein Fremdwort einen etablierten, gut verständlichen deutschen Ausdruck gibt, nutzen Sie diesen. Bei Fachwörtern ist es etwas anders: Gerade wenn Sie Debatten und Erkenntnisse der Politikwissenschaft darstellen, müssen Sie auch die gängigen Fachbegriffe benutzen. Definieren und erläutern Sie aber alle Fachbegriffe, die nicht selbsterklärend sind. Unverständlichkeit ist kein Gütekriterium. Eine Richtschnur kann sein: Benutzen Sie nur Fachbegriffe, die Sie verstanden haben und in eigenen Worten erläutern können. Damit Sie ihren Fachwortschatz langsam erweitern hilft es, wenn Sie jeden Begriff nachschlagen, den Sie in einem Text nicht kennen.

5.4.4 Richtig zitieren – Plagiate vermeiden

Es ist ein zentraler Bestandteil des wissenschaftlichen Arbeitens, dass Sie die Quellen Ihrer Informationen offenlegen. Das gilt sowohl für die verwendete Fachliteratur und die Gedanken anderer Autoren als auch für empirische Informationen und Fakten, die Sie recherchiert haben. Auch bei Datensätzen und Wahlergebnissen müssen Sie angeben, woher Sie die Informationen haben. Dabei müssen Sie die Quellen so dokumentieren, dass die Leser die Originalquellen bei Interesse selber finden können. Es muss die Möglichkeit bestehen, als Leser zu überprüfen, ob Ihre Darstellung und Interpretation der Quellen korrekt ist und überzeugt. Diese nennt man intersubjektive Überprüfbarkeit. Dieses erreichen Sie dadurch, dass Sie korrekt zitieren und generell darauf achten, dass Tabellen und Grafiken sauber beschriftet sind. In einigen Fällen wird es nötig sein, die interpretierten Rohdaten und Dokumente im Anhang der Arbeit beizufügen oder digital mit abzugeben. Sprechen Sie dieses im Zweifelsfall mit Ihren Dozenten ab. Ein paar Zitierregeln und generelle Hinweise zum Zitieren finden Sie im Anhang.

Wenn Sie die grundlegenden wissenschaftlichen Regeln nicht einhalten, können Sie den Verdacht erregen, geistigen Diebstahl begangen zu haben. Gerade in den letzten Jahren hat die Sensibilität für Plagiate sehr zugenommen. Achten Sie also darauf, dass Sie kein unfreiwilliges Plagiat abliefern. Um den Begriff „Plagiat" zu klären, ein paar Beispiele (Tab. 5.3 und 5.4).

5.5 Die Arbeit inhaltlich überarbeiten

Nachdem die Rohversion steht, bedarf es der Überarbeitung. Nehmen Sie sich dafür genügend Zeit! Nun stehen folgende Aufgaben an: Sie müssen ihren Text darauf prüfen, ob er einen roten Faden enthält. Wird die formulierte Frage auch wirklich beantwortet? Ist die Argumentation in sich stimmig? Passen Einleitung und Schlussteil zueinander? In diesem Stadium hilft es, die Arbeit von einer zweiten Person lesen zu lassen. Oft ist es der Fall, dass die Argumentation oder das Vorgehen nicht genügend erläutert wird. Nach wochenlanger Beschäftigung mit dem Thema erscheint eine ausführliche Erläuterung als überflüssig. Da fällt gar nicht mehr auf, dass zentrale Informationen im Text gar nicht auftauchen. Wenn Teile der Argumentation oder die zentralen Grundannahmen aber nur im Kopf existieren, kann es dazu führen, dass die Arbeit für Außenstehenden nicht mehr nachvollziehbar ist. Es ist deshalb sehr empfehlenswert, die Arbeit Kommilitonen oder Freunden zur Durchsicht zu geben, um genau diesen Problemen vorzubeugen.

Jetzt ist auch die richtige Zeit, um die Sprache noch einmal zu überprüfen. Ist der Text verständlich? Ein guter Test für die Sprachqualität ist es, wenn Sie sich Ihren eigenen Text einmal vorlesen. Sie hören schon selbst, ob es „klingt" oder holpert. Sollten an einigen Stellen Formulierungen geändert werden? Oder hat sich im Laufe der Arbeit so viel geändert, dass die Einleitung noch einmal angepasst werden muss? (Tab. 5.5)

Tab. 5.3 Plagiate und geistiger Diebstahl

- Sie haben geistigen Diebstahl begangen, wenn...
- Sie Notizen zu einem Text anfertigen und später nicht mehr unterscheiden, was wörtliche Zitate und was eigene Kommentare und Interpretationen sind – und als Folge dessen fremde Argumente oder Textstücke als eigene Gedankenleistung präsentieren
- Sie bei einer Recherche im Internet Textstücke kopiert und in den eigenen Text eingefügt haben, ohne diese in Anführungszeichen zu setzen und die Quelle anzugeben
- Sie in Ihren Arbeiten von anderen Autoren erhobene Daten und Fakten präsentieren, ohne die Quelle anzugeben
- Sie Sätze von anderen Autoren übernommen bzw. diese leicht umformuliert haben, ohne die Autoren zu nennen
- Der eindeutigste Fall: Sie ein fremdes Papier als eigenes einreichen

Tab. 5.4 Plagiate vermeiden

- Sie können geistigen Diebstahl vermeiden, indem Sie[a]...
- Saubere Exzerpte und Zusammenfassungen anlegen: Welche Autorin und welcher Autor vertritt welche Argumente und Positionen? Ihre Exzerpte können Sie nutzen, um sicherzustellen, dass Sie den richtigen Autor angeben und nicht die gelesenen Gedanken als eigene ausgeben
- Beim Anfertigen von Notizen deutlich unterscheiden zwischen: 1. eigenen Ideen, 2. eigene Zusammenfassungen der Argumente anderer, 3. wörtlichen Zitaten aus gelesenen Texten
- Zum Abschluss durch den Text gehen und überprüfen, ob wirklich bei allen präsentierten Ideen, Argumenten und Zitaten, die von anderen Autoren stammen, die Quelle angegeben ist
- Niemals zu einem Thema im Internet surfen und aus diversen Quellen einzelne Textstücke zusammenkopieren!

[a] Einige der Hinweise wurden übrigens übernommen aus: Gibaldi, Joseph (2003): MLA Handbook for Writers of Research Papers, 6. Auflage. New York: Modern Language Association of America, 66–75

Tab. 5.5 Texte inhaltlich überarbeiten

- Es gibt einen roten Faden: Die Argumentation in der Arbeit ist kohärent und nachvollziehbar
- Der Text ist flüssig geschrieben, es gibt keine Sätze/Formulierungen, über die man stolpert
- Es gibt keine Absätze aus einem Satz, jeder Absatz ist in sich schlüssig
- Die Kapitel bauen logisch aufeinander auf
- Die Funktion der jeweiligen Kapitel erschließt sich oder wird im Text erläutert
- Einleitung und Schlussteil passen zusammen
- Die Ergebnisse der Arbeit werden dargestellt und diskutiert

5.6 Formale Gestaltung und Endkorrektur

Die letzte Phase des Schreibprozesses vor Abgabe ist die formale Gestaltung und die Endkorrektur.

Formale Gestaltung Verschiedene Universitäten machen unterschiedliche Vorgaben, was die formale Gestaltung angeht. Informieren Sie sich, welche Vorgaben an Ihrer Universität gelten. Gibt es eventuell sogar einen Leitfaden zum wissenschaftlichen Arbeiten, in dem formale Vorgaben und/oder ein bestimmter Zitierstil vorgeschrieben werden? Im Anhang dieses Buches finden Sie als Beispiel die Vorgaben des Instituts für Politikwissenschaft der Universität Bremen.

Bei der formalen Gestaltung lohnt es sich, sich mit den grundlegenden Funktionen der Textverarbeitungsprogramme vertraut zu machen. Welches Programm (Word, Pages, Open Office, Latex etc.) Sie benutzen ist letztendlich egal, die grundlegenden Funktionen sind in allen Programmen enthalten, allerdings unterscheidet sich die Bedienung. Latex, das in der Formatierung als besonders sauber gilt, ist z. B. nur dann zu empfehlen, wenn Sie Lust und Interesse haben, mit Quellcode und Tex-Befehlen zu arbeiten. Zentrale Funktionen, die Sie auf jeden Fall beherrschen sollten, sind die automatische Erstellung eines Inhaltsverzeichnisses und grundlegende Formateinstellungen zur Einrichtung einer Seite. Es spart in der Endredaktion sehr viel Zeit, wenn Sie gleich zu Beginn mit einer sauber formatierten Vorlage starten.

Wenn Sie viel Literatur verarbeiten, kann ein Literaturverwaltungsprogramm hilfreich sein. Nichts ist lästiger, als stundenlang Literaturlisten zu formatieren! Oft verwendet werden die Programme EndNote, RefWorks, Citavi oder Zotero. Literaturverwaltungsprogramme sind Datenbanken, in der die Referenzen auf Originaltexte abgelegt werden. Zusätzlich kann man auch eigene Informationen wie Zusammenfassungen oder Kommentare in die Datenbank einfügen. Die Programme werden direkt mit den Textverarbeitungsprogrammen verknüpft und ermöglichen dann, beim Zitieren den Quellenverweis in den Text einzufügen. Die Programme erstellen auf dieser Basis automatisch ein einheitlich formatiertes Literaturverzeichnis. Dabei kann man die Art der Formatierung (der sogenannte „Output style") aus verschiedenen Varianten wählen und sie somit den jeweiligen Vorgaben der Universität oder eines Fachjournals anpassen. Einige Universitäten bieten für ihre Studenten kostenlose Programme an, fragen Sie nach, ob das auch für Ihre Universität gilt. Alternativ gibt es freie Programme, die sich als plug ins herunterladen lassen wie z. B. Zotero.

Endkorrektur Für die Endkorrektur sollten sie etwa eine Woche, mindestens aber zwei bis drei Tage einplanen. Für die Überprüfung von Rechtschreibung und rotem

Tab. 5.6 Checkliste zur Endkorrektur

- Rechtschreibung ist korrekt
- Textverlauf und Seitenumbrüche: Es gibt keine Löcher im Text, keine einzelnen Sätze am Seitenende und Seitenanfang
- Tabellen und Grafiken sind korrekt nummeriert, alle Quellen sind angegeben
- Es sind Seitenzahlen vorhanden
- Das Inhaltsverzeichnis hat Seitenzahlen und ist korrekt. Die Überschriften entsprechen denen im Text
- Quellenangaben bei direkten und indirekten Zitaten sind vorhanden und korrekt
- Die Quellen aller Zitate tauchen in der Literaturliste auf
- Die Literaturliste ist einheitlich formatiert

Faden in der Argumentation sollten Sie Kommilitonen, Freunde oder Familie bitte. Ab einem gewissen Zeitpunkt wird man „fehlerblind", wenn man den eigenen Text liest. Fragen Sie rechtzeitig an! Das Lesen, Kommentieren und die darauffolgend Überarbeitung des Textes benötigen Zeit. Gleiches gilt für die endgültige Formatierung – auch wenn Sie von Beginn an mit Formatvorlagen und ein Literaturverwaltungsprogramm benutzen. Rechtschreibkorrektur und die Formatierung dauern immer länger als geplant. In dieser Phase tendieren die Textverarbeitungsprogramme ein Eigenleben zu entwickeln (Tab. 5.6).

Qualität prüfen: Was unterscheidet gute von schlechten Hausarbeiten? Es gibt verschiedene Faktoren, die die Qualität einer Hausarbeit ausmachen. Die Note, die Sie für die Arbeit bekommen, ist somit die Bewertung verschiedener inhaltlicher und formaler Faktoren, die je nach Dozent und Anspruch des Seminars unterschiedlich gewichtet werden. Eine Übersicht über verschiedene Bewertungskriterien, die in der Regel in die Benotung von Hausarbeiten einfließen, finden Sie im Anhang. Wenn Sie wissen, was eine exzellente Hausarbeit von einer schlechten unterscheidet, können Sie eigene Arbeiten gezielt darauf überprüfen, wie weit sie schon den Kriterien von sehr guten Arbeiten entspricht. Generell empfiehlt sich, nachdem die Note vorliegt, noch einmal das Gespräch mit den Dozenten zu suchen, um sich eine Rückmeldung geben zu lassen, was bereits gut gelungen ist und wo noch Verbesserungsbedarf besteht. Die Gesamtnote allein gibt darüber nicht unbedingt Auskunft. Eine 2,0 kann zum Beispiel die Note einer inhaltlich herausragenden Arbeit mit formalen Fehlern sein. Andererseits kann eine 2,0 auch für eine Arbeit vergeben worden sein, die formal, in der Literaturaufarbeitung und in der Struktur sehr gelungen ist, aber in der Argumentation Schwächen aufweist.

5.7 Kleinere Schriftstücke

Diese kleineren Schriftstücke sind oft eine Herausforderung – gerade weil Sie so kurz sind. Nichtsdestotrotz sollten Sie versuchen, jede der Textarten im Studium einmal angefertigt zu haben. Egal, ob Sie später in die Wissenschaft gehen wollen, als Referent bei einer Organisation arbeiten oder einen anderen beruflichen Weg einschlagen, fast überall müssen Sie in der Lage sein, Protokolle zu schreiben und kurze Texte zu einem inhaltlichen Thema zu verfassen. Nutzen Sie daher das Studium auch, um diese kurzen Textformen einzuüben.

5.7.1 Das Protokoll

Das Protokoll hat zwei Funktionen: Es soll einerseits festhalten, was diskutiert und besprochen wurde und andererseits diejenigen informieren, die an einer Sitzung nicht teilnehmen konnten. In der Regel wird dabei zwischen zwei Protokollvarianten unterschieden: zwischen dem Verlaufs- und dem Ergebnisprotokoll.

Ergebnisprotokoll: Protokolle von Gremiensitzungen an der Universität oder in Vereinen sind in der Regel Ergebnisprotokolle. Sie sind recht formal und listen immer auf, welche Art von Treffen stattgefunden hat, wo und zu welcher Zeit es stattfand und wer anwesend war – und das oft namentlich. Ergebnisprotokolle folgen in der Struktur der vereinbarten Tagesordnung und halten die zentralen Berichtspunkte, Diskussionen und Abstimmungen fest. Dabei geht es darum, das Ergebnis knapp zusammenzufassen und nicht um die Debatte, die zum Ergebnis geführt hat. Hier liegt in der Kürze die Würze. Ergebnisprotokolle sind oft recht abstrakt formuliert: „Es gab eine intensive Debatte über die neue Prüfungsordnung. Es konnte keine Einigung erzielt werden, eine Entscheidung wird daher auf die folgende Sitzung vertagt." Wenn ein Beschluss gefasst wird, wird er in Ergebnisprotokollen wörtlich aufgenommen. Manchmal werden Anlagen beigefügt. In diesen Fällen müssen sie im Protokoll genannt werden.

Verlaufsprotokoll: Wenn Sie nicht gerade in der Studienkommission oder dem Fachbereichsrat sitzen werden Sie an der Universität eher Verlaufsprotokolle schreiben müssen. Verlaufsprotokolle sind Ergebnisprotokollen insofern ähnlich, als dass auch sie Informationen über Art des Treffens, Ort, Zeit und Teilnehmer liefern. Auch folgen sie der Chronik des Treffens, geben aber im Gegensatz zu Ergebnisprotokollen auch die Inhalte von Vorträgen und Diskussionen wieder. Es kann durchaus eine Herausforderung sein, komplexe Diskussionen oder den Inhalt von Referaten und Präsentationen kurz und knapp zusammenzufassen. Gute Verlaufsprotokolle sollen so knapp wie möglich sein, aber dennoch alle relevanten Punkte darstellen und die Informationen und die Argumentationsgänge nicht verfälschen.

Es gibt noch eine dritte Sorte von Protokollen, die aber im Studium nur in Form von Quellen eine Rolle spielen: Wortprotokolle. Ihre Formalia entsprechen den anderen Protokollarten: Raum, Zeit, Anlass, Anwesende werden explizit genannt. Dann ist das Wortprotokoll jedoch eine schriftliche Darstellung des Gesagten. Solche Protokolle finden Sie zum Beispiel zu Bundestagsdebatten. Diese Form des Protokolls lässt sich nur anfertigen, wenn Sie eine Veranstaltung mitschneiden und die Tondokumente später transkribieren. Wichtig ist dabei, dass Sie die Wortbeiträge korrekt den einzelnen Rednern zuordnen können. Applaus oder Ereignisse wie „Herr Müller verlässt den Raum" werden mit aufgenommen. Wortprotokolle fertigen Sie im Studium eher nicht an, allerdings sind solche Protokolle für Seminararbeiten oft eine wahre Fundgrube.

5.7.2 Der Essay

Essays werden als Prüfungsform immer beliebter. Ihr Vorteil besteht darin, dass Studierende auf wenigen Seiten zeigen können, dass sie in der Lage sind, ein wissenschaftlich relevantes Thema zu erfassen und argumentativ eine eigene Haltung zu entwickeln. Ziel ist es, einen eigenen Standpunkt auf Basis der vorhandenen Literatur und des empirischem Materials zu entwickeln. Ein guter Essay führt dazu, dass die Leserin bzw. der Leser neue Denkanstöße erhält und ein Thema aus einer neuen Perspektive betrachten kann. Somit ist ein Essay die Diskussion einer wissenschaftlichen Frage in knapper und anspruchsvoller Form. Ausgangspunkt ist in der Regel ein Problem, eine strittige Frage oder eine These, die in dem Essay bewusst subjektiv diskutiert werden soll. Es muss klar werden, warum Sie sich mit dem gewählten Thema auseinandersetzen und weshalb das Thema Ihrer Meinung nach relevant ist.

Ein Essay hat einige Gemeinsamkeiten mit einer Hausarbeit: Er hat eine klare Fragestellung, die im Rahmen des Essays beantwortet werden soll. Ein Essay entwickelt einen Argumentationsgang und nimmt dafür Bezug auf die wissenschaftliche Literatur (die dann auch zitiert wird) und nutzt auch empirische Beispiele aus der „echten Welt", um das eigene Argument zu stützen. Es gibt allerdings auch große Unterschiede: Ein Essay ist kürzer und viel subjektiver.

Das zentrale Ziel eines Essays ist es, eine eigene Position zu entwickeln und diese plausibel und überzeugend darzulegen. Dabei geht es um die Qualität der Argumentation und nicht um die vollständige Darstellung eines Sachverhalts in allen Details. Viele Essays folgen dem Schema einer Erörterung: Einerseits…, andererseits… Fazit. Das muss aber nicht so sein, Sie können die Argumentation auch anders entwickeln. Die grundsätzliche Gliederung besteht auch beim Essay aus Einleitung, Hauptteil und Schluss. Die jeweiligen Teile müssen nicht formal durch eine Kapitelstruktur ausgewiesen werden, jedoch können Abschnitte hilfreich sein beim Schreiben (und Lesen).

Einleitung Hinführung zum Thema/Problem, knappe Erläuterung der Fragestellung sowie ihrer Relevanz. Erläutern den Aufbau des Essays.

Hauptteil Hier entwickeln Sie Ihre Argumentation. Im Vordergrund steht die plausible und logisch kohärente Erläuterung der eigenen Position, die mit (fremden und eigenen) theoretischen Argumenten und praktischen/empirischen Beispielen unterfüttert werden sollte. Dabei nutzen Sie Argumente/Materialien, um den eigenen Standpunkt zu stützen und grenzen sich von Gegenpositionen ab. Es sollte Ziel eines Essays sein, eigene Positionen und Überlegungen zu entwickeln, die über das reine Wiedergeben der verwendeten Texte hinausreichen. Die eigene These sollte plausibel, beweisbar und belegbar sein, also nicht die „Welt" völlig neu erklären. Achten Sie dabei unbedingt auf einen „roten Faden" in der Argumentation! Organisieren Sie Ihren Essay am besten um die zentralen Argumente, die für oder gegen die in Frage stehende These sprechen. Um Ihre Argumente zu stützen, können Sie auf unterschiedliche Materialien zurückgreifen:

- Statistiken, Daten, Fakten,
- wissenschaftliche Positionen (Theorien, Meinungen),
- eigene Ansichten und Lösungsvorstellungen zu dem Problem,
- soziale, ethische, moralische Wertvorstellungen,
- Meinungen und Positionen, die im öffentlichen Raum vertreten werden, z. B. in Zeitungsartikeln, Literatur, Fernsehen, Blogs.

Schlussteil Der Schlussteil sollte die zentrale Argumentation noch einmal kurz zusammenfassen und ein Fazit ziehen. Nicht alle Argumente werden dabei wiederholt, sondern zusammen verdichtet auf den Punkt gebracht. Der Schluss kann eigene Wertungen enthalten, aber auch auf neue Fragen, die sich aus der Behandlung des Themas ergeben, aufmerksam machen.

Wenn Sie persönlich Position beziehen, stellen Sie dabei deutlich heraus, dass es sich um Ihre eigene Meinung handelt und formulieren Sie auch so: „Mir erscheint das Argument wenig überzeugend, dass…; ich bin der Auffassung …". Als Motivation sollten Sie sich immer vor Augen halten, dass die Leser durch Ihren Essay einen Denkanstoß erhalten möchten.

Zur formalen Gestaltung: Auch innerhalb eines Essays sind Quellenverweise und Belege erforderlich. Am Ende des Essays muss ein Verzeichnis der verwendeten und zitierten Literatur stehen. Geben Sie im Text an, woher die genutzten

Informationen und Positionen stammen. Sehr lange wörtliche Zitate sollten Sie vermeiden. Prägnante Ausdrücke kann man wörtlich zitieren, ansonsten empfiehlt sich, die Gedanken anderer Autoren möglichst in eigenen Worten wiederzugeben. Also: „Mayer argumentiert, dass... Müller zweifelt die Schlussfolgerung an und verweist auf... Ich teile die grundlegende Kritik von Müller, da..." Wichtig ist: Eigener und fremder Text bzw. Gedanken müssen immer klar unterscheidbar sein.

Die Länge eines Essays kann stark variieren, ein Kurzessay kann lediglich 3–4 Seiten umfassen, längere Essays bis zu 10 Seiten. Fragen Sie daher bei Ihren Dozenten nach, was gefordert wird.

5.7.3 Buchbesprechungen und Kurzgutachten

Buchbesprechungen kommen im politikwissenschaftlichen Studium nicht so oft vor – dabei können Sie viel dabei lernen! Es macht einen Unterschied, ob Sie ein Buch lesen, um sich mit den Inhalten vertraut zu machen oder ob Sie es lesen, um es kritisch einzuordnen und zu beurteilen. Bei einer Buchbesprechung wechseln Sie die Perspektive und werden vom Konsumenten zum Rezensenten. Wobei wir natürlich hoffen, dass Sie jedes Buch mit einer kritischen Grundhaltung lesen und nicht einfach konsumieren!

Eine Variante der Buchbesprechungen sind Kurzgutachten zu wissenschaftlichen Aufsätzen oder den Texten Ihrer Kommilitonen. Der Vorteil solcher Kurzgutachten ist, dass Sie sich über Kriterien guter Texte Gedanken machen und diese aktiv anwenden. Zudem merken Sie, dass Sie bereits sehr viel Expertise entwickelt haben, und Ihr Urteil zur Verbesserung der Texte anderer beitragen kann. Unter Politikwissenschaftlern gehört es dazu, regelmäßig die Texte von Kollegen und Kolleginnen zu begutachten. Viele Fachjournale setzen auf ein sogenanntes „peer review"-Verfahren, um die Qualität sicherzustellen. Nur wenn ein Fachaufsatz von zwei Gutachtern unabhängig voneinander positiv bewertet wird, wird er veröffentlicht. Um ein unabhängiges Urteil zu ermöglichen, bekommen die Gutachter einen anonymisierten Text. Sie wissen somit nicht, wer den Artikel geschrieben hat. Der Verfasser wiederum erhält die Gutachten, wird aber nicht informiert, wer sie geschrieben hat. Auch wenn Sie nicht anstreben, in der Wissenschaft zu arbeiten, lohnt es sich, Ihre Kritikfähigkeit zu schulen. Falls es an Ihrer Universität gegenseitige Begutachtungen noch selten praktiziert werden, können Sie es durchaus anregen. Kurzgutachten zu den Exposés oder Hausarbeiten Ihrer Kommilitonen zu erstellen, schult das kritische Denken ungemein und hilft, auch den eigenen Arbeitsprozess stärker zu reflektieren.

Tab. 5.7 Leitfaden Buchrezension

1. Schritt: Einordnung und Kurzzusammenfassung
- In welchem Kontext wurde das Buch/der Artikel geschrieben?
- Um welches Thema geht es? Was ist die zentrale Frage?
- Ist es ein eher theoretischer Text oder eine empirische Studie?
- An welche wissenschaftliche Debatte schließt der Text an?
- Welches Ziel will die Autorin mit dem Text erreichen?

2. Schritt: Kritische Begutachtung
- Leistet der Text einen interessanten Beitrag zu der oben genannten Debatte? Wenn ja, welchen? Wenn nein, warum nicht?
- Ist die Grundstruktur des Buches/des Artikels verständlich und in sich plausibel?
- Aus welcher theoretischen Perspektive wird argumentiert? Werden die Grundannahmen und die zentralen Begriffe erläutert?
- Ist die Herangehensweise erläutert worden? Erscheint sie plausibel?
- Bei empirischen Studien:
  - Welche Materialien wurden herangezogen? Sind sie sinnvoll ausgewählt?
  - Ist die Wahl der Methode erläutert worden und erscheint sie geeignet?
  - Welche Fälle wurden für die Analyse ausgewählt? Ist die Auswahl geeignet?
- Ist der Text sprachlich verständlich?
- Ist die Argumentation insgesamt schlüssig und nachvollziehbar?
- Wirft das Buch/der Text neue, spannende Themen/Fragen auf?

Nun zu den praktischen Aspekten: Eine Buchrezension umfasst etwa drei bis fünf Seiten, ein Kurzgutachten ist etwas kürzer. Fragen Sie aber noch einmal bei Ihren Dozenten nach, welcher Umfang hier erwartet wird. Sie starten mit einer knappen Zusammenfassung von Thema, Frage und zentralem Argument. In einem zweiten Schritt begutachten Sie dann Struktur, Argumentation, Materialien und Vorgehensweise sowie die Form. Sie schließen mit einem kurzen Fazit, in dem Sie das Buch/den Text als Ganzes beurteilen: „Insgesamt lässt sich sagen, dass das Buch trotz seiner teils sehr komplexen Argumentation einen wichtigen Beitrag zur Debatte xx leistet. Durch die Fallstudien konnte der Autor den genauen Mechanismus aufzeigen, wie…" An den folgenden Leitfragen können Sie sich abarbeiten, wenn Sie eine Buchrezension oder ein Kurzgutachten schreiben (Tab. 5.7):

Bei Arbeiten von Kommilitonen können Sie zusätzlich noch darauf eingehen, ob die Formalia eingehalten wurden, ob korrekt zitiert wurde, die Rechtschreibung und der Satzbau stimmen, ob alle Quellen belegt sind und sich alle Literaturverweise auch im Literaturverzeichnis wiederfinden etc. Dieses müssen Sie bei Buchrezensionen nicht tun. Wenn ein Verlag ein Buch veröffentlicht, wird er darauf achten, dass diese Dinge eingehalten werden.

5.7.4 Klausuren

Eine weitere Form schriftlicher Texte, die Sie verfassen sind Klausuren. Gerade im Bachelor-Studium werden Sie oft als Prüfungsleistung für die großen Einführungsvorlesungen genutzt. In selteneren Fällen gibt es Klausuren auch als Prüfungsform eines Seminars oder Moduls. Klausuren können unterschiedliche Formen annehmen. Die klassische Klausur ist die Präsenz-Klausur, bei der alle Teilnehmer einer Veranstaltung an einem festgelegten Zeitpunkt in einem Raum handschriftlich die Prüfungsfragen beantworten.

In den letzten Jahren haben sich aber neue Klausurvarianten herausgebildet. Auf der einen Seite gibt es die klassische Klausur in digitaler Form: Sie wird in Testcentern der Universität an den dortigen Computern abgelegt. Relativ neu sind auch die sogenannten „take home exams", also Klausuren, die zu Hause innerhalb einer bestimmten Frist, z. B. 24 oder 48 h, bearbeitet werden. Diese Form der Klausur ist an deutschen Universitäten eher die Ausnahme, kommt aber immer häufiger vor. Gerne werden diese Arten von Klausur in Methoden- und Statistikkursen eingesetzt, wenn die Studierende Datensätze mit Hilfe von Computerprogrammen auswerten und analysieren sollen.

Ob nun eine Vorlesung, ein Seminar oder ein ganzes Modul mit einer Klausur abschließt, in all diesen Fällen sind Stoffmenge und Themen bekannt. Ziel ist hier also nicht, zusätzliches Material zu recherchieren. Die Materialgrundlage der Vorlesung sind Ihre eigenen Aufzeichnungen, eventuell die Präsentationsfolien der Professorin, sowie die angegebene Lektüre. Bei Seminaren besteht die Materialgrundlage meist aus 15 bis 30 Texten. Bei den „take home exams" in den statistischen Kursen geht es darum, die vermittelten Methoden anzuwenden. In allen Fällen ist natürlich Voraussetzung für eine erfolgreiche Klausurteilnahme, dass Sie den Stoff kennen. Es gibt gerade bei Bachelor-Studenten in den ersten Semestern die Tendenz des „Bulimie-Lernens": Wenige Tage vor der Klausur werden große Mengen an Stoff auswendig gelernt, in der Klausur wird dieses kurzfristig angeeignete Wissen reproduziert – und dann vergessen. Dieses Vorgehen ist wenig sinnvoll, weder für Ihren langfristigen Lernerfolg im Studium noch für Ihre Note. Um nachhaltig zu lernen, sollten Sie nicht nur eins zu eins reproduzieren können. Ziel sollte sein, die Inhalte zu durchdringen, sie sinnvoll miteinander verbinden und Gelerntes auch auf neue Sachverhalte anwenden zu können. Im Idealfall können Sie sich kritisch mit den Inhalten auseinandersetzen und selber auf Basis des Gelernten eigene Argumente entwickeln. Damit Sie nachhaltig lernen und auch langfristig etwas von der Klausurvorbereitung haben, hier ein paar Tipps:

▶ Verschaffen Sie sich einen Überblick und stellen Sie Zusammenhänge her!

5.7 Kleinere Schriftstücke

Nehmen Sie die Pflichtlektüre und Ihre Aufzeichnungen noch einmal zur Hand und notieren Sie sich am Rand oder auf gesondertem Papier, was Ihnen dazu an Fragen oder Querverweisen zu anderem Wissen über Politik einfällt. Ein Ziel des politikwissenschaftlichen Studiums ist es, dass Sie lernen, Zusammenhänge im Fach zu erkennen und unterschiedliche Diskurse aufeinander zu beziehen. Deshalb gibt es in Klausuren nicht nur Fragen, die auf Reproduktion zielen, also auf die Wiedergabe von etwas Gelerntem, sondern auch Transferfragen. Solche Fragen beinhalten etwa die Darstellung von Zusammenhängen, logische Schlüsse, die Analyse oder Interpretation eines Sachverhalts oder eine begründete Verortung der eigenen Position in einer Debatte. Einen fremden Standpunkt können Sie umso besser kritisieren und einen eigenen umso besser begründen, je mehr Sie über ein Gebiet wissen und je weiter Ihr theoretischer Horizont ist. Deshalb ist es wichtig, dass Sie unterschiedliche Inhalte in ein Verhältnis zueinander setzen können.

▶ Lesen Sie auch quer zu einem Thema!

Gerade bei Vorlesungen gilt: Klammern Sie sich nicht zu sehr an die Präsentationsfolien Ihrer Professorin. Lernen Sie auf gar keinen Fall die Folien auswendig. Beschränken Sie die Vorbereitung auch nicht auf Einzelaspekte und Schlagwörter, die als „klausurrelevant" genannt wurden. Meist ist nicht bekannt, wie genau die Fragestellung einer Klausur lautet. Wenn Sie Folien auswendig lernen oder sich in der Vorbereitung auf Einzelaspekte wie z. B. Definitionen beschränken, dann kann es schon schwierig werden, auf eine leicht veränderte Fragestellung zu antworten. Versuchen Sie einen Überblick darüber zu erhalten, wie die einzelnen Themen der Sitzungen zusammenhängen. Was ist der rote Faden des Seminars oder der Vorlesung? Und verschaffen Sie sich einen Überblick, wie sich die Themen der Vorlesung oder des Seminars generell in das Fach einfügen. Auch wenn es ein sehr spezielles Seminar ist: Für die Klausurvorbereitung ist es oft hilfreich, einen passenden Abschnitt in einer „Einführung in die Politikwissenschaft" oder einem Handbuch zu lesen, um den größeren Zusammenhang zu sehen.

▶ Unterhalten Sie sich über die Themen!

Sich mit anderen vom Fach über die Themen der Klausur zu unterhalten, wirkt Wunder. Viele Denkhürden werden zusammen besser genommen, irrige Annahmen korrigiert und neue Verknüpfungen entstehen. Dabei gilt: Einmal unterhalten ist gut, öfter ist besser, denn mit der Zahl der Gesprächspartner steigt die Kenntnis und die Beherrschung des Themas. Wenn Sie darüber reden können, können Sie auch darüber schreiben! Diese ist ein klares Plädoyer für Lerngruppen. Was auch sehr gut hilft: Versuchen Sie, fachfremden Freunden die zentralen Konzepte und Zusammenhänge zu erklären. Wenn Sie es schaffen, ein komplexes Thema verständlich darzulegen, haben Sie mit großer Wahrscheinlichkeit die relevanten Inhalte verstanden.

▶ Schreiben Sie Ihre Gedanken auf!

Auch wenn Sie Ihre Aufzeichnungen nicht zur Klausur mitbringen dürfen, sollten Sie in der Vorbereitung nicht aufs Schreiben verzichten. Ein schon einmal formulierter Gedanke sitzt meist besser als eine diffuse Idee.

Wenn Sie Ihre Gedanken und die entdeckten Zusammenhänge niederschreiben, dann fügt sich bei der vorbereitenden Lektüre langsam alles zusammen. Dazu müssen Sie keine Aufsätze schreiben, oft hilft es, Zitate, Schlagwörter und eigenen Ideen zu notieren und die Zusammenhänge durch Grafiken und Pfeile visuell darzustellen (siehe die Kreativmethode der „Concept Maps" in diesem Kapitel). In diesem Zusammenhang hat auch das Auswendiglernen wieder Wert: Es lohnt sich, ein paar besonders prägnante Formulierungen von einzelnen Autoren parat zu haben. Wenn Sie etwa klassische Definitionen kennen, ist das nicht nur in der Klausur ein schönes Signal, sondern es hilft Ihnen auch darüber hinaus, Ihr wissenschaftliches Verständnis von Politik zu präzisieren. Ganze Paragraphen sollten Sie aber nicht niederschreiben und auswendig lernen. Längere, vorformulierte Textteile machen Sie im Denken unflexibel und bergen die Gefahr, an der Frage vorbeizuschreiben.

▶ Schreiben Sie mit System!

Damit diese Argumentation auch überzeugend wird, beginnt man das Schreiben der Klausur mit einem raschen Strukturentwurf, für den Sie sich ruhig etwas Zeit nehmen sollten. Auf einem Schmierzettel werden Stichworte und Argumente erst einmal aufgelistet und dann sortiert. Schreiben Sie Nummern vor die Stichpunkte, um so eine sinnvolle Reihenfolge und Struktur zu entwickeln. Dabei darf nicht vergessen werden, die *Fragestellung* noch einmal *aufmerksam zu lesen* und immer zu überprüfen, ob die eigene Argumentation auch tatsächlich an der Fragestellung der Klausur – und nicht an einer anderen – orientiert bleibt.

Wie immer wird sich beim wirklichen Schreiben noch der ein oder andere Gedanke dazugesellen, so dass Sie Ihren Entwurf immer mit im Blick haben müssen. Schweifen Sie gerade ab oder ist Ihnen ein wirklich besserer Gedanke gekommen? Im ersten Fall kehren Sie besser zum wohlüberlegten Struktur des Entwurfs zurück, im zweiten Fall erlauben Sie sich die Freiheit, von Ihrem Entwurf abzuweichen.

Am Ende einer schriftlichen Prüfung sollte immer noch etwas Zeit reservieren, um das Geschriebene noch einmal aufmerksam durchzulesen. Ein paar Schreibfehler lassen sich vielleicht noch beseitigen, und ein paar unvollständige Sätze komplettieren. Große Änderungen sollten in letzter Minute nicht mehr in Angriff genommen werden, auch wenn man jetzt unter Umständen noch bessere Ideen zum Thema hat.

Weiterführende Literatur

Bernauer, Thomas, Detlef Jahn, Patrick Kuhn, und Stefanie Walter. 2013. *Einführung in die Politikwissenschaft*. 2 überarbeitete Aufl. Baden-Baden: Nomos.
Berninger, Ina, Katrin Botzen, Christian Kolle, und Dominikus Vogl. 2012. *Grundlagen sozialwissenschaftlichen Arbeitens*. Opladen: Verlag Barbara Budrich/UTB.
Bremer Schreibcoach. Online Ratgeber für wissenschaftliche Texte im Studium. http://www.bremer-schreibcoach.uni-bremen.de/.
Esselborn-Krumbiegel, Helga. 2014. *Von der Idee zum Text. Eine Anleitung zum wissenschaftlichen Schreiben*. 4 Aufl. Paderborn: Schönigh.
Kommeier, Martin. 2013. *Wissenschaftliches Schreiben leicht gemacht. Für Bachelor, Master und Dissertation*. 6. überarbeitete Aufl. Bern: Haupt.
Scheuermann, Ulrike. 2013. *Schreibdenken. Schreiben als Denk- und Lernwerkzeug nutzen und vermitteln*. 2 Aufl. Opladen: Verlag Barbara Budrich.
Stykow Petra, Christopher Daase, Janet MacKenzie, und Nikola Moosauer. 2010. *Politikwissenschaftliche Arbeitstechniken*. 2 Aufl. Stuttgart: Fink.

Wie präsentiere ich? 6

Präsentationen und Referate sind nicht nur ein zentraler Teil des Studiums, sondern gehören auch zu den Schwerpunkten der beruflichen Tätigkeit von Politikwissenschaftlern. Ob als Wissenschaftlerin auf einer Konferenz, Pressesprecher einer Partei oder als Referentin im Ministerium: Eine wesentliche Kompetenz besteht darin, komplexe Sachverhalte unter einer bestimmten Fragestellung aufzubereiten und in verständlicher Rede zu präsentieren.

Vortragen kann durchaus Spaß machen und gute Referate sind für jede Seminargruppe ausgesprochen anregend. Dass das Referieren und Präsentieren aber gelernt sein will, zeigt die tägliche Praxis in politikwissenschaftlichen Seminaren. Ein paar Klassiker: Der Referent gibt eins zu eins den Inhalt der Pflichtlektüre wieder, benötigt dazu aber sehr viel Zeit, da er in seinen Vortrag auf eine detailreiche Ausführungen zu jedem Unterpunkt setzt. In der Fülle der Fachwörter und Details geht der rote Faden verloren. Nach fünf Minuten hört niemand mehr zu. Was bei Referatsgruppen manchmal vorkommt: Ein Thema wird künstlich in ebenso viele Unterthemen aufgeteilt, wie es Referentinnen gibt. Die Teilreferate stehen unverbunden nebeneinander, da es nie ein gemeinsames Gespräch über die Stoßrichtung des Referates gab, und jede Referentin überzieht ihre Redezeit gnadenlos.

In diesem Kapitel finden Sie ein paar Hinweise, die Ihnen helfen, diese Fehler nicht zu begehen. Die Tipps und Hinweise sollen Ihnen helfen, Referate und Präsentationen zu halten, die sowohl für den Referenten als auch für die Seminargruppe eine Bereicherung darstellen. Zudem gibt das Kapitel Hilfestellung für die anschließende Seminardiskussion.

Geben Sie sich Zeit, das gute Vortragen zu lernen. Im ersten oder zweiten Semester wird nicht alles auf Anhieb funktionieren. Bei der dritten oder vierten Präsentation werden Sie merken, dass das Meiste schon ganz gut klappt. Gut Vorzutragen ist eine Kunst. Man erlernt sie durch Übung und Beobachtung.

6.1 Das Referat als wissenschaftliche Form des Vortrags

Die häufigste Form der Präsentation an der Universität ist das Referat. Das Referat ist eine wissenschaftliche Form der Präsentation, die eigenen Regeln unterliegt. „Referat" ist dabei kein Synonym für „Vortrag", ein Referat ist eine *eigene wissenschaftliche Textform*. Das Ziel ist, ein eingegrenztes *Thema* systematisch darzustellen und zu diskutieren. Es besteht aus der Analyse wissenschaftlicher Literatur und Fakten zu einem Thema sowie daraus abgeleiteten Fragen und Thesen. Besonders gut ist es, wenn die grundlegende Literatur gleich frageleitet analysiert wird und am Ende ein eigenes Argument vorgestellt wird. Mit dem Referat legen Sie auch die Grundlage für die anschließende Diskussion. Im Folgenden geben wir Ihnen einen Überblick über die generelle Struktur eines Referates, geben ein paar Hinweise, wie Sie den Mehrwert von Referaten im Seminar erhöhen können und erläutern den Sinn und Zweck von Thesen- und Arbeitspapieren, oder auf Neudeutsch „Handouts".

6.1.1 Aufbau und Inhalt

Referate folgen einer ähnlichen Struktur wie Hausarbeiten. Auch hier gliedert sich der Aufbau in Einleitung, Hauptteil und Schluss.

Einleitung Die Einleitung sollte kurz und knapp sein und nicht zu viel Zeit in Anspruch nehmen. Achtung: Der Einstieg entscheidet oft darüber, ob Sie das Interesse für ihr Thema und ihre Frage wecken können und die Seminargruppe aktiv zuhört. Ein wenig Mühe und Kreativität in die ersten Sätze zu investieren, lohnt daher. Für konkrete Ideen zum Einstieg, siehe Abschnitt „Interesse wecken" auf (s. 5.3.1).

In der Einleitung sollte kurz das Thema und die Frage des Referates vorgestellt werden. Erläutern Sie, warum die Frage relevant ist und was ihr Erkenntnisinteresse ist. Sie sollten in der Einleitung eine Hypothese formulieren, die Sie dann im Hauptteil des Referats diskutieren und schließlich bestätigen oder verwerfen. In einem nächsten Schritt sollten Sie kurz erläutern, wie Sie die Fragestellung bearbeiten wollen, das heißt auf welche Quellen sich das Referat stützt und wie diese Quellen ausgewertet werden. Schließlich stellen Sie die Struktur des Referates vor: Wie ist es gegliedert? Warum haben Sie diese Gliederung gewählt?

6.1 Das Referat als wissenschaftliche Form des Vortrags

Hauptteil Der Hauptteil ist das Kernstück des Referates und nimmt auch am meisten Zeit ein. Dort diskutieren Sie ihre Fragestellung anhand der Quellen, das heißt konkret, dass Sie Pflichttexte sowie in der Regel weitere Texte und empirische Quellen fragegeleitet auswerten. Welche Argumente und Fakten stützen die eigene Hypothese? Welche widerlegen sie? Der Argumentationsgang sollte in all seinen Zwischenschritten explizit gemacht werden und nachvollziehbar sein.

Schluss Wie die Einleitung ist der Schlussteil relativ kurz. Er dient dazu, die Ergebnisse mit Blick auf die Frage noch einmal prägnant zusammenzufassen. Des Weiteren besteht im Schlussteil die Möglichkeit, die eigenen Ergebnisse kritisch von anderen Studien/Auffassungen abzugrenzen und/oder auf weiteren Forschungsbedarf hinzuweisen. Darüber hinaus sollten im Anschluss an das Fazit Thesen formuliert werden, die auf den präsentierten Ergebnissen aufbauen und als Grundlage für eine anschließende Diskussion dienen.

6.1.2 Strategien für Referate mit Mehrwert

In der Praxis ist es oft anders. Nicht alle Referate schaffen es, die Grundlagen für eine gute, anschließende Diskussion zu liefern. Wir wollen hier auf zwei grundlegende Missverständnisse zu Sinn und Zweck von Referaten hinweisen. Wenn man sich dieser Missverständnisse bewusst ist, so glauben wir, lässt sich die Qualität eines Referates signifikant erhöhen.

Analysekompetenz statt Detailfülle Das erste Missverständnis ist, dass Studierende glauben, ihr Wissen und ihre Analysekompetenz am besten dadurch unter Beweis zu stellen, dass sie möglichst viele Detailinformationen liefern. Statt ein Thema fragegeleitet aufzubereiten werden Fakten um Fakten präsentiert, umfangreich die Biographien der Autoren rekapituliert oder historische Daten aufgelistet. Dieses führt dazu, dass Referate unnötig lang werden und die Zuhörer innerlich abschalten. Die Form des Vortrags ist generell ungeeignet, um eine Fülle detaillierter Informationen zu präsentieren, das sollte besser durch eine vorbereitende Lektüre geschehen. Die Seminarteilnehmer sind nicht in der Lage, umfangreiche, mündlich präsentierte Informationen abzuspeichern und zu verarbeiten. Das Referat soll die grundlegenden Zusammenhänge herausarbeiten und sich bei der Vermittlung von Faktenwissen auf die Informationen beschränken, die zur Erläuterung der entsprechenden Zusammenhänge bzw. zur Stützung der Thesen absolut notwendig sind.

Mehrwert zur Textlektüre schaffen Das zweite Missverständnis bezieht sich auf das Ziel eines Referates. Die Aufgabe eines Referates ist *nicht*, der Seminargruppe eine Zusammenfassung der Pflichtlektüre zu präsentieren. Dieses stellt keinerlei

Tab. 6.1 Strategien für Referate mit Mehrwert

- Die Pflichtlektüre unter einer bestimmten Fragestellung analysieren
- Die Argumente des Textes einordnen in eine wissenschaftliche Debatte
- Den Text mit anderen (z. B. vorher im Seminar gelesenen) Texten vergleichen
- Eigene Thesen und/oder Fragen auf Basis des/der Texte entwickeln und diese zur Diskussion stellen
- Konkrete Beispiele und Analogien einbauen, damit die Zuhörer die Argumentation besser nachvollziehen können und sie besser im Gedächtnis bleibt. Recherchieren Sie im Vorfeld geeignete Beispiele/Analogien oder suchen Sie diese gemeinsam mit der Seminargruppe
- Einen theoretischen Text ggf. als Analyseinstrument für einen konkreten Fall heranziehen. Das sollte einer sein, den die Mehrheit der Teilnehmer mutmaßlich schon kennt, so dass Sie nur wenige Informationen nachreichen müssen. Stärken und Schwächen des theoretischen Ansatzes diskutieren

Mehrwert da. Diejenigen, die die Pflichtlektüre gelesen haben, ärgern sich über die Wiederholung und die vertane Seminarzeit. Die anderen, die nicht gelesen haben, freuen sich wahrscheinlich über die Zusammenfassung, erhalten aber keinerlei Anreiz, sich auf das Seminar vorzubereiten. Wenn die Mehrzahl der Seminarteilnehmer nicht mehr liest und sich darauf verlässt, dass der Text noch einmal vorgestellt wird, sinkt die Qualität der anschließenden Diskussion deutlich. Eine gute Diskussion ist nur dann möglich, wenn alle sich vorher mit dem Thema vertraut gemacht haben und vorbereitet sind. Ein gutes Referat ermöglicht neue Perspektiven auf den Gegenstand und gibt Denkanstöße. Es leistet also deutlich mehr als eine reine Textwiedergabe. Die folgende Tabelle gibt Anregungen, wie Sie ein anregendes Referat gestalten können (Tab. 6.1).

6.1.3 Thesenpapier bzw. Arbeitspapier zum Referat

In der Regel wird auch ein Arbeitspapier oder Thesenpapier verlangt. Es bietet nur einen Mehrwert, wenn es zum Referat verfügbar ist. In der Regel bringen Sie Kopien für alle mit. Es gibt in einigen Seminaren auch die Möglichkeit, das Thesenpapier auf die jeweiligen Lernplattformen der Universität (Stud. IP, Blackboard, ILIAS, Moodle etc.) hochzuladen. Dieses sollte aber allerspätestens 24 h vor dem Referat erfolgen, damit alle Seminarteilnehmer die Chance haben, es rechtzeitig auszudrucken. Für alle „Handouts", wie die Papiere in letzter Zeit gerne genannt werden, lohnt die Unterscheidung in Arbeitspapiere und Thesenpapiere. Der Zweck der beiden Papierformen ist nämlich etwas unterschiedlich, also überlegen Sie, welche Art von Papier Sie vorbereiten wollen.

Das *Arbeitspapier* hilft den Zuhörern, dem Vortrag zu folgen und soll die Hörenden entlasten, sich wichtige Daten gleich zu notieren. Daher sollte es in erster Linie

Tab. 6.2 Struktur eines Arbeits- oder Thesenpapiers

- Ein Arbeits- oder Thesenpapier sollte in der Regel nicht mehr als zwei Seiten umfassen und folgende Punkte enthalten
- Im *Kopf* des Thesenpapiers stehen die Angaben zu Universität und Institut, Titel der Veranstaltung, Semester, Name des/der Dozenten/in, Thema des Referats, Name der Referenten und das Datum
- Das *Thema* und die leitende *Fragestellung* des Referats sollte explizit formuliert werden
- Die *Gliederung und Struktur* des Referats muss im Arbeitspapier deutlich werden. Dabei reichen Überschriften und Stichpunkte. Die Argumentation selber muss im mündlichen Vortrag erläutert werden
- Bei einem Thesenpapier sollten die zentralen *Thesen* explizit dargestellt und ausformuliert werden
- Das *Literaturverzeichnis* listet alle im Referat verwendeten Quellen auf
- Bei Bedarf kann man einen *Anhang* hinzufügen, der Tabellen, Schaubildern, Statistiken oder Dokumenten enthält. Der Anhang sollte aber nicht zu umfangreich sein

die Struktur des Referates und den Argumentationsgang wiedergeben sowie zusätzliches Material wie Graphiken, Tabellen, Karten, Chronologien etc. enthalten. Dadurch, dass Sie zentrale Materialien auf dem Arbeitspapier bereitstellen haben die Zuhörer die Informationen bei der anschließenden Diskussion parat. Achtung: Ein Arbeitspapier ist nicht dazu gedacht, den Vortrag im Detail zu dokumentieren. Es ist auch kein einfacher Ausdruck der vorbereiteten Präsentationsfolien. Fassen Sie sich kurz und überlegen Sie gründlich, welche Informationen Sie im Arbeitspapier aufnehmen wollen.

Ein *Thesenpapier* präsentiert die selbst entwickelten Thesen und dient vor allem dazu, die anschließende Diskussion anzuregen. In einem Thesenpapier stellen Sie zur die Hintergrund- und Kontextinformationen bereit, die für das Verständnis notwendig sind. Der Fokus liegt auf der Darstellung des Argumentationsganges und natürlich den eigenen Thesen, die anschließend diskutiert werden. Auch hier können Sie zusätzliches Materialien anfügen, das Ihre Argumentation stützt (Tab. 6.2).

6.2 Das Organisatorische: Einen Vortrag planen

Beginnen Sie früh genug mit der Planung Ihres Vortrages, das nimmt viel Druck und Stress aus der Situation. Zudem beugen Sie damit unnötigen Stressquellen vor. Nichts ist unglücklicher als Referenten, die ihren Vortrag nicht wie geplant halten können, da sich niemand um einen Beamer gekümmert hat oder der vorhandene Beamer nicht kompatibel mit dem eigenen Computer ist. Ähnlich unglücklich: Einen Vortrag für 30 min geplant haben, aber nur zehn Minuten zur Verfügung haben. Wir geben Ihnen hier ein paar Hinweise, woran Sie unbedingt denken müssen und schließen mit einer Checkliste, auf der Sie abhaken können, was Sie schon erledigt haben.

Zweck und Format des Vortrags klären Neben dem klassischen Referat, das wir oben vorgestellt haben, gibt es noch weitere Präsentationsarten, die im Studium gefordert sind und in ähnlicher Form auch im späteren Arbeitsleben eine wichtige Rolle spielen. Beispiele sind hier die Präsentation der Ergebnisse aus Gruppen- und Projektarbeit, oder die Vorstellung eines Forschungsvorhabens wie z. B. das Exposé zur Bachelor- oder Master-Arbeit. Manchmal ist auch eine kurze Textvorstellung gefragt, in der Sie dann tatsächlich nur einen weiteren Text für die Diskussion vorstellen.

In einem ersten Schritt sollten Sie daher klären, was konkret die Aufgabe ist und was Ihr Vortrag überhaupt leisten soll. Dazu gehört auch die Frage, ob Sie nur einen Vortrag halten oder auch die anschließende Diskussion moderieren sollen. Wenn Sie die Diskussion moderieren, klären Sie das Format der Diskussion. Ist es möglich oder erwünscht, zusätzliche Aktivitäten zu organisieren? Sprechen Sie unbedingt die Zeitvorgaben ab, damit es hier nicht zu unglücklichen Missverständnissen kommt. Einige Dozenten unterbrechen den Vortrag nach der vorgegebenen Zeit – informieren Sie sich wie streng die Zeitvorgaben gehandhabt werden.

Klären Sie auch, welche Art von visueller Unterstützung ist erwünscht oder sogar erwartet wird. Sind Sie angehalten, eine Präsentation mit Computer und Beamer zu erstellen – oder sollen Sie explizit darauf verzichten? Können Sie die Tafel nutzen? Ist es erlaubt, zusätzliches Material wie Filmsequenzen etc. einzubauen oder nicht?

Sie sollten auch kurz reflektieren, wer die Zielgruppe des Vortrags ist und welchen Kenntnisstand sie hat. Es macht einen Unterschied, ob Sie ein Referat in einem Erstsemesterseminar zu Rousseau halten oder Sie Ihr Exposé zur Abschlussarbeit im Kolloquium präsentieren. Gerade zu Beginn des Studiums können Sie etwa noch nicht davon ausgehen, dass bestimmte Begriffe oder Theoretiker bekannt sind und müssen mehr Zeit für Erläuterungen einplanen.

Gruppen- vs. Einzelvortrag Informieren Sie sich frühzeitig, ob Sie den Vortrag alleine oder in einer Gruppen halten sollen. Als Grundregel können Sie sich merken: Die Vorbereitung von Gruppenvorträgen benötigt immer deutlich mehr Zeit. Gruppenarbeit führt zu „Transaktionskosten", wie die Ökonomen sagen würden. Die Gruppenmitglieder müssen erst einmal identifiziert werden, dann benötigen Sie einen Termin, an dem alle Zeit haben, müssen dann in der Gruppe Ziel und Format des Vortrags besprechen, und Aufgaben aufteilen. Bis dahin läuft es meist noch relativ gut. Beim zweiten Treffen wird es dann schon schwieriger. Einige Gruppenmitglieder waren engagierter, andere haben ihre Aufgaben nicht im Zeitplan erledigt. Zudem müssen dann einzelnen Arbeitsteile zu einem großen Ganzen zusammengefügt werden. Hier kann es durchaus sein, dass verschiedene Gruppenmitglieder sehr unterschiedliche Vorstellungen davon haben, sowohl was den

6.2 Das Organisatorische: Einen Vortrag planen

Inhalt als auch was die Form angeht. Nichtsdestotrotz können Gruppenvorträge sehr bereichernd sein, da Sie ihre Perspektive auf ein Thema mit der Perspektive anderer abgleichen müssen und so eventuell neue Einsichten gewinnen. Zudem ist es eine gute Übung: Im Studium aber auch später im Berufsleben müssen Sie immer wieder mit verschiedenen Menschen zusammenarbeiten und Ergebnisse erarbeiten und präsentieren. Gruppenpräsentationen schulen hier ungemein.

Inhaltliche Grundlage absprechen Informieren Sie sich, auf welchen Texten, Daten etc. soll der Vortrag basieren soll. Sollen Sie den Pflichttext zur Sitzung präsentieren und diskutieren oder wird eine zusätzliche Recherche erwartet? Wenn ja, wie umfangreich soll die zusätzliche Recherche sein? Soll sie weitere Fachtexte umfass oder auch eigenständig recherchierte empirische Informationen? Je nach Vorgabe müssen Sie mehr oder weniger Zeit für die Vorbereitung einplanen. Wenn gefordert ist, eigenständig Literatur zu recherchieren, sollen Sie möglichst drei bis vier Wochen vorher anfangen. Es kann immer sein, dass relevante Literatur gerade ausgeliehen ist oder per Fernleihe beschafft werden muss.

Informationen sammeln, Vortrag vorbereiten Wenn Format und Kontext geklärt sind, können Sie mit der Recherche und der Textlektüre beginnen. Zu generellen Recherchestrategien finden Sie in den vorangegangenen Kapiteln Informationen. Sorgen Sie dafür, dass Sie genug Zeit zur inhaltlichen Vorbereitung haben. Einen Vortrag zu einem Thema zu halten, das man selber nicht ganz verstanden hat, führt in der Regel dazu, dass Sie entweder während der Präsentation unter großen Stress geraten oder anfangen zu bluffen. Beides keine guten Ausgangssituationen für eine souveräne Präsentation! Wenn Sie wissen, welche Inhalte Sie präsentieren wollen, überlegen Sie sich Form und Ablauf. Dieses Kapitel gibt im Abschnitt „Präsentationen halten" noch einige Anregungen für einen interessanten Vortrag.

Bei Gruppenarbeiten ist zudem zentral, dass sie die Aufgaben klar absprechen. Wer macht was? Recherchearbeiten kann man zum Beispiel sehr gut aufteilen. Es könnte auch einer die Präsentation übernehmen und die andere die anschließende Moderation der Diskussion. Es ist aber wichtig, dass Sie die Präsentation letztlich zusammen erarbeiten, sonst fehlt der rote Faden. Eine Aneinanderreihung von künstlich aufgeteilten Themenblöcken führt in der Regel nicht zu einem guten Referat. Wenn Sie sich auf eine wirklichen Austausch einlassen, kann ein Gruppenreferat allerdings eine große Bereicherung sein. Beachten Sie auch, was wir oben über Thesen- und Arbeitspapiere gesagt haben (s. 5.1.3).

Informieren Sie sich über Raum und Ausstattung Im Kontext eines Seminars kennen Sie in der Regel den Raum. Schauen Sie ihn sich vorher aber dennoch genau an: Welche Ausstattung stellt er bereit? Überlegen Sie, was Sie planen und welche

Tab. 6.3 Checkliste: Einen Vortrag planen

- Art und Funktion des Vortrags klären: Referat, Impulsvortrag, Textvorstellung etc
- Wird erwartet, im Anschluss eine Diskussion zu moderieren? Gibt es die Möglichkeit, weitere anschließende Aktivitäten vorzubereiten?
- Zeitvorgaben für Vortrag und Moderation absprechen
- Einzel- oder Gruppenvortrag? Wer sind die Gruppenmitglieder? Kontakt herstellen!
- Wer ist die Zielgruppe? Welche Vorkenntnisse hat sie?
- Inhaltliche Grundlage: Pflichttext oder zusätzliche Recherche nötig?
- Zeit für die Recherche von Material einplanen
- Arbeitspapier/Thesenpapier: Was wird erwartet? Wie soll es bereitgestellt werden (digital, Papier)? Wann soll es vorliegen?
- Raum und Ausstattung: Wie ist die Ausstattung im Raum? Wer organisiert Computer, Beamer, Karteikarten etc.? Verlängerungskabel nötig?
- Vortrag proben: Die Präsentation dauert oft länger als erwartet!

Materialien Sie dazu benötigen: Gibt es einen installierten Beamer oder müssen Sie bei Bedarf einen Beamer organisieren? Wenn ja, wo bekommen Sie ihn? Gibt es eine Medienstelle an Ihrer Universität? Auch wichtig: Wo sind die Steckdosen? Im Zweifelsfall benötigen Sie ein Verlängerungskabel. Falls Sie kurze Filme zeigen wollen, stellen Sie sicher, dass es im Raum ein Audio-System gibt. Wenn nicht, bringen Sie selber Boxen mit.

Falls Sie mit der Tafel oder einem Whiteboard arbeiten wollen: Organisieren Sie zur Sicherheit Kreide bzw. Whiteboard-Stifte. In einer Universität können Sie sich niemals darauf verlassen, dass solche Materialien immer vorhanden sind. Dasselbe gilt für FlipCharts und FlipChart Blätter.

Wenn Sie eine Gruppendiskussion oder Arbeitsgruppen vorbereitet haben, schauen Sie, welche Möglichkeiten der Raum bietet. Lassen sich die Tische wie gewünscht verstellen? Die Materialien, die sie eventuell für die Gruppenarbeit benötigen (Karteikarten, Arbeitsblätter, Plakate für die Präsentationen, Tesafilm zum Aufhängen der Plakate etc.) müssen Sie selber besorgen (Tab. 6.3).

6.3 Präsentationen halten

Die besondere Herausforderung einer jeden Präsentation ist es, komplexe Informationen in der Kürze der Zeit so zu präsentieren, dass die zentralen Inhalte bei den Zuhörern ankommen. Das ist gerade in der Universität wichtig: Präsentationen – in Form von Lehrvorträgen – sind ein klassisches Instrument, Wissen zu vermitteln und Lernprozesse anzustoßen. Das gilt für Referate ebenso wie für Vorlesungen.

6.3 Präsentationen halten

Tab. 6.4 Der Einstieg in den Vortrag – Interesse wecken

- Mit einem Problem/empirischen Fallbeispiel starten und von dort aus auf die Thematik überleiten
- Einen aktuellen Bezug herstellen, z. B. über einen Zeitungsartikel, und darüber die Relevanz des Themas deutlich machen
- Ein Bild, eine Karikatur oder einen Gegenstand präsentieren, der hilft, ins Thema einzuführen
- Mit einer Frage einsteigen, die das Vorwissen aktiviert und/oder neugierig macht und im Laufe der Präsentation aufgelöst wird, z. B. „Welchen Zusammenhang gibt es zwischen…". Oder die Gruppe etwas schätzen lassen, das in einem Bezug zum Thema steht: „Wie hoch ist der Anteil…"

Dieser Verantwortung sollten Sie sich bewusst sein. Eine Präsentation im Studium ist mehr als eine individuelle Prüfungsleistung, für die es hoffentlich eine gute Note gibt. Es geht auch darum, durch die Präsentation aktives Lernen der anderen zu ermöglichen. Um dieses zu ermöglichen, müssen die Inhalte auch ankommen. Dass dieses eine Herausforderung sein kann und es manchmal anstrengend ist, längeren Vorträgen konzentriert zu folgen, kennen Sie wahrscheinlich aus Vorlesungen. Ein Vortrag kann dann einen Lernprozess in der Gruppe anstoßen, wenn das Interesse geweckt wird, die Zuhörer eingebunden werden, möglichst viel verstehen und sich dieses auch einprägen können. Daher bemühen Sie sich, verständlich vorzutragen und ihre Kommilitonen zu konzentriertem Zuhören zu motivieren. Hier ein paar Ratschläge.

6.3.1 Interesse wecken

Sie werden nur dann Interesse wecken können, wenn Sie grob den Kenntnisstand der Gruppe sowie das Lernziel im Blick haben. Dann ist es möglich, an das Vorwissen anzuknüpfen und deutlich zu machen, warum es sich lohnt, ihrer Präsentation zuzuhören. Wenn Sie dieses beachten, gibt es viele Möglichkeiten, Interesse zu wecken und die Aufmerksamkeit auf die Präsentation zu lenken. Hier ist eine unvollständige Liste mit einigen Ideen (Tab. 6.4).

6.3.2 Sprache

Geschriebene Sprache und gesprochene Sprache unterscheiden sich deutlich. Die Schriftsprache eignet sich nicht für einen mündlichen Vortrag. Lange und verschachtelte Sätze sind nicht nur für die Zuhörer sondern auch für die Referentin eine Herausforderung. Kurze und einfache Sätze sind besser zu verstehen. Zudem ist die Chance bei langen Schachtelsätzen deutlich größer, dass sie nicht zu Ende geführt werden oder Sie den Faden verlieren. Auch längere Aufzählungen wirken oft langweilig und ermüdend. Achten Sie auf Folgendes:

- Laut genug sprechen: Kann Sie der Kommilitone in der letzten Reihe gut verstehen?
- Lebendig und nicht monoton sprechen, Modulation, Gestik und Mimik müssen zueinander passen.
- Langsam, nicht zu schnell sprechen, Sprechpausen machen.
- Füllwörter wie „Ähhh…" vermeiden.
- Blickkontakt halten: Den Zuhörern nicht den Rücken zuwenden und zur Präsentation an der Wand sprechen.
- Fachbegriffe erklären.

6.3.3 Ablesen oder frei sprechen?

Es ist eine große Kunst, einen Text so vorzulesen, dass die Zuhörer folgen können und nicht nach wenigen Minuten innerlich abschalten. In der Regel bedarf es viel Übung, bis jemand in der Lage ist, einen geschriebenen Text so vorzutragen, dass er nicht monoton, sondern lebendig und interessant klingt. Dass dieses gelingen kann, kann man bei Reden, aber auch auf einigen Konferenzen erleben. In der Politikwissenschaft ist am ehesten im Bereich der politischen Theorie üblich, die ausformulierten Überlegungen vorzutragen. Studierenden fällt es aber oft schwer, einen Text redetauglich zu formulieren. Es besteht immer die Gefahr, in ein unverständliches Schriftdeutsch abzugleiten. Ähnliches gilt für eine auswendig gelernte Rede, sie wirkt oft sehr steif und der Redner lässt sich schnell aus dem Konzept bringen.

Generell gilt: Das Ziel sollte sein, auf Basis eines guten Manuskriptes möglichst frei vorzutragen. Ein freier Vortrag ermöglicht auch, flexibler auf Fragen aus dem Publikum reagieren zu können. Arbeiten Sie dazu in ihrem Manuskript mit Stichpunkten. Halten Sie immer einen Zettel mit der Grundstruktur des Referates bereit, damit Sie darauf zurückgreifen können, falls Sie den roten Faden verloren haben sollten. Wenn Sie in Vorträgen oft nervös sind, kann es sich auch anbieten, den ersten Satz nach einem Abschnittwechsel auszuformulieren, um gut in das neue Unterthema zu finden. Wichtige Zitate, Definitionen etc. sollten Sie immer ausformulieren und vorlesen. Finden Sie eine Form des Manuskriptes, die für Sie funktioniert. Bewährt haben sich Karteikarten oder auch Ausdrucke auf DIN-A-4

Blättern. Achten Sie darauf, dass die Schrift in ihrem Manuskript nicht zu klein ist. Falls Sie bei Ihren ersten Referaten noch sehr nervös sind, können Sie den Text zur Sicherheit auch ausformulieren. Dabei hilft es, Schlüsselwörter fett zu drucken. Ziel sollte aber sein, frei zu sprechen. Mit der Anzahl der gehaltenen Referate wird es Ihnen immer leichter fallen.

6.3.4 Stehen oder sitzen?

Beides ist generell möglich, allerdings spricht vieles für das Stehen. Im Sitzen besteht die Gefahr, dass Sie hinter ihrem Laptop oder Redemanuskript verschwinden und für die Zuhörer nicht mehr sichtbar sind. Im Stehen ist es oft leichter, den Blickkontakt auch zu den Kommilitonen in den hinteren Reihen zu halten. Zudem hat es den Vorteil, dass Sie sich besser bewegen können. Das hilft bei Nervosität und lockert die Präsentation gleichzeitig auf. Im Stehen können Sie zudem direkt Bezug nehmen auf visuelle Medien. Sie können etwas zeigen oder etwas an die Tafel/Flipchart schreiben. Allerdings müssen Sie darauf achten, dass Sie nie der Gruppe den Rücken zukehren, wenn Sie zu ihr sprechen. Nichts ist schlimmer, als ein Referent, der zu seinen eigenen Folien spricht!

6.3.5 Auf Körperhaltung und Gestik achten

Die Körperhaltung ist das erste, das die anderen wahrnehmen, noch vor dem ersten Wort. Aber gerade in Stresssituationen geraten Körperhaltung und Gestik oft außer Kontrolle. Der eine beginnt, mit dem Fuß zu wippen, die andere dreht mit den Fingern an den Haaren oder fasst sich ständig an die Nase. Solche Stressreaktionen sind normal. Wenn Sie wissen wollen, wie Sie unter Stress reagieren, halten Sie z. B. einen Probevortrag vor Freunden und bitten diese, Ihnen eine Rückmeldung zu geben. Oft sind einem die eigenen Ticks gar nicht bewusst. Versuchen Sie während des Vortrages dann bewusst, dem entgegenzuwirken. Wenn es nicht gelingt, ist es allerdings auch kein Beinbruch. Da die meisten Studierenden relativ nervös sind, wenn Sie vortragen, werden Ihre Kommilitonen viel Verständnis haben.

Achten Sie auf eine aufrechte Haltung und versuchen Sie sicher im Raum zu stehen. Sie können sich dabei bewegen und etwas im Raum herum gehen, das hilft oft. Wenn Sie sitzen, halten Sie sich nicht am Tisch fest. Wenn Sie unsicher sind, wie Sie die Hände halten sollen, nehmen Sie etwas in die Hand, z. B. Karteikarten oder einen Stift, mit dem sie Dinge zeigen können. Kleine Gesten helfen dem Vortrag zu folgen.

6.3.6 Dauer

Die übliche Dauer eines Referats beträgt 15–20 min (es sei denn, es gibt eine andere Zeitvorgabe). Das ist weniger, als man denkt. Es ist daher ratsam, den Vortrag vor der Präsentation zu üben, um zu wissen, wie viel Zeit das Vortragen in Anspruch nimmt. Gegebenenfalls sollten Sie das Manuskript kürzen. Bedenken Sie, dass man beim Probevortrag in der Regel schneller spricht als vor Publikum. Ein oder zwei Probedurchläufe des Vortrags haben zudem den Vorteil, dass man das Redemanuskript daraufhin überprüfen kann, ob die Formulierungen sich auch mündlich gut vortragen lassen.

6.3.7 Nutzung von Medien

Es gehört mittlerweile zum Standard, einen Vortrag durch visuelle Medien zu unterstützen. Dabei muss es nicht immer eine Präsentation mit Powerpoint (Prezi, Keynote etc.) sein. Man kann auch die Tafel nutzen und Tafelbilder entwickeln, Plakate malen etc. Jedes Medium hat dabei seine eigenen Stärken und Schwächen, die gleich noch genauer erläutert werden. In jedem Fall soll die visuelle Unterstützung helfen dem Vortrag besser folgen zu können. Der Einsatz von Medien ist aber kein Muss. Es ist auch möglich, ein gutes Referat nur mit Arbeits- bzw. Thesenpapier zu halten. Wägen Sie ab, was Ihnen besser liegt und in welcher Form Sie einen größeren Mehrwert sehen.

Wenn Sie mit Medien arbeiten, sollten Sie auf jeden Fall die Gliederung des Referates visuell darstellen. Sinnvoll ist auch die Darstellung von Überschriften zu den einzelnen Teilen, das hilft, sich während des Vortrags zu orientieren. Mit Blick auf den Inhalt sollten Sie sich auf Stichpunkte, Thesen, Definitionen und Zitate konzentrieren. Überfrachten Sie Ihre Folien nicht mit Text, weil Ihr Publikum sonst nicht weiß, ob es Ihnen zuhören oder lesen soll. Lesen Sie niemals die Folien einfach ab! Gut geeignet sind visuelle Medien zudem, um zusätzliche Informationen wie z. B. Tabellen, Karten, Fotos oder Grafiken zu präsentieren, ohne die begrenzte Redezeit zu nutzen. Dann müssen Sie im Vortrag aber auch auf das Gesagt eingehen. Aber denken Sie daran: Die Folien sollen helfen, dem Vortrag zu folgen, sie sollen ihn nicht ersetzten. Hier ein paar Tipps zum Einsatz von Medien:

6.3 Präsentationen halten

Präsentationssoftware wie Powerpoint (Keynote, Prezi etc.)
Wozu geeignet?
- Überblick über die Struktur des Vortrages geben.
- Mit Hilfe von Überschriften und Unterpunkten durch den Vortrag leiten
- Visualisierung von Zusammenhängen und Entwicklungen (Pro/Contra, X führt zu Y, Kreisläufen, Zeitstrahl etc.).
- Präsentation von Informationen (Tabellen, Diagramme, Grafiken, kurzen Zitaten etc.).
- Aktivitäten: Arbeitsauftrag an die Gruppe, Diskussionsfrage, Quizfrage etc.

Was beachten?
- Folien/Tafelbilder etc. sind gut lesbar und klar strukturiert.
- Das Design der Folien ist ansprechend, aber schlicht, d. h. kein Multimediales Feuerwerk mit einfliegenden Schriften, vielen Farben und rasanten Folienwechseln! Nicht alles, was technisch möglich ist, ist auch gut.
- Seien Sie sparsam mit Text – mit Stichpunkten arbeiten, nicht mit ausformulierten Sätzen.
- Es wird durch die Visualisierung ein Mehrwert geschaffen z. B. durch Darstellung von Tabellen, Grafiken, Karten, Karikaturen etc.
- Sprechen Sie zu den Seminarteilnehmern und nicht zur Präsentation an der Wand!
- Sicherstellen, dass die Technik vorhanden ist und funktioniert (Ist ein Beamer im Raum? Ist der Beamer kompatibel mit dem Computer? Sind nötigen (Verlängerung-)Kabel da? Kommt der Computer mit dem Format der Präsentation klar? Kommen Sie rechtzeitig, um das zu prüfen.)
- Auf Einstellung des Bildschirmschoners achten: Springt er schon nach drei Minuten an? Software abstellen, die sich in den Vordergrund schiebt oder Internet ausstellen (v. a. Social Media: Facebook-Benachrichtigungen, E-Mail-Eingang etc.)

Tafel/Flipchart/Plakate
Wozu geeignet?
- Kreative Prozesse: Brainstorming, Mindmap etc.
- Wenn etwas gemeinsam erarbeitet werden soll (anders als bei der fertigen Präsentation kann die das Tafelbild/das Plakat im Seminar entwickelt werden).

- Für die Präsentation von Gruppenergebnissen.
- Abfrage von Vorwissen/Positionen/Erwartungen der Gruppe, wenn diese später mit den Inhalten des Vortrags abgeglichen werden soll.
- Ideen, Fragen, Anregungen der Seminarteilnehmer können festgehalten werden, wenn sie für die anschließende Diskussion relevant sein können, im Vortrag aber keinen Platz haben.

Was beachten?
- Auch hier: Auf Größe der Schrift und Lesbarkeit achten.
- Tafelbilder/Plakate evtl. abfotografieren und den Teilnehmern als Datei zur Verfügung stellen.
- Genügend Stifte/Kreide mitbringen, sicherstellen, dass genügend Flipchart-Papier vorhanden ist.

Videosequenzen/Material aus einer Mediathek
Wozu geeignet?
- Einführung in ein Problem/Puzzle
- Präsentation eines Fallbeispiels
- Illustration eines Sachverhaltes

Was beachten?
- Filmausschnitte dürfen nicht zu lang sein (in einer Präsentation von 20 min nicht mehr als drei bis fünf Minuten).
- Videos müssen anmoderiert werden, ihre Aufgabe in der Präsentation muss deutlich kommuniziert werden.
- Gute Quellen: Mediatheken der öffentlich rechtlichen Sender, mit Einschränkungen auch YouTube. Quelle immer angeben.
- Sicherstellen, dass die Technik auch im Seminarraum funktioniert. Bei Bedarf eigene Lautsprecher mitbringen.

6.3.8 Die Seminargruppe einbinden

Wenn Sie die Seminargruppe einbinden, haben Sie eine deutlich größere Chance, dass der Vortrag zu einer Auseinandersetzung mit dem Thema anregt und die Inhalte im Gedächtnis bleiben. Dazu können Sie zum Beispiel kleine interaktive Elemente in den Vortrag einbauen. Aktivierende Elemente *innerhalb eines Vortrages* können sein:

- Fragen z. B. Quizfragen, Schätzfragen aber auch Fragen, die als Problemaufriss dienen und erst im Anschluss diskutiert werden sollen.
- Kurze Kleingruppenarbeit: z. B. zu zweit ein Problem diskutieren, Lösung auf eine Frage finden.
- Beispiele gemeinsam mit der Gruppe sammeln: „Was könnte ein Beispiel sein für…", „Gibt es noch andere Fälle, in denen…"
- Karikatur vorstellen und kurz Meinung der Gruppe einholen: Illustriert sie Thema gut/schlecht? Warum?

Eine weitere Möglichkeit ist *im Anschluss an den Vortrag* eine interaktive Form der Auseinandersetzung mit dem Thema vorzubereiten. Der Ablauf einer Seminarstunde muss nicht zwangsläufig dem Muster „Referat – Diskussion im Plenum" folgen. Falls Sie nach dem Referat Ideen für weitere Aktivitäten haben, sollten Sie diese aber in jedem Fall mit der/dem jeweiligen Dozent/in absprechen. Formen, ein Thema interaktiv zu vertiefen, können sein:

- Ein klarer Arbeitsauftrag für mehrere Kleingruppen (nicht mehr als vier Personen pro Gruppe), die später die Ergebnisse präsentieren und im Plenum diskutieren.
- Podiumsdebatte (Jede Person auf dem Podium repräsentiert einen zentralen Akteur, der ein Interesse am Thema hat oder verschiedene Theoretiker, die sich zu einem Problem äußern sollen).
- Pro-/Contra-Debatte (evtl. mit vorher festgelegten Positionen) zu einer präsentierten These. Im Anschluss sollte eine kurze Reflektion des Diskussionsverhaltens stattfinden und die einzelnen Teilnehmer sollten die Möglichkeit erhalten darzustellen, welche Position/Argumente sie eher überzeugt haben.
- Kurze Simulationsspiele (z. B. Sitzung des EU Ministerrates oder UN Sicherheitsrat; Pressekonferenz, auf der eine bestimmte Position/Vorgehen verteidigt werden muss).
- Quiz: Fragen vorbereiten, die ein Verständnis des Vortrags voraussetzen, aber darüber hinausgehen. Keine reine Reproduktion des Inhaltes!

Wichtig: Der Referent sollte einen solchen interaktiven Teil explizit beenden. Im Anschluss sollte eine kurze Reflektion darüber stattfinden, welchen Nutzen die Aktivität für die Auseinandersetzung mit dem Thema gehabt hat.

6.3.9 Rückmeldungen organisieren

Nach einem Referat ist es sehr hilfreich, wenn es sowohl eine Rückmeldung aus der Seminargruppe als auch vom Dozenten gibt. Dabei sind sowohl die inhaltlichen Aspekte wichtig (waren die präsentierten Informationen korrekt, war die eigene Argumentation schlüssig und plausibel) als auch die Frage, inwieweit Sie es geschafft haben, die Aufmerksamkeit der Seminargruppe zu gewinnen und ihr Thema zu vermitteln. Falls es in ihren Seminaren bisher keine Rückmeldungen aus der Seminargruppe gibt, bitten Sie darum. Sie können viel lernen und werden erstaunt sein, wie unterschiedlich ihr Vortrag von den einzelnen Studierenden wahrgenommen wird.

Eine gute Möglichkeit, Rückmeldungen zu organisieren sind Rückmeldebögen, die im Vorfeld des Referates an die Seminarteilnehmer ausgeteilt werden. Dabei ist es nicht nötig, dass jeder Seminarteilnehmer einen Bogen ausfüllt, oft reichen vier bis fünf Bögen um einen Eindruck zu bekommen. Das Gute ist hier, dass Sie eine sofortige Reaktion auf ihren Vortrag bekommen. Zudem sollten Sie ihre Dozenten explizit um eine Rückmeldung bitten. Oft reicht ein kurzes Gespräch nach dem Referat. Sie können um eine kurze Rückmeldung zu folgenden Punkten bitten: Inhalt und der Logik der Argumentation, Aufbau und Struktur, Qualität des Handouts/Thesenpapier, Qualität der verwandten Materialien (Folien der Präsentation, Tafelbild etc.), Sprache, Präsenz im Raum, Kommunikation mit der Gruppe und evtl. Qualität der anschließenden Moderation der Diskussion. Im Anhang findet sich eine Kopiervorlage für einen Rückmeldebogen, den Sie im Seminar verwenden können.

6.4 Nach der Präsentation: Diskussion und Moderation

Es gibt viele Möglichkeiten, den Seminarablauf nach einem Vortrag zu gestalten (siehe oben unter „Die Seminargruppe einbinden"). Eine klassische Form ist die Diskussion im Plenum. Diskussionen sollten moderiert werden, sonst schweifen gerade große Gruppen schnell vom Thema ab. In eher seltenen Fällen können die Teilnehmer auch emotional und persönlich werden und einander ins Wort fallen.

6.4 Nach der Präsentation: Diskussion und Moderation

Tab. 6.5 Grundregeln für Moderationen

- Klären Sie das Ziel der Diskussion: Was soll das Ergebnis sein? Teilen Sie es der Seminargruppe mit
- Seien Sie vorbereitet: Notieren Sie Fragen/Themenblöcke, die Sie diskutieren wollen. So können Sie auch die Diskussion am Laufen halten, wenn zu einem Thema wenige Beiträge aus der Gruppe kommen
- Behalten Sie die Zeit im Blick
- Verständnis- und Rückfragen zu erst
- Bleiben Sie neutral
- Unterbrechen Sie Vielredner
- Achten Sie darauf, dass alle Teilnehmer zum Zuge kommen
- Leiten Sie bei Abschweifungen auf das eigentliche Thema zurück
- Fassen Sie Zwischenergebnisse zusammen und stellen Sie Positionen gegenüber
- Die Diskussion explizit beenden: Fassen Sie die Ergebnisse zusammen und danken Sie den Teilnehmern für die Wortbeiträge

Beispiele für aus dem Ruder gelaufene Diskussionen kann man regelmäßig in Politik-Talk-Shows im Abendprogramm bewundern.

Die Aufgabe eines Moderators ist, die Diskussion zu leiten und somit auch zu ermöglichen. Dabei ist der Moderator eine neutrale Instanz, die nicht für eine oder andere Seite Partei ergreift. Er/sie sorgt dafür, dass die Gruppe beim Thema bleibt, erteilt das Wort, achtet darauf, dass alle Seminarteilnehmer zum Zuge kommen, unterbricht dazu auch Vielredner oder Kommilitonen, die vom Thema abschweifen, sehr umfangreich antworten oder dasselbe Argument zum fünften Mal wiederholen. Wenn die Diskussion stockt, ist es die Aufgabe des Moderators, sie wieder in Gang zu setzen, etwa durch eine Frage, eine Kurzzusammenfassung des Standes der Diskussion oder die Überleitung zu einem weiteren Thema. Am Ende der Diskussion fasst der Moderator die zentralen Argumente/Ergebnisse noch einmal kurz zusammen und dankt den Teilnehmern für ihr Engagement.

Es gibt verschiedene Ziele von Diskussionen: Ein Ziel kann sein, Positionen und Argumente auszutauschen, um einander besser zu verstehen. Bei der Moderation geht es dann vor allem darum, möglichst viele Positionen zu Wort kommen zu lassen und Gemeinsamkeiten und Unterschiede herauszuarbeiten. Ein anderes Ziel kann sein, ein gemeinsames Ergebnis herbeizuführen. Hier geht es in der Moderation vor allem darum, Gemeinsamkeiten aufzuzeigen, die Zeit im Blick zu haben und konstruktiv auf das Ziel zu verweisen. Ein anderes Ziel kann ein expliziter Wettbewerb der Argumente sein. Hier geht es darum, dass Argumente ausgetauscht werden und das bessere Argument überzeugt. Als Moderator sollten Sie sich über das Ziel klar sein und dieses der Gruppe auch explizit vermitteln. Die folgende Tabelle gibt einen Überblick über generelle Grundregeln für die Moderation einer Diskussion (Tab. 6.5).

Weiterführende Literatur

Franck, Norbert. 2012. *Gekonnt referieren. Überzeugend präsentieren. Ein Leidfaden für Geistes- und Sozialwissenschaften*. Wiesbaden: Springer VS.
Franck, Norber, und Joachim Stary. 2006. *Gekonnt visualisieren. Medien wirksam einsetzen.* Paderborn: Schöningh/UTB.
Herrmann, Markus, Michael Hoppmann, Karsten Stölzgen, und Jasmin Taraman. 2012. *Schlüsselkompetenz Argumentation*. 2 Aufl. Paderborn: Schöningh/UTB.
Lobin, Henning. 2012. *Die wissenschaftliche Präsentation*. Paderborn: Schöningh/UTB.
Literatur

Abschlussarbeiten und Prüfungen 7

Mit Ihrer Abschlussarbeit und den unter Umständen damit zusammenhängenden Prüfungen liefern Sie den *Nachweis der Befähigung zum wissenschaftlichen Arbeiten*. So steht es jedenfalls in den Prüfungsordnungen. Ein Examen in Politikwissenschaft besteht in Deutschland in der Regel aus der Abfassung einer wissenschaftlichen Abschlussarbeit und ggf. aus schriftlichen sowie mündlichen Einzelprüfungen. Anders als bei den alten Diplom- und Magisterstudiengängen zählen in den heutigen B.A.- und M.A.-Studiengängen auch schon alle im Studienverlauf abgeschlossenen Module in die Endnote. Das ist einerseits ein Vorteil: Die Anstrengungen in den ersten Studienjahren zahlen sich aus, ein Großteil der Abschlussnote steht bereits fest, bevor Sie Ihre Abschlussarbeit schreiben. Das entlastet, da die Bedeutung der Abschlussarbeit dadurch gesunken ist und die Wahrscheinlichkeit böser Überraschungen abnimmt. Es ist aber auch ein Nachteil: Viele Studierende brauchen ein paar Semester, bis Sie verstanden haben, wie ein eigenständiges, selbstverantwortliches Studium funktioniert. Da nun bereits die Erstsemestermodule in die Abschlussnote eingehen, entfällt die Schonfrist, die in den alten Studiengängen üblich war. Zudem ist die Abschlussarbeit oft das „Gesellenstück" in das viel Mühe und Arbeit fließt. Dieses spiegelt sich nicht notwendigerweise in den CP, die für die Abschlussarbeit vergeben werden. Oft macht die Bachelor- oder Masterarbeit gerade einmal 20 % der Abschlussnote aus. Nichtsdestotrotz: Mit der Abschlussarbeit arbeiten Sie sich eigenständig in ein Themengebiet ein, zeigen Analysekompetenz und signalisieren auch ein gewisses Expertenwissen in dem gewählten Bereich. Die Wahl des Themas sollte daher zu Ihren Interessen passen und kann sogar erste Wege in ein bestimmtes Berufsfeld ebnen.

© Springer Fachmedien Wiesbaden 2015
K. Schlichte, J. Sievers, *Einführung in die Arbeitstechniken der Politikwissenschaft*,
DOI 10.1007/978-3-531-93444-0_7

Erfahrungsgemäß haben viele Studierende großen Respekt vor der Abschlussarbeit – auch wenn Sie schon mehrere Seminararbeiten geschrieben haben. Dabei ist die Grundlogik einer Abschlussarbeit nicht anders als die einer Seminararbeit. Was anders ist, ist der Umfang und der Anspruch an die wissenschaftliche Vorgehensweise. Eine sehr lückenhafte Literaturrecherche und unsauberes Zitieren wird in einer Abschlussarbeit nicht mehr akzeptiert. Aber der größere Umfang ist auch eine Chance: Sie können sich intensiver mit einem Thema auseinandersetzen und haben dafür „mehr Platz".

Damit die Abschlussarbeit gelingt, ohne in Stress und Schreibblockaden auszuarten, bedarf es einer guten Planung. Ein paar Hinweise dazu werden Sie in diesem Kapitel finden. Eine generelle Empfehlung: Besuchen Sie unbedingt Examenskolloquien, falls ihre Universität so etwas anbietet, oder gründen Sie eigene Studiengruppen, denn eine nicht zu unterschätzende Unterstützung ist in der Abschlussphase der Kontakt zu „Leidensgenossen". Seminare werden gerade in M.A.-Studiengängen am Ende oft nur noch sporadisch oder gar nicht mehr nicht mehr besucht. Ergebnis: Sie sehen niemanden mehr in vergleichbarer Situation, es sei denn im Freundeskreis oder zufällig in der Bibliothek. Dabei ist gerade in dieser Phase der Austausch mit anderen besonders nützlich.

Ein paar abschließende Bemerkungen gelten den Problemen und Beschwerden, die mit der Benotung von Examensleistungen verbunden sein können. Denn nicht immer fallen die Noten zur allseitigen Zufriedenheit aus. Ob und was man in solchen Fällen unternehmen kann, wird am Ende kurz behandelt.

7.1 Planung: Zeit und Geld

> Frei von Mammon will ich schreiten
> Auf dem Feld der Wissenschaft,
> Sinne ernst und nehm' zuzeiten
> Einen Mund voll Rebensaft

So schön wie in Joseph von Eichendorffs Gedicht „Der wandernde Student" ist es leider in Wahrheit nicht mehr, wenn es denn je so war. Die merkwürdigen Zwänge der Moderne haben auch die romantischsten Studenten eingeholt.

Die Abschlussphase Ihres Studiums setzt Planung voraus, und sie ist etwas komplizierter, denn nun sind es nicht mehr Seminarpläne, die Ihnen vorgeben, wann Sie was erledigen sollen. Jetzt müssen Sie selbst einen mehrmonatigen Arbeitsprozess organisieren, der zu einem guten Ergebnis führt, für das Sie allein verantwortlich sind. Sie brauchen also einen Zeitplan. Und weil Zeit und Geld in

7.1 Planung: Zeit und Geld

der Moderne so eng gekoppelt sind, ist ein *Zeitplan* meist auch ein *Geldplan*. Wie lange wird noch „Bafög" gezahlt? Kann den Eltern noch Zahlungswilligkeit unterstellt werden oder sind Pausen zum Gelderwerb nötig?

In einem Zeitplan werden dann die wichtigsten Etappen der Abschlussphase festgelegt. Dazu ist auf jeden Fall mehr als ein flüchtiger Blick in die Prüfungsordnung erforderlich, um zu erfahren, welche Fristen für Prüfungsmeldungen, Abgabe der Arbeit, Einreichen von Themenvorschlägen usw. gelten.

An erster Stelle steht die Frage, ob tatsächlich alle erforderlichen Leistungsnachweise vorliegen. Alle Bachelor- und Master-Prüfungsordnungen sehen vor, dass bei Anmeldung zur Abschlussarbeit eine bestimmte Anzahl an CP verpflichtend vorliegen muss. Eine grobe Planung des Studiums auf der Grundlage der Vorgaben in der Prüfungsordnung wurde ja schon ganz zu Beginn dieses Buches empfohlen. Denken Sie rechtzeitig daran, eventuell noch ausstehende Leistungen für Nachweise einzureichen, damit Ihr Plan nicht schon deshalb scheitert, weil doch noch ein Essay fehlt oder ein ganzes Seminar.

Das genaue Studium der Studien- und Prüfungsordnung ist auch deshalb wichtig, weil in Fragen zu Prüfungsverfahren jede Universität voller schlechter Ratgeber ist. Es gibt immer jede Menge Gerüchte und Schlaumeiereien, aber am Ende zählt nur, was in der offiziellen Regelung steht, und dass sind für Ihr Studium die Studien- und Prüfungsordnungen. Verlassen Sie sich also nicht auf das, was Ihnen andere mal auf dem Gang gönnerhaft zuraunen,. Es führt kein Weg daran vorbei: Sie müssen die Studien- und Prüfungsordnungen selbst aufmerksam lesen. Studienberatungen und letztlich alle Lehrenden in einem Studiengang sind dafür da, Ihnen bei Zweifelsfällen zu helfen. An einigen Universitäten sind die Prüfungsämter stark überlastet, so dass die Bearbeitung der Anträge und die Eintragung der Noten länger dauern kann als geplant. Informieren Sie sich, wie lange die durchschnittlichen Bearbeitungszeiten sind und planen Sie, wenn möglich, etwas Pufferzeiten ein. Auf dieser Grundlage können Sie dann einen Zeitplan erstellen, der etwa so aussehen könnte (Abb. 7.1):

Das kann dann weiter ausdifferenziert werden, indem Kurzurlaube und einzelne Vorbereitungsschritte für die Klausuren eingeplant werden, oder auch kleinere Phasen für den Gelderwerb. Sie können auch einzelne Arbeitsschritte genauer planen, aber werden Sie nicht zu kleinteilig. Wichtig sind sogenannte „milestones", also Zeitpunkte, für die Sie sich vornehmen, bestimmte Arbeitsschritte abgeschlossen zu haben. Am Ende Ihres Studiums werden Sie genug Erfahrung haben, um abschätzen zu können, wie viel Zeit Sie wofür brauchen. Sie merken dann im Verlauf, ob Sie gut in der Zeit liegen oder doch einmal ein Wochenende durcharbeiten müssen, weil Unvorhergesehenes die Arbeit verlangsamt hat.

Januar-März:	Recherchen und Vorüberlegungen zum Thema; und Gespräch mit Prüfern; Anmeldung der Arbeit
April:	Exposé, weitere Recherche von Literatur und Daten, Lesen, Gliederung erstellen
Ende Mai	Analyse, Rohentwurf Kapitel 1 und 2
Ende Juni:	Analyse, Rohentwurf Kapitel 3 und 4
Juli:	Revision der Kapitel, Layout, Korrekturlesen
Anfang August:	Abgabe der Arbeit
September:	ggf. Prüfungen oder „Verteidigung" der Arbeit

Abb. 7.1 Beispiel: Zeitplan für die M.A.- Abschlussarbeit

Übrigens können Sie in allen Studiengängen auch Ihr Thema „zurückgeben". Damit ist gemeint, dass Sie die Abschlussarbeit abbrechen und sich mit einem neuen Thema noch einmal anmelden. Denn es kann passieren, und relativ selten tut es das auch, dass Themen nicht „funktionieren", etwa weil das Material doch nicht zugänglich ist oder nicht die erwartete Aussagekraft hat. Prüfer und Kandidaten sind natürlich in der Pflicht, das vorher abzuschätzen, aber Irrtümer sind immer möglich. Wenn Sie den Eindruck haben, dass Ihr Vorhaben nicht funktioniert, dann sprechen Sie mit Ihren Prüfern über Ihr Problem. Es ist wirklich keine Schande, wenn Sie noch einmal neu anfangen, auch wenn es Zeit (und deshalb auch Geld) kostet.

Die Wahl des Themas Spätestens bei der Anmeldung Ihrer Abschlussarbeit im Prüfungsamt wird es relevant: Sie brauchen ein Thema. Für die Abschlussarbeit müssen beide, Kandidat und Prüfer, gemeinsam einen exakten Titel vereinbaren, der den voraussichtlichen Inhalt der Arbeit mindestens einigermaßen widerspiegelt. Das ist aber schon fast der letzte Schritt in der Themenfindung. Bevor Sie sich Prüfer suchen und bevor Sie sich den guten Ratschlägen von anderen beugen,

7.1 Planung: Zeit und Geld

denken Sie darüber nach, was Sie selbst wollen. Gibt es ein Gebiet, das Sie besonders angesprochen hat im Studium? Welche offenen Fragen gibt es in diesem Feld? Haben Sie konkrete Vorstellungen darüber, wohin Sie sich beruflich orientieren wollen? Welche Themen sind dafür wichtig? Beide Überlegungen helfen Ihnen, wenigstens das Gebiet einzugrenzen.

Unter Umständen ist nach einigen Semestern aber auch der Kopf leer – oder zu voll. Ihnen fällt kein gutes Thema ein. Dann hilft ein Blick in die Zeitungen (Was sind aktuelle politische Fragen?) und in die Fachzeitschriften (Was diskutiert die Politikwissenschaft?). Sie können auch das Vorlesungsverzeichnis durchgehen und nach interessanten Seminaren Ausschau halten. Vielleicht entsteht daraus eine Anregung.

Vielleicht haben Sie auch mehrere, konkurrierende Ideen. Dann ist es hilfreich mit anderen darüber zu reden. Welches Thema hat mehr Potential? Was könnte das Material für dieses Thema sein? Wie könnte man es methodisch anlegen? Kurz, all die Fragen, die wir oben zur Frage des „Exposés" diskutiert haben (s. 2.5), spielen jetzt wieder eine Rolle. Mittlerweile werden Sie selbst beurteilen, ob ein Thema eine gute Frage abgibt und ob diese Frage auch bearbeitbar ist.

Vom Umgang mit Prüfern Suchen Sie so früh wie möglich das Gespräch mit Ihren Prüfern. Die Frage „Bei wem schreiben?" werden Sie sicher schon früh überlegen. Drei Dinge sollten hier eine Rolle spielen: Erstens sollten Sie wissen, zu welchem Thema Sie eine Abschlussarbeit schreiben wollen. Zweitens sollten Sie Ihre Prüfer aus Lehrveranstaltungen kennen, und drittens sollte sie oder er im Themengebiet so kompetent sein, dass Sie hinsichtlich Material, Methode, relevanten Theorien und dergleichen gut beraten werden.

Die meisten Prüferinnen und Prüfer werden Ihnen auch sagen, was sie von Ihnen zu welchem Zeitpunkt erwarten. In einem ersten Gespräch sollten Sie Ihren Themenvorschlag haben, möglichst auch schon eine Fragestellung. Wenn das noch schwierig ist, entwickeln Sie diese gemeinsam im Gespräch oder später mit anderen. Viele Prüfer – es sind die besseren – erwarten von Ihnen auch ein Exposé und eine vorläufige Literaturliste, so dass sie sehen können, ob das Thema „funktioniert" und ob Sie an alles Wichtige gedacht haben. Unter Umständen müssen noch ein paar Dinge geklärt werden, oder Sie bekommen noch ein paar Hinweise zu relevanter Literatur, methodischen Fallstricken oder zur Textgestaltung.

Für die Organisation Ihres Studienabschlusses sind aber allein Sie und nicht Ihre Prüfer verantwortlich. Denn diese kennen Ihre Zeitpläne und sonstigen Sorgen nicht, und sie können das auch nicht für alle Kandidaten verfolgen. Viele sind auch in mehreren Studiengängen aktiv und haben nicht immer alle Regeln parat. Auch deshalb sind Sie gut beraten, Studien- und Prüfungsordnungen selbst gründlich zu studieren. Betrachten Sie es einfach als ein kleines Verwaltungspraktikum.

Noch ein Tipp
Wenn Sie Ihren Prüfern etwas schicken, schreiben Sie Ihren Namen, Ihre Emailanschrift, das Datum und den Titel mit aufs Papier, am besten an den Anfang des Dokuments. An deutschen Universitäten haben Professorinnen und Dozenten jeden Sommer Dutzende von Prüfungen und Kandidaten in allen möglichen Stadien ihrer Arbeit, und deshalb müssen sie mit vielen solcher Dokumente gleichzeitig umgehen.

Wie genau dagegen die Themengebiete für die mündlichen und schriftlichen Prüfungen im Vorgriff vereinbart oder diskutiert werden, ist im wesentlichen Verhandlungssache. Die meisten Prüfer sind für Themenvorschläge dankbar. Sie werden Ihnen aber nicht schon im Vorgriff sagen, welche Fragen sie genau stellen werden. Dabei sollte man am besten auf Gebiete zurückgreifen, für die man sich besonders interessiert, zu denen man schon einmal gearbeitet oder ein Seminar belegt hat, oder solche, die den bisherigen Arbeitsgebieten recht nahe sind. Natürlich besteht auch die Möglichkeit, sich ein ganz neues Feld auszuwählen. Das bedeutet aber zusätzliche Arbeit, für die genügend Zeit und auch Engagement vorhanden sein muss. In der Regel verlangen Prüfer, dass mehrere Themen, mindestens drei, vorgeschlagen werden. Ganz ohne eigene Vorstellungen sollte man die Beratungen über die Prüfungsthemen jedenfalls nicht aufnehmen.

7.2 Prüfungsgruppen

Prüfungsphasen können sehr einsame Phasen werden, wenn man nicht ein bisschen aufpasst. Sie können sich natürlich auf alles ganz allein vorbereiten, ohne mit jemandem auch nur ein Wort zu wechseln. Das ist aber nicht zu empfehlen. Besser ist es, sich in Gruppen vorzubereiten oder sich wenigstens auszutauschen.

Das hat viele Vorzüge. Nicht nur, weil es beruhigend ist, wenn man feststellt, dass andere Menschen ähnliche Probleme haben, sondern auch, weil die Kritik der anderen und der Blick auf deren Projekte wichtige Hilfen für die eigene Arbeit sind.

An vielen Universitäten werden regelmäßig Abschluss-Kolloquien angeboten. Dort stellen Bachelor- und Masterstudenten die Pläne für die Abschlussarbeiten vor, diskutieren Thema, Fragestellung und die Herangehensweise, in der Regel an Hand eines Exposés, das bis zu diesem Zeitpunkt auch wirklich fertig sein muss. Falls Ihre Universität solche Kolloquien anbietet – nehmen sie unbedingt teil. In einigen Fällen gibt es auch inhaltliche Seminare, die sich explizit an Studierende in der Abschlussphase richten und Kolloquiumscharakter haben. Diese Seminare haben den Vorteil, dass eine Gruppe an Studierenden zusammenkommt, die an ähnlichen Themen interessiert ist. Die Vorstellung des Exposés der eigenen Arbeit ist immer sinnvoll. Zwar ist nicht alle Kritik, die man bei der Vorstellung der eigenen Arbeit hören wird, wirklich hilfreich. Es wird aber sehr deutlich, ob die eigenen Ideen verständlich und durchdacht sind und oft ergeben sich aus der Diskussion über die eigene Arbeit neue Perspektiven und Ideen. Notieren Sie sich, was gesagt wird, und wägen Sie später ab, was davon zu Änderungen führen sollte.

Zusätzlich oder alternativ zum Abschluss-Kolloquium können sie mit anderen natürlich auch eine eigene *Examensgruppe* gründen. Vielleicht haben diejenigen daran Interesse, mit denen Sie sich früher schon zusammen auf Klausuren oder Referate vorbereitet haben. Sie können Kapitelentwürfe für die Abschlussarbeiten kritisch gegenlesen lassen und vielleicht auch gegenseitig als Korrekturleser agieren. Oder Sie proben Prüfungen. Es ist eine ungeheure Hilfe, denn wenn man über ein Thema schon einmal mit kompetenten Gesprächspartnern etwas diskutiert hat, dann sind viele Argumente für die mündliche Prüfung schon präsent, manche Gegenargumente schon bekannt, und alles fällt ein bisschen leichter.

7.3 Abschlussarbeiten

Das Drama des Examens hat mit Bologna an Schärfe verloren, weil viele notenrelevante Studienleistungen ja schon vorher erbracht werden. Dennoch sind die Abschlussarbeiten ein wichtiger Teil Ihres Studiums, nicht nur in Bezug auf die Noten. Das wird schon dadurch deutlich, dass für die Anfertigung einer Abschlussarbeit zwischen drei und sechs Monaten verwendet werden, ein gutes Stück Lebenszeit also. Außerdem kann hier am besten gezeigt werden, wo die Stärken der eigenen Fähigkeiten liegen. Mit Ihrem Thema signalisieren Sie auch nach außen, etwa für die Bewerbung zu einem spezialisierten M.A.-Programm oder für Bewerbungen, wo Ihre Interessen und Schwerpunkte liegen.

Letztlich ist eine B.A.- oder M.A.-Thesis nichts anderes als eine große Seminararbeit. Mit eingeübt effizienter und anspruchsvoller Arbeitsweise ist dann auch die Planung und Umsetzung größerer Arbeitsprozesse nicht weiter schwierig, ebenso wenig wie die Bewältigung größerer Materialmengen.

Trotzdem ist die Abschlussarbeit häufig genug ein Problem, sei es, weil man „ganz allein" schreibt, weil man häufig verzweifelt an bestimmten Stellen hängen bleibt oder weil ganz einfach die Motivation schwindet. Bei der Abfassung der Examensarbeit können trotz aller Übung Probleme auftreten, etwa bei der Konzeptionierung, dem methodischen „Design", der Auswahl eines geeigneten theoretischen Ansatzes, der Abgrenzung des Themas, usw. Das liegt meist daran, dass eine Arbeit von 40 bis 80 Seiten, im Gegensatz zu einer Seminararbeit, leicht unüberschaubar wird. Häufiger noch als bei einer Seminararbeit oder einem Referat wird es deshalb nötig werden, ganze Konzepte über den Haufen zu werfen. Auch hier kann es vorkommen, dass Sie Ihr Konzept noch einmal ändern müssen. Das ist aber kein Beweis von Unzulänglichkeiten des oder der Schreibenden, sondern ein notwendiges Durchgangsstadium, um zu einem überzeugenden Ergebnis zu kommen.

Die Arbeit beginnt mit den Vorüberlegungen zum Thema. Natürlich sollte es eine gewisse *Relevanz* für das Fach haben. Die Neuheit eines Themas, gesellschaftliche Bedeutung oder ein bestehendes Forschungsdefizit sind deshalb hinreichende Gründe, sich mit einer Sache über Monate zu beschäftigen. Aber: Gefragt ist eine Qualifikationsarbeit! Originalität ist daher kein Muss. In Ihrer Abschlussarbeit kann es also durchaus um die SPD in Nordrhein-Westfalen oder den Staatsrechtler Carl Schmitt gehen. Sie kann aber nicht allein im Wiederkäuen von etwas schon Bekanntem bestehen. Wichtig ist, dass sie eine offene Frage zu einem relevanten Problem behandelt.

Wichtiger als die Originalität in den Augen der anderen ist das *eigene Interesse*, das man für das Thema entwickelt, denn erstens werden Sie sich mehrere Monate damit beschäftigen und zweitens werden Sie kaum jemanden mit einem Thema überzeugen, dass Sie selbst nicht interessiert.

Schließlich spielen vielleicht berufliche Absichten eine Rolle. Wer nach dem Studium in die Kulturpolitik will, sollte auch in Thema aus diesem Bereich für die Examensarbeit wählen und nicht über die Verfassung Südafrikas schreiben. Denn in den sechs Monaten, in denen man an einem Thema konzentriert arbeitet, lernen Sie eine Menge Dinge, die Sie hinterher noch gebrauchen können sollten.

Als nächstes brauchen Sie einen Entwurf. Dabei kann man sich getrost an die Verfahren halten, die in diesem Buch geschildert wurden. Unerlässlich ist vor allem die Überprüfung des Materials: Noch vor Anmeldung der Arbeit müssen Sie sicher sein, dass zu Ihrem Thema ausreichend Material vorhanden ist. Der Entwurf einer Gliederung und eines Arbeitsplanes sowie erste methodische Überlegungen sollten ebenfalls bereits geschehen sein, bevor die Bearbeitungszeit läuft.

Die Ergebnisse dieser Vorüberlegungen und Recherchen schreiben Sie am besten in einem *Exposé* nieder. Dabei können Sie sich wieder an den in Kap. 2 erwähnten Punkten orientieren. Natürlich müssen in der Anfangsphase auch dieses Mal nicht alle diese Punkte mit druckreifer Eleganz formuliert sein. Auch haben nicht alle das gleiche Gewicht. Problem- und Fragestellung, Herangehensweise, Gliederung und Materiallage sind zum Beispiel wichtiger als der Einstieg.

7.3 Abschlussarbeiten

Dieses Exposé kann dann später als Grundlage für Ihre Einleitung dienen. Wichtig ist, dass so ein Exposé nicht nur etwas zum Thema sagt, sondern auch die Vorstellungen über die genauere Fragestellung, die Herangehensweise und das ausgewählte Material enthält. Das alles darf vorläufigen Charakter haben, bis die Arbeit „angemeldet" wird, das heißt, bis die Bearbeitungszeit beginnt. Die *Präsentation* im Kolloquium dient ja gerade dem Zweck, verdeckte Fehler und Unklarheiten des Plans ans Tageslicht zu holen, und so das Vorhaben etwas realistischer zu machen, als es vielleicht am Anfang der Fall war. Insofern sind Entwürfe oder Exposés auch nichts Heiliges oder Unantastbares. Im Gegenteil: Jede Überarbeitung dokumentiert einen Erkenntnisfortschritt.

Ist die Anlage der Arbeit, Thema und Fragestellung vom Prüfer „abgesegnet", die Materiallage überprüft, Geld und Zeit genug vorhanden, um ein paar Monate konzentriert zu arbeiten, dann „melden Sie an". Danach beginnt das große Schreiben. Das ist immer eine Herausforderung. Aber mit der Übung, die Sie durch das Schreiben von Seminararbeiten erworben haben, ist sie gut zu bewältigen.

Überprüfen Sie Ihren Zeitplan noch einmal: Rechnen Sie vom Zeitpunkt des spätesten Abgabetermins zurück und planen Sie etwa ein Drittel der Zeit als Puffer ein, dann setzen auch Schreibblockaden oder eine Magen-Darm-Grippe Sie nicht unter großen Stress. Ein paar Tage werden benötigt, um die Arbeit kopieren und binden zu lassen, eine Woche sollte für eine Endkorrektur eingeplant werden. Gegenleser brauchen Zeit, um Teile oder eine ganze Arbeit zu lesen, und ihre Kritiken wollen dann noch in die Arbeit eingebaut werden.

Die *Bewertung* von Abschlussarbeiten ist in Deutschland nicht standardisiert. Nur wenige Prüfungsberechtigte haben feststehende Kriterienkataloge für die Bewertung von Examensarbeiten. Aber es ist erlaubt, danach zu fragen, denn eine Orientierung daran ist keine Schummelei, sondern trägt nur zur Transparenz des ganzen Verfahrens bei. Die in diesem Buch aufgeführten Kriterien für die Beurteilung wissenschaftlicher Argumentationen gelten natürlich auch für Examensarbeiten. Wie gut Fragestellung, Herangehensweise und Materialauswahl ineinandergreifen, ob formalen Standards genügt wird und ob die Ausarbeitung den aktuellen Forschungsstand reflektiert, all dies sind natürlich gängige Kriterien der Bewertung.

In jedem Falle hat jeder Prüfling Anspruch auf die Aushändigung eines schriftlichen Gutachtens der Prüfer über die vorgelegte Arbeit. Die wesentlichen Kritikpunkte müssen darin natürlich prinzipiell aufgeführt werden. Die Kritik und Bewertung muss also gewissen Standards genügen, auch wenn es nicht möglich sein wird, einen einheitlichen Bewertungskatalog für alle wissenschaftlichen Abschlussarbeiten festzulegen.

Gewisse Mindeststandards sollten die Gutachten zu Abschlussarbeiten aber erfüllen:

- Sie sollten das Thema, die Frage und Kernpunkte der Argumentation anführen und sie sollten eine begründete Kritik enthalten, sofern sie nicht auf eine 1,0 hinauslaufen.
- Das Gutachten sollte etwas über die Relevanz der Fragestellung einer Arbeit sagen. Das kann sich sowohl auf die wissenschaftliche Diskussion zu einem Thema beziehen wie auf die realpolitischen Zusammenhang des Themas, mit dem sich die Arbeit auseinandersetzt.
- Dann muss in einem Gutachten etwas zur theoretischen Verankerung der Arbeit stehen, also dazu, wie sie sich in die Theorienlandschaft einfügt, an welche Theorien sie anknüpft oder hätte anknüpfen können.
- Ein weiterer zentraler Aspekt ist die Umsetzung der Herangehensweise: Ist das Programm der Arbeit so ausgeführt worden, wie das die Verfasserin oder der Verfasser angekündigt haben? Werden noch offene Lücken im Schlusskapitel thematisiert? Damit zusammen hängt die Beurteilung von Auswahl und Umgang mit dem Material. Hätte zum Thema anderes, besseres Material benutzt werden können? Wurde mit dem Material methodisch einwandfrei umgegangen?

Außerdem spielt auch die logische Stringenz und das Niveau der Argumentation für die Beurteilung eine Rolle. Geprüft wird auch immer, ob der Text unzulässige Verallgemeinerungen oder falsche Schlüsse enthält, und ob die im Text getroffenen Aussagen sowohl hinreichend abgesichert wie auch auf einem akzeptablen wissenschaftlichen Niveau formuliert sind.

Schließlich das Formale: Entsprechen Zitier- und Belegweise wissenschaftlichen Standards? Wie ist der sprachliche Ausdruck zu beurteilen? Kommen Häufungen von Rechtschreib- und Zeichensetzungsfehlern vor?

Diese Fragen gehören gewissermaßen zum Standardrepertoire der Begutachtung einer Examensarbeit. Wir erwähnen sie hier auch deshalb, damit Sie Ihren eigenen Text darauf hin noch einmal prüfen können.

7.4 Mündliche Prüfungen

An einigen politikwissenschaftlichen Universitäten gehören mündliche Prüfungen zum Abschluss des Studiums. Mündliche Prüfungen funktionieren im Prinzip ähnlich wie schriftliche Klausuren, für die fast dieselben Ratschläge gelten. Doch

7.4 Mündliche Prüfungen

hier kommt es natürlich nicht so sehr auf einzelne Formulierungen an, weil in der mündlichen Prüfung keine druckreifen Äußerungen erwartet werden. Auch hier empfiehlt es sich, „in Blöcken" zu lernen und Gedanken und Zusammenhänge niederzuschreiben.

Viele Prüfer sagen Ihnen im Vorgespräch, wie die Prüfung ablaufen wird, ob sie etwa ein einleitendes Statement von Ihnen erwarten oder sogar ein Thesenpapier oder keins von beidem. Dennoch: Gerade in mündlichen Prüfungen ist Beweglichkeit gefragt. Niemand kann ganz genau vorhersehen, wie sich das Prüfungsgespräch entwickeln wird. In mündlichen Prüfungen werden Ihnen so gut wie immer zwei Personen gegenüber sitzen, die sich auch gegenseitig kontrollieren sollen. Es kann immer einmal passieren, dass ein Prüfer spontan die Idee für eine Frage hat, die die zu Prüfenden dann sehr verwirren. Damit das nicht zu deren Nachteil wird, sitzt eine zweite Person dabei.

Ein genereller Tipp ist, Brücken zwischen den Aspekten eines Themas zu bauen. Aspekte zueinander in Beziehung zu setzen, historische Zusammenhänge aufzeigen, auf Systematisches hinweisen oder Analogien zu bilden belegt, dass Sie sich in seinem Fachgebiet souverän bewegen können. Nennen Sie auch Beispiele, wenn diese einen Zusammenhang deutlicher machen können oder wenden Sie eine Theorie auf einen konkreten Fall an, um sie zu illustrieren.

Auch wenn Themengebiete für die mündliche Prüfung vorher vereinbart werden, so kann das Prüfungsgespräch durchaus darüber hinausgehen. Keine Angst: Wenn Sie über Immanuel Kants politische Schriften geprüft werden sollen, dann wird kein Stehgreifvortrag über Demokratisierung in Lateinamerika erwartet. Aber Fragen zur Ideengeschichte allgemein oder über Kants Wirkung auf die Entwicklung der politischen Philosophie können ebenso auftauchen wie Fragen zu Gegenentwürfen und zeitgenössischer Kritik. Um sich auf diese weiterführenden Fragen vorzubereiten empfiehlt es sich, an den Anfang des Studiums zurückzukehren: Lesen Sie Einführungen! Aus dieser Lektüre wird gewissermaßen „rückblickend" nicht nur mancher Zusammenhang klarer, sondern man erfährt noch einmal mehr über die Einbettung des eigenen Themas in den fachwissenschaftlichen Kontext.

Fast in jeder mündlichen Prüfung werden schließlich auch persönliche Einschätzungen von Positionen und Entwicklungen erfragt. Ihr Sinn ist, die Fähigkeit zu eigenständiger Analysefähigkeit und Kritik zu testen. Denn in der Politikwissenschaft geht es nicht um die Vermittlung von Dogmen, an die Sie am Ende des Studiums glauben sollen. Das Ziel einer wissenschaftlichen Ausbildung ist immer, dass Sie mit den Mitteln der Wissenschaft Phänomene analysieren und Standpunkte begründen und kritisieren können. Versuchen Sie also schon im Vorgriff, sich eine eigene Position zu überlegen und schreiben Sie Argumente dafür auf. Dabei geht es nicht um Bewertungen, etwa ob Sie finden, dass Barack Obama ein „guter

Präsident" ist oder nicht. Es geht vielmehr um die Frage, welche Theorie die US-amerikanische Außenpolitik gut erklärt und welche nicht. Darüber können Sie gut im Gespräch mit kompetenten Zeitgenossen diskutieren. Das gibt Ihnen auch die nötige Gelassenheit für die mündliche Prüfung.

Die mündliche Prüfung ist aber kein Verhör. Sie sollte ein streng fachliches Gespräch zwischen Prüfenden und Kandidat sein, ohne Polemik und ohne Tricks. Deshalb sind Ängste eigentlich unnötig. Wer sich dennoch unsicher ist, kann noch eine weitere Strategie anwenden: Die meisten Prüfungsordnungen erlauben nämlich die Teilnahme von Dritten an mündlichen Prüfungen. Es ist also möglich, gewissermaßen im Vorgriff an der Prüfung eines Kommilitonen oder einer Kommilitonin teilzunehmen und sich einmal anzusehen, wie so etwas abläuft. Meist ist dies ziemlich ernüchternd – alles nicht so dramatisch! Voraussetzung ist aber das Einverständnis des Prüflings, der ja auch so schon genug um die Ohren hat. Trotzdem, eine solche „teilnehmende Beobachtung" lässt oft schon die größten Ängste und absurdesten Vorstellungen über die Folterpraktiken wissenschaftlicher Prüfungen verschwinden.

7.5 Die Verteidigung der Abschlussarbeit

Ein Sonderfall von mündlichen Prüfungen sind sogenannte Verteidigungen, bei denen nach Erhalt der Gutachten die Kandidaten ihre Abschlussarbeit noch einmal vorstellen und zu den Gutachten Stellung nehmen sollen. Das verbindet sich dann mit einer allgemeinen Diskussion mit den Gutachtern über das Thema der Arbeit.

Hier empfiehlt sich eine diplomatische Haltung: Niemand erwartet von Ihnen, dass Sie sich vor der Kritik in den Gutachten demütig in den Staub werfen, aber ebenso wenig wird Halsstarrigkeit goutiert. Manche Kritiken mögen berechtigt sein, andere nicht. Vielleicht haben die Gutachterinnen und Gutachter etwas überlesen oder nicht bedacht. Dann weisen Sie sie darauf hin. In anderen Punkten könnten sie Recht haben. Dann ist es keine Schande, das zuzugestehen. Kurz, rationales Argumentieren und Verhandeln lohnt sich auch hier. Prämiert werden gute Argumente mit guten Begründungen.

In der Vorbereitung zu Verteidigungen lesen Sie sich also zunächst die Gutachten aufmerksam durch, listen Sie die Kritikpunkte auf und überlegen Sie dann, was Sie darauf erwidern würden. Die Verteidigung wird jedoch meist mit einer kurzen Vorstellung der Arbeit durch Sie beginnen. Dafür ist eine einfache Struktur empfehlenswert, denn meist werden Sie dafür nur etwa zehn Minuten Zeit haben. Eine Struktur entlang der fünf Punkte „Problem und Relevanz", „zentrale Fragestellung", „theoretische Perspektive", „Methode und Material", und „Ergebnisse/

Thesen" ist dafür am besten geeignet. Sie erlaubt auch Beisitzern, die die Arbeit vielleicht gar nicht kennen, Ihnen zu folgen und schnell zu verstehen, worum es geht.

7.6 Probleme und Beschwerden

Probleme gibt es immer und überall, und so geht auch kein Studium ohne Probleme ab. Sei es, dass Schwierigkeiten bei der Materialbeschaffung auftreten, dass Prüfungsakten verschwinden, Fristen versäumt oder ungerechte Benotungen vorgenommen werden. Probleme dieser Art sind normal und deshalb auch kein Grund für restlose Verzweiflung. Fast alles ist schon einmal vorgekommen, so dass die Bürokratie der Universität in der Regel weiß, was getan werden muss.

Stellt sich zum Beispiel im Verlauf der Bearbeitung eines Themas heraus, dass das nötige Material wider Erwarten doch nicht so leicht erhältlich ist wie vorgesehen, dann können Themen „zurückgegeben" werden. Anschließend muss natürlich ein neues Thema gefunden und formuliert werden. Die Bearbeitungszeit beginnt von neuem, und der ganze Prüfungsablauf verzögert sich entsprechend.

Handelt es sich nur um Verzögerungen bei der Bearbeitung eines Themas oder bei der Vorbereitung von Prüfungen, dann lässt sich oft auch eine Verlängerung der Bearbeitungszeit, meist um maximal drei Monate, erwirken. Das kann auch nötig sein, wenn während der Bearbeitung lange Krankheitszeiten auftreten, die aber immer durch ein ärztliches Attest bescheinigt werden müssen.

Wirklich „problematisch" sind immer die selbst verschuldeten Probleme, etwa durch versäumte Termine. Manche Prüfer sind zum Beispiel sehr rigide, wenn der vereinbarte Prüfungstermin nicht eingehalten wird und bewerten das Nichterscheinen mit „nicht bestanden". Im Grunde sind eine gewissenhafte Vorbereitung und ein verlässlich geführter Terminkalender die einzigen wirksamen Mittel gegen diese Art von Schwierigkeiten.

Der schwierigste Fall sind wohl Beschwerden über ungerechte Benotungen. Prüfungen verlaufen oft nicht so, wie man es sich gedacht hat. Das ist dann kein Problem, wenn Examenskandidaten sich mit einer flexiblen Strategie darauf einstellen können. Im Nachhinein Noten zu ändern ist aufwendig und wird natürlich von Prüfenden normalerweise verweigert. Es ist, jedenfalls unterhalb eines gerichtlichen Verfahrens, nicht sehr wahrscheinlich. Bei vielen Prüfungsleistungen gibt es ohnehin zwei Voten, die sich gegenseitig kontrollieren.

Dennoch können Sie protestieren. Die formalen Möglichkeiten, über ungerechte Benotungen Beschwerde zu führen, sind in den Prüfungsordnungen festgelegt. Darüber hinaus gibt es an allen Universitäten Ombudsfrauen oder -männer, die in Konfliktfällen angesprochen werden können. Unter Umständen wird dann ein weiterer Prüfer hinzugezogen, der ein weiteres Gutachten über eine Arbeit oder eine Klausur vorlegt. Es ist nicht nur der damit verbundene Arbeitsaufwand, der die Revision von Prüfungsbenotungen unter Hochschullehrern so unbeliebt macht. Denn schnell entsteht daraus eine Welle von weiteren Verfahren, so dass alle noch mehr zu lesen und zu prüfen haben.

Bevor Sie sich auf diesen Weg begeben, sollten Sie sich wirklich gewissenhaft versichern, ob die Beurteilung wirklich grob ungerechtfertigt war und ob tatsächlich Aussichten auf eine bessere Note bestehen.

Kurz: Viele Probleme sind möglich, keines ist sehr wahrscheinlich. Eine gute und rechtzeitige Vorbereitung schließen Katastrophen fast ganz aus. Umso wichtiger ist die Einübung der in diesem Buch geschilderten Arbeitstechniken.

Fast immer geht ein Studium ohne solche Konflikte vorüber. Vielleicht liegt es wenigstens zum Teil daran, dass die Politikwissenschaft den Umgang mit Problemen zum eigentlichen Inhalt hat. Wir hoffen es wenigstens. Und wir hoffen auch, dass Ihnen dieses kurze Buch dabei hilft, die eigentlichen Inhalte trotz aller Formalia und aller Regeln mit Neugier und wachsendem Interesse zu erschließen. Wir sind davon überzeugt, dass es sich lohnt.

Serviceteil 8

8.1 Umgang mit Internetquellen

8.1.1 Chancen und Gefahren der digitalen Welt: Ein paar Leitlinien zum Umgang mit Internetquellen

Das Internet bietet ungeahnt Möglichkeiten und ist aus der wissenschaftlichen Arbeit nicht mehr wegzudenken. Es hat das wissenschaftliche Arbeiten revolutioniert und ganz neue Formen der Recherche, Datensammlung und -auswertung und wissenschaftlicher Kooperation ermöglicht. Bedeutete die Recherche vor gar nicht allzu langer Zeit noch, per Karteikartensystem das richtige Buch stundenlang in der Bibliothek am Kopierer anzustehen, um endlich den relevanten Fachartikel kopieren, via Microfiche alte Zeitungsartikel zu lesen und stapelweise Bücher nach Hause zu tragen, sind viele dieser Recherchetätigkeiten nun vom heimischen Schreibtisch möglich. Fachjournale, Datenbanken, aufbereitete Datensätze, Pressearchive – ein Großteil der Informationen ist mittlerweile online verfügbar. Den ein oder anderen mag diese Fülle an online verfügbaren Informationen dazu verführen, Hausarbeiten komplett ohne den Besuch einer Bibliothek oder den Blick ins Buch zu verfassen. Das ist aber eine gefährliche Strategie: Es ist nämlich trotz aller Informationsfülle nicht alles digital verfügbar. Die Digitalisierung des Buchbestandes geht eher langsam voran, d. h. dass die meisten Bücher müssen nach wie vor ausgeliehen werden. Das gilt vor allem für Bücher und Artikel aus Fachjournalen, die vor dem Jahr 2000 erschienen sind, aber auch ein Großteil der neueren Buchliteratur ist noch nicht digital verfügbar. Die meisten Fachjournale bieten ihre Artikel nun auch digital an, das gilt allerdings auch hier noch nicht für alle deutschen Journale. Die Politische Vierteljahresschrift (PVS) zum Beispiel setzt immer noch in erster Linie auf die Printausgabe.

Es gibt eine weitere Gefahr: Die Überfülle an möglichen Quellen und die Vielzahl an – zum Teil sogar widersprüchlichen – Informationen. Um sich in diesem Informationsdschungel zurecht zu finden und die Spreu vom Weizen zu trennen, ist ein solides Vorwissen nötig, um die Qualität von Quellen einschätzen zu können. Bei jeder Quelle sollte man prüfen: Wer hat die Informationen mit welchem Interesse ins Netz gestellt? Zudem benötigt man eine solide Recherchestrategie, um die Informationen zu finden, die einem wirklich weiterhelfen.

Dazu ist ein gewisses Vorwissen darüber nötig, was genau Sie suchen. Suchen Sie Fachliteratur oder empirische Daten? In beiden Fällen benötigen Sie Strategien, um die Spreu vom Weizen zu trennen und die gefundenen Informationen sinnvoll auswerten zu können. Im Folgenden wollen wir Ihnen ein paar Leitlinien an die Hand geben, damit Ihre Internetsuche auch brauchbare Ergebnisse liefert.

8.1.2 Warum es problematisch ist, Wikipedia zu zitieren: Leitlinien für die Nutzung digitaler Quellen

Wikipedia ist ein Segen: Von der „Theorie des demokratischen Friedens" über die „Politikverflechtungsfalle" bis zum „Manifest der Kommunistischen Partei" finden sich Einträge, die, oft kurz und gut verständlich erläutern, worum es geht. Zudem gibt es zu jedem Artikel eine weiterführende Linkliste. Wikipedia eignet sich durchaus, um einen ersten Überblick über ein Themengebiet zu erlagen. Nichtsdestotrotz ist Wikipedia keine zitierfähige Quelle für wissenschaftliche Arbeiten. Warum? Wikipedia ist ein Gemeinschaftsprojekt, das sich ständig wandelt. Das macht die Stärke aus. Kein anderes Lexikon ist in der Lage, so viele verschiedene Themengebiete und Begriffe aufzunehmen. Aber anders als bei offiziellen Lexika gibt es keine formale Qualitätsprüfung. Auch wenn einige Artikel qualitativ hochwertig sind und es mit den klassischen Lexika aufnehmen können, gilt es nicht für alle Themenbereiche und Einträge. Es kommt regelmäßig vor, dass Einträge unvollständig sind, Fehler enthalten oder sich jemand einen Spaß daraus gemacht hat, einen Eintrag – wenn auch nur für ein paar Stunden– komplett umzuschreiben. Als Quelle für erste Hintergrundinformationen kann Wikipedia hilfreich sein („Seit wann hat Baden-Württemberg noch einmal einen grünen Ministerpräsidenten?"), eine zitierfähige, wissenschaftliche Quelle ist es nicht.

Und die Debatte um Wikipedia zeigt auch die Probleme einer unstrukturierten Internetrecherche per Schlagwortsuche: Für so gut wie jedes Schlagwort liefern die gängigen Suchmaschinen eine Fülle an Treffern. Aber die Suchmaschinen können

8.1 Umgang mit Internetquellen

Tab. 8.1 Leitfragen, um die Qualität von Quellen zu prüfen
- Wer ist der Autor der Quelle?
- Aus welchem Jahr stammt sie?
- In welchem Kontext wurde der Text verfasst/die Daten ausgewählt und zusammengestellt?
- Wer ist die Zielgruppe des Textes/der Daten?
- Was will der Autor mit dem Text /der Veröffentlichung der Daten erreichen?
- Welche Art von Quelle ist es? Artikel eines Fachjournals? Graue Literatur? Pressemitteilung? Positionspapier einer Organisation? Protokoll einer Debatte?

keine Aussage darüber treffen, welche der Treffer relevant sind und wie qualitativ hochwertig die einzelnen Quellen sind. Im Zweifelsfall ist man „lost in information". Nichtsdestotrotz: Das Internet ist aus der wissenschaftlichen Arbeit nicht mehr wegzudenken und bietet spannende neue Möglichkeiten – aber nur, wenn man ein paar relevante Grundsätze einhält.

▶ Grundsatz 1: Prüfen Sie Art und Qualität der Quellen!

Jede Quelle aus dem Internet sollte einer kurzen Qualitätsprüfung unterzogen werden. Das ist notwendig, damit Sie die Art und Qualität der Quelle abschätzen können und damit wissen, wie Sie das vorliegende Material interpretieren müssen. Es macht einen Unterschied in der Qualität, ob die vorliegende Studie bezahlte Auftragsforschung ist oder von einem international renommierten Wissenschaftler in einer begutachteten Fachzeitschrift veröffentlicht wurde. Auch die Darstellung und Einordnung von Fakten kann je nach Interessenlage der Autoren sehr unterschiedlich sein. Dasselbe Gesetz kann von der Regierungspartei als großer Durchbruch, von der Opposition als Versagen gewertet werden. Ein bestimmter Sachverhalt wird von Industrieverbänden anders bewertet und dargestellt als von Umweltorganisationen. Die taz berichtet anders als die Frankfurter Allgemeine Zeitung. Daher sollten Sie folgende Fragen zu jeder Quelle kurz für sich beantworten (Tab. 8.1):

Wenn Sie diese Fragen beantwortet haben, können Sie besser entscheiden, ob Sie die Quelle als vertrauenswürdig einschätzen. Bei sogenannter „grauer Literatur" sollten Sie generell vorsichtig sein. Wenn Sie keine Informationen zu Autor und Kontext der Entstehung eines Textes oder der Darstellung von Daten finden, lassen Sie die Finger davon! Sie können die Quelle dann nicht benutzen. Eine Ausnahme gibt es allerdings: Falls Sie solche Quellen explizit zum Gegenstand Ihrer Forschung machen wollen, z. B. Flugblätter, anonyme Texte von Dissidenten oder Forumsdebatten zu einem Thema analysieren wollen, können Sie diese Texte zitieren. Dann sollten Sie aber immer den Link und das Abrufdatum angeben und erläutern, wie Sie auf diesen Text gestoßen sind und wie Sie den Kontext der Entstehung einschätzen.

▶ Grundsatz 2: Niemals planlos „googeln" – entwickeln Sie systematische Recherchestrategien!

Bevor man sich an den Rechner setzt, um im Internet zu recherchieren, sollte man klären, was man überhaupt herausfinden möchte. Nur dann ist eine Internetsuche von Wert und produziert die erhofften Ergebnisse. Nicht in allen Stadien des wissenschaftlichen Arbeitens ist eine Internetrecherche sinnvoll. Nicht sinnvoll ist etwa, wild per Schlagwort im Internet zu googeln, um ein Thema oder eine Frage zu finden. Hier sind andere Strategien erfolgversprechender (siehe Kap. X). Thema und Frage sollte schon weitestgehend entwickelt worden sein. Sinnvoll und in der Regel auch notwendig ist die Arbeit mit dem Internet bei der Recherche von Fachliteratur und empirischen Informationen. Vor jeder Suche sollte man klären, in welcher Phase des wissenschaftlichen Arbeitens man sich gerade befindet und zu welchem Zweck die Informationen benötigt werden. Geht es um eine grundlegende Literaturrecherche zum Stand der Forschung? Oder suche ich noch recht allgemeine empirische Hintergrundinformationen für meine Fallauswahl? Bin ich etwa schon bei der Analyse und benötige konkrete Informationen über die Position verschiedener Akteure in einem internationalen Konflikt, Wahldaten für eine bestimmten Zeitraum oder Informationen über den zeitlichen Ablauf eines Gesetzgebungsverfahrens? Je nach benötigter Information gibt es, unterschiedliche Strategien, die man verfolgen sollte.

Suche nach Fachliteratur und dem Stand der Forschung Hier bietet das Internet hervorragende Möglichkeiten. Ein Großteil der Fachliteratur ist digitalisiert, d. h. fast alle Fachjournale aber auch eine immer größere Anzahl an Büchern sind digital verfügbar. Oft kann man sich die Dokumente als pdf-Dateien auf den eigenen Computer laden. Der erste Schritt sollte eine Recherche über die Kataloge der Universitätsbibliothek und der dort bereitgestellten Fachportale sein. Die meisten Universitäten haben die zentralen Fachjournale abonniert, so dass es möglich ist, Fachartikel und zum Teil sogar Bücher direkt herunterzuladen. Dieses ist auch über einen Proxy-Server von zu Hause aus möglich. Klar sollte aber sein: Was ist mein Thema? Was die Frage? Zudem sollten Sie bereits einige Schlüsselbegriffe und Idealfall auch schon wichtige Autoren und/oder Fachjournale durch Einführungswerke und Handbücher identifiziert haben. Folgende Strategien bieten sich nun an (Tab. 8.2):

Tab. 8.2 Strategien der Literatursuche

Schlagwort- und Autorensuche im Universitätskatalog
Suche in Fachportalen wie Proquest, sowiport (über die Universitätsbibliothek)
Schlagwort- oder Autorensuche suche bei Google Scholar, wenn der Computer im Uni-Netzwerk eingeloggt ist (sonst haben Sie keinen Zugriff auf die angezeigten Fachartikel)
Suche in Online-Angeboten der Verlage: Viele Verlage, so auch der, in dem dieses Buch erschienen ist (vgl. http://link.springer.com/), bieten Bücher auch zunehmend als „E-Books" an. Wenn Universitäten diese Angebote abonnieren, haben Sie von Universitätsrechnern auch Zugriff auf diese Bücher
Systematische Recherche in den einzelnen Ausgaben der Fachjournalen, die als relevant identifiziert worden sind (z. B. International Organization, Journal of European Public Policy etc.): Was wurde hier zum Thema in den letzten Jahren publiziert?
Schneeballprinzip I: Sobald zentrale Werke (oft Bücher!) identifiziert worden sind, über die Literaturliste die dort verwandte Literatur recherchieren
Schneeballprinzip II: Wer zitiert die als wichtige Werke identifizierten Bücher/Aufsätze? Einige Suchmaschinen erlauben eine solche Suche (z. B. Google Scholar)

Bei längeren Arbeiten (Bachelor- oder Masterarbeit) bietet es sich an, Literaturverwaltungsprogramme zu nutzen (endnote, RefWorks, Zotero etc.). In der Regel lassen sich die Referenzen gleich in die eigene Literaturdatenbank importieren.

Suche nach empirischen Basisinformationen zu einem Thema Wenn es darum geht, grundlegende Basis- und Hintergrundinformationen zu recherchieren, etwa, um sich in ein Thema einzuarbeiten oder eine Fallauswahl treffen zu können, sollte man im Internet nach folgenden Quellen suchen:

- Fachlexika und Handbücher (sofern sie digital vorliegen)
- Hintergrundberichte, z. B. von Forschungsinstitutionen
- Länderberichte
- Webseiten der relevanten Akteure, zum Beispiel von Institutionen und Organisationen
- Statistische Datensätze
- Presseberichterstattung

Auch an dieser Stelle der Recherche lohnt immer ein Blick in die politikwissenschaftliche Fachliteratur: Gibt es bereits Beschreibungen und Analysen von empirischen Daten in der Literatur, an die man anknüpfen und auf die man zurückgreifen kann?

Suche nach konkreten Dokumenten und Primärquellen Wenn das grundsätzliche Vorgehen der Arbeit geklärt ist, und es nun darum geht ganz konkrete Daten und Dokumente zu recherchieren, die bereits als relevant identifiziert worden sind, wird die Internetrecherche konkreter.

- Reden, Berichte, Protokolle, Gesetze etc.
- Suche nach Daten und Statistiken
- Gibt es zentrale Datenbanken/Infrastrukturprojekte zum Thema?
- Gibt es bereits gesammelte und aufgearbeitete Informationen von anderen Forschern oder Institutionen?

In diesem Zusammenhang sei hingewiesen auf die steigende Anzahl an politikwissenschaftlichen Projekten, die sich zum Ziel gemacht haben, Daten zu sammeln und für die Forschung bereitzustellen. Ein Beispiel ist hier das Infrastrukturprojekt „ParlGov". Es enthält Informationen über die Wahlergebnisse, angetretene Parteien, Parlamentszusammensetzungen und Kabinette aller Demokratien seit 1945 bis heute und wird ständig aktualisiert. Ein weiteres Beispiel ist das „Correlates of War" Projekt mit Daten zu Kriegen oder das „Manifesto Project", das Wahlprogramme auswertet.

Wenn andere Forscher Primärquellen schon aufgearbeitet und zusammengestellt haben, kann man diese aufbereiteten Daten auch nutzen. Achtung: Dann aber die Quelle korrekt angeben und nicht als eigene Datensammlung ausgeben!

▶ Grundsatz 3: Dokumentieren Sie Internetquellen so genau wie möglich!

Zentral ist, dass alle Informationen und Daten, die aus Internetquellen stammen, so dokumentiert ist, dass der Zugriff auf die Originalquelle möglich ist. Dazu müssen Sie den Link und das Datum des Abrufs komplett in die Literaturliste aufnehmen! Zitieren Sie keine Startseiten wie www.zeit.de, das ist wenig hilfreich. Wenn es möglich ist, sollten Sie den Autor und das Erscheinungsjahr angeben. Versuchen Sie aber in jedem Fall herauszufinden, wie alt die Quelle ist, erst dann können Sie Kontext und Qualität richtig beurteilen. Falls Sie keinen Autor finden können, zitieren Sie über die Organisation, die hinter einer Seite steht, zum Beispiel Greenpeace, Zeit online, etc. Wenn von einem Artikel auch eine Papierversion existiert wie zum Beispiel bei Fachartikeln oder E-Books sollten Sie Papierversion zitieren. In diesem Fall ist es nicht nötig, den Link zusätzlich anzugeben. Hier ein paar Beispiele:

Zeitungsartikel Braun, Stefan (2014): IS Kämpfer in Deutschland. Abschiebung in Zeiten des Krieges. In: *Süddeutsche Zeitung* am 6.10.2014. Text abrufbar unter:

http://www.sueddeutsche.de/politik/is-kaempfer-in-deutschland-abschieben-in-zeiten-des-krieges-1.2159102 (Zugriff am 25.10.2014).

Dokumente SPD (2013): Das Wir entscheidet. Regierungsprogramm 2013 – 2017, Berlin, Text abrufbar unter: www.spd.de/linkableblob/96686/data/.pdf (Zugriff am 30.9.2014).

Blog Krugman, Paul (2014): The Conscience of a Liberal, Blogartikel von Paul Krugman vom 5.10.2014. Text abrufbar unter: http://krugman.blogs.nytimes.com (Zugriff am 9.11.2014).

Arbeitspapiere Manow, Philip/Emmenegger, Patrick (2012): Religion and the gender vote gap. Women's changed political preferences from the 1970s to 2010. Bremen: ZeS-Arbeitspapier 1/2012. Text abrufbar unter: http://www.zes.uni-bremen.de/lib/download.php?file=54b7f22a37.pdf&filename=ZeS-AP_2012_1.pdf (Zugriff am 17.9.2013).

8.2 Recherchebibliographie: Einführungen, Handbücher, Lexika

Wie bereits in den vorangegangenen Kapitels erläutert sind *Einführungswerke*, *Handbücher* und *Lexika* ein guter Start, um sich mit einem Themengebiet vertraut zu machen. Im Folgenden finden Sie eine erste Übersicht. Diese Liste keinen Anspruch auf Vollständigkeit sondern soll einen ersten Startpunkt darstellen. Achtung: Einführungen und Lexika werden regelmäßig überarbeitet, achten Sie darauf, dass Sie die jeweils aktuelle Version benutzen.

Die Liste ist nach Themengebieten gegliedert: Zuerst finden Sie eine Übersicht über allgemeine Einführungen, Handbücher und Lexika der Politikwissenschaft, dann folgen Werke der jeweiligen Teilgebiete. Im Anschluss finden Sie Hinweise zu Werken mit regionalen Schwerpunkten und dann den Blick in die Nachbardisziplinen.

8.2.1 Politikwissenschaft allgemein

Einführungen
Axford, Barrie/Browning, Gary K./Huggins, Richard/Rosamond, Ben/Turner, John (2002): Politics: An Introduction, 2. Auflage. London: Routledge.

Berg-Schlosser, Dirk/Stammen, Theo (2012): Einführung in die Politikwissenschaft. Eine grundlegende Einführung, 8., überarbeitete und aktualisierte Auflage. München: Beck.

Bernauer, Thomas/Jahn, Detlef/Kuhn, Patrick/Walter, Stefanie (2013): Einführung in die Politikwissenschaft, 2. überarbeitete Auflage. Baden-Baden: Nomos.

Hartmann, Jürgen (2013): Einführung in die Politikwissenschaft. Themen, Beispiele, Basiswissen. Wiesbaden: Springer VS.

Heywood, Andrew (2013): Politics, 4. Auflage. Basingstoke u. a.: Palgrave Macmillan.

Münkler, Herfried (Hrsg.) (2006): Politikwissenschaft. Ein Grundkurs, 2. Auflage. Reinbek bei Hamburg: Rowohlt Taschenbuch Verlag.

Naßmacher, Hiltrud (2010): Politikwissenschaft, 6. überarbeitete und aktualisierte Auflage. München: Oldenbourg Wissenschaftsverlag.

Schmidt, Manfred G./Wolf, Frieder/Wurster, Stefan (Hrsg.) (2013): Studienbuch Politikwissenschaft. Wiesbaden: Springer VS.

Patzelt, Werner J. (2013): Einführung in die Politikwissenschaft. Grundriss des Faches und studiumbegleitende Orientierung, 7. Auflage. Passau: Wissenschaftsverlag Rothe.

Lexika/Handbücher

Badie, Bertrand/Berg-Schlosser, Dirk/Morlino, Leonardo (Hrsg.) (2011): International Encyclopedia of Political Science. London: Sage.

Drechsler, Hanno/Hilligen, Wolfram/Neumann, Franz(Hrsg.) (2003): Gesellschaft und Staat. Das Lexikon der Politik, 10. Auflage. München: Vahlen.

Goodin, Robert E. (2009): The Oxford Handbook of Political Science. Oxford: Oxford University Press.

Goodin, Robert E./Dalton, Russell J./Klingemann, Hans Dieter (2007): The Oxford Handbook of Political Behavior. Oxford : Oxford University Press.

Hartmann, Jürgen/Sanders, Luise (2013): Literaturkompass Politikwissenschaft: Einführung in die politikwissenschaftliche Literatur. Wiesbaden: Springer VS.

Hawkesworth, Mary/Kogan, Maurice (Hrsg.) (2003): Encyclopedia of Government and Politics, 2. Auflage. London: Routledge.

Holtmann, Everhard (2000): Politik-Lexikon, 3., völlig überarbeitete und erweiterte Auflage. München: Oldenbourg.

Kailitz, Steffen (Hrsg.) (2007): Schlüsselwerke der Politikwissenschaft. Wiesbaden: Springer VS.

Moran, Michael/Rein, Martin/Goodin, Robert E. (2008): The Oxford Handbook of Public Policy. Oxford: Oxford University Press.

Sanders, Luise (2012): Zeitschriften der Politikwissenschaft – ein Kompendium, Berlin: De Gruyter Saur.
Mau, Steffen/Schöneck, Nadine M. (Hrsg.) (2012): Handwörterbuch zur Gesellschaft Deutschlands, 2 Bände, 3. Auflage. Wiesbaden: Springer VS.
Nohlen, Dieter/Schultze, Rainer-Olaf (2009): Lexikon der Politikwissenschaft, 2 Bände, 4. aktualisierte und ergänzte Auflage. München: C.H.Beck.
Schmidt, Manfred G. (2010): Wörterbuch zur Politik, 3., überarbeitete und erweiterte Auflage. Stuttgart: Alfred Kröner Verlag.

8.2.2 Vergleichende Politikwissenschaft

Einführungen
Beyme, Klaus von (2010): Vergleichende Politikwissenschaft. Wiesbaden: Springer VS.
Caramani, Daniele (2014): Comparative Politics, 3. Auflage. Oxford: Oxford University Press.
Detterbeck, Klaus (2011): Parteien und Parteiensysteme. Konstanz: UVK.
Gallagher, Michael et al. (2011): Representative Government in Modern Europe, 5. Auflage. London: McGraw-Hill.
Hague, Rod/Harrop, Martin (2013): Comparative Government and Politics: An Introduction, 9. Auflage. Basingstoke: Palgrave Macmillan.
Jahn, Detlef (2013): Einführung in die vergleichende Politikwissenschaft, 2. Auflage. Wiesbaden: Springer VS.
Kriesi, Hanspeter (2007): Vergleichende Politikwissenschaft. Eine Einführung. Teil 1: Grundlagen. Baden-Baden: Nomos.
Kriesi, Hanspeter (2008): Vergleichende Politikwissenschaft. Eine Einführung. Teil 2: Institutionen und Länderbeispiele. Baden-Baden: Nomos.
Lauth, Hans-Joachim (Hrsg.) (2010): Vergleichende Regierungslehre. Eine Einführung, 3. Auflage. Wiesbaden: Springer VS.
Lijphart, Arend (2012): Patterns of Democracy: Government Forms and Performance in Thirty-Six Countries, 2. ed. New Haven: Yale University Press.

Lexika/Handbücher
Boix, Carles/Stokes, Susan C. (2009): The Oxford Handbook of Comparative Politics. Oxford: Oxford University Press.
Weingast, Barry R./Wittman, Donald (2008): The Oxford Handbook of Political Economy. Oxford: Oxford University Press.

8.2.3 Internationale Beziehungen

Einführungen

Baylis, John et al. (2013): The Globalization of World Politics: An Introduction to International Relations, 6. Auflage. Oxford: Oxford University Press.
Feske, Susanne et al. (Hrsg.) (2014): Einführung in die Internationalen Beziehungen: Ein Lehrbuch. Verlag Barbara Budrich.
Krell, Gert (2009): Weltbilder und Weltordnungen. Einführung in die Theorie der Internationalen Beziehungen, 4., überarbeitete und aktualisierte Auflage. Baden-Baden: Nomos.
Rittberger, Volker et al. (Hrsg.) (2013): Internationale Organisationen, 4. Auflage. Wiesbaden: Springer.
Schieder, Siegfried/Spindler, Manuela (2010): Theorien der Internationalen Beziehungen, 3., überarb. und aktualisierte Auflage. Opladen: Budrich.
Schimmelfennig, Frank (2012): Internationale Politik, 3., aktualisierte Auflage, Paderborn: Schöningh UTB Verlag.
Shimko, Keith L. (2015): International Relations. Perspectives and Controversies, 4. Auflage. Boston: Wadsworth.

Lexika/Handbücher

Levi-Faur, David (Hrsg.) (2014): The Oxford Handbook of Governance. Oxford: Oxford University Press.
Leibfried, Stephan et al. (2015): Oxford Handbook on Transformation of the State. Oxford: Oxford University Press.
Reus-Smit, Christian/Snidal, Duncan (Hrsg.) (2010): The Oxford Handbook of International Relations. Oxford: Oxford University Press.
Rhodes, R. A. W et al. (2008): The Oxford Handbook of Political Institutions. Oxford: Oxford University Press.
Shelton, Dinah (2013): The Oxford Handbook on International Human Rights Law. Oxford: Oxford University Press.
Weiss, Thomas G./Daws, Sam (2008): The Oxford Handbook on the United Nations . Oxford: Oxford University Press.
Woyke, Wichard (Hrsg.) (2011): Handwörterbuch Internationale Politik, 12. Auflage, Opladen: Budrich.

8.2.4 Politische Theorie und Ideengeschichte

Einführungen

Arenhövel, Mark (2013): Politische Theorie. Grundbegriffe, Positionen und Entwicklungen. München: Oldenbourg.
Bevc, Tobias (2012): Politische Theorie, 2. Auflage. Konstanz: UVK.
Göhler, Gerhard et al. (Hrsg.) (2011): Politische Theorie. 25 umkämpfte Begriffe zur Einführung. Wiesbaden: Springer VS.
Schmidt, Manfred G. (2010): Demokratietheorien. Eine Einführung, 5. Auflage. Wiesbaden: Springer VS.
Schwaabe, Christian (2010): Politische Theorie 1. Von Platon bis Locke. Paderborn: Fink.
Schwaabe, Christian (2013): Politische Theorie 2. Von Rousseau bis Rawls, 3., durchgesehene Auflage. Paderborn: Fink.

Lexika/Handbücher

Bevir, Marc (Hrsg.) (2010): Encyclopedia of Political Theory. Los Angeles u. a.: Sage Publications.
Brodocz, André/Schaal, Gary S. (Hrsg.) (2015): Politische Theorien der Gegenwart I und II. 3. Auflage. Stuttgart: UTB.
Dryszek, John S. et al. (2008): The Oxford Handbook of Political Theory. Oxford: Oxford University Press.
Estlund, David (2012): The Oxford Handbook of Political Philosophy. In: Oxford Handbooks. Oxford: Oxford University Press.
Goodin, Robert E./Pettit, Philip (Hrsg.) (2006): Contemporary Political Philosophy. An Anthology. Malden, MA: Blackwell.
Gosepath, Stefan et al. (Hrsg.) (2008) : Handbuch der Politischen Philosophie und Sozialphilosophie. Berlin: De Gruyter.
Göhler, Gerhard et al. (Hrsg.): Politische Theorie. 22 umkämpfte Begriffe zur Einführung. Wiesbaden: Springer VS.
Hartmann, Martin/Offe, Claus (Hrsg.) (2011): Politische Theorie und Politische Philosophie: Ein Handbuch. München: Beck.
Kincaid, Harold (2012): The Oxford Handbook of Philosophy of Social Science. Oxford: Oxford University Press.
Manfred Brocker (Hrsg.) (2006): Geschichte des politischen Denkens. Ein Handbuch. Frankfurt am Main: Suhrkamp.

Miller, David (Hrsg.) (1991): The Blackwell Encyclopedia of Political Thought. Oxford: Blackwell.
Mittelstraß, Jürgen (Hrsg.) (2005-2008): Enzyklopädie Philosophie und Wissenschaftstheorie. 4 Bände. Stuttgart: J.B. Metzler.
Neumann, Franz (Hrsg.) (2000): Handbuch Politischer Theorien und Ideologien, 2. Auflage. Stuttgart: UTB.

8.2.5 Methoden

Einführungen
Alemann, Ulrich von/Fondran, Erhard (2005): Methodik der Politikwissenschaft. Eine Einführung in Arbeitstechnik und Forschungspraxis, 7. Auflage. Stuttgart: Kohlhammer.
Behnke, Joachim/Baur, Nina/Behnke, Nathalie (2010): Empirische Methoden der Politikwissenschaft, 2. Aktualisierte Auflage. Paderborn: Schöningh UTB.
Behnke, Joachim/Gschwend, Thomas /Schindler, Delia/Schnapp, Kai-Uwe (Hrsg.) (2006): Methoden der Politikwissenschaft. Neuere qualitative und quantitative Analyseverfahren. Baden-Baden: Nomos.
Flick, Uwe (2007): Qualitative Sozialforschung: Eine Einführung, Reinbek: Rowohlt.
Gschwend, Thomas/Schimmelfennig, Frank (2007): Forschungsdesign in der Politikwissenschaft: Probleme – Strategien – Anwendungen. Frankfurt am Main u. a.: Campus-Verlag.
Lauth, Hans-Joachim et al. (2009): Methoden der vergleichenden Politikwissenschaft: Eine Einführung. Wiesbaden: Springer VS.
Strübing, Jörg (2013): Qualitative Sozialforschung. Eine komprimierte Einführung. München: Oldenbourg.
Westle, Bettina (Hrsg.) (2009): Methoden der Politikwissenschaft. Baden-Baden: Nomos.

Lexika/Handbücher
Box-Steffensmeier, Janet M. et al. (2010): The Oxford Handbook of Political Methodology. Oxford: Oxford University Press.
Wrana, Daniel et al. (Hrsg.) (2014): DiskursNetz. Wörterbuch der interdisziplinären Diskursforschung. Berlin: Suhrkamp

8.2.6 Politisches System Deutschland

Einführungen

Alemann, Ulrich von et al. (Hrsg.) (2010): Das Parteiensystem der Bundesrepublik Deutschland, 4. Auflage. Bonn: Bundeszentrale für politische Bildung.

Beichelt, Tim (2015): Deutschland und Europa: Die Europäisierung des politischen Systems. 2. Auflage. Wiesbaden: Springer VS.

Beyme, Klaus von (2011): Das politische System der Bundesrepublik Deutschland: Eine Einführung. Wiesbaden: Springer VS.

Detterbeck, Klaus (2011): Parteien und Parteiensysteme. Stuttgart: UTB.

Hesse, Joachim Jens/Ellwein, Thomas (2012): Das Regierungssystem der Bundesrepublik Deutschland, 10. Auflage. Baden-Baden: Nomos.

Marschall, Stefan (2011): Das politische System Deutschlands. Konstanz u. a.: UVK-Verl.-Ges.

Pilz, Frank/Ortwein, Heike (Hrsg.) (2008): Das politische System Deutschlands. Systemintegrierende Einführung in das Regierungs-, Wirtschafts- und Sozialsystem. 4. Auflage. München: Oldenbourg.

Rudzio, Wolfgang (2014): Das politische System der Bundesrepublik Deutschland., 9. Auflage. Wiesbaden: Springer VS.

Schmidt, Manfred G. (2011): Das politische System Deutschlands: Institutionen, Willensbildung und Politikfelder. München: Beck.

Sontheimer, Kurt/Bleek, Wilhelm/Gawrich, Andrea (2007): Grundzüge des politischen Systems Deutschlands. 2., völlig überarbeitete Neuausgabe. München, Zürich: Piper.

Sturm, Roland/Pehle, Heinrich (2012): Das neue deutsche Regierungssystem: Die Europäisierung von Institutionen, Entscheidungsprozessen und Politikfeldern. 3,. aktualisierte und erweiterte Auflage. Wiesbaden: Springer VS.

Lexika/Handbücher

Andersen, Uwe/Woyke, Wichard (Hrsg.) (2013): Handwörterbuch des politischen Systems der Bundesrepublik Deutschlands, 7., vollständig aktualisierte Auflage. Wiesbaden: Springer VS.

Decker, Gabriel/Neu, Viola (Hrsg.) (2013): Handbuch der deutschen Parteien, 2. Auflage. Wiesbaden: Springer VS.

Gabriel, Oscar W./Holtmann, Everhard (Hrsg.) (2005): Handbuch Politisches System der Bundesrepublik Deutschland, 3. Auflage. München: Oldenbourg.

Weidenfeld, Werner/Korte, Karl-Rudolf (Hrsg.) (1999): Handbuch zur deutschen Einheit. 1949 – 1989 – 1999. Frankfurt am Main: Campus.

8.2.7 Einführungen, Handbücher und Lexika mit regionalem Bezug

Afrika

Anderson, David/Cheeseman, Nic/Scheibler, Andrea (Hrsg.) (2013): Routledge Handbook of African Politics. London: Routledge.

Bierschenk, Thomas/Spies, Eva (Hrsg.) (2012): 50 Jahre Unabhängigkeit in Afrika. Kontinuitäten, Brüche, Perspektiven, Mainzer Beitrage zur Afrikaforschung, 29 Bde. Köln: Köppe.

Crowder, Michael (Hrsg.) (1984): The Cambridge History of Africa. Volume 8: From 1940 to 1975. Cambridge: Cambridge University Press.

Mabe, Jacob E. (Hrsg.) (2004): Das Afrika-Lexikon. Ein Kontinent in 1000 Stichwörtern. Wuppertal: Hammer.

Marx, Christoph (2005): Geschichte Afrikas. Von 1800 bis zur Gegenwart. Paderborn: Schöningh.

Mehler, Andreas/Melber, Henning/van Walraven, Klaas van (Hrsg.) (jährl.): Africa Yearbook. Leiden: Brill.

Parker, John/Reid, Richard (Hrsg.) (2013): The Oxford Handbook of Modern African History. Oxford: Oxford University Press.

Asien

Capsiani, Giampaolo R. (Hrsg.) (2000): Handbook of Central Asia. London: Tauris.

Götz, Roland/Halbach, Uwe (1996): Politisches Lexikon GUS, 3. Auflage. München: Beck.

Gruppenberg, Marie-Carin von/Steinbach, Udo (2005): Zentralasien: Geschichte, Politik, Wirtschaft: Geschichte – Politik – Wirtschaft. Ein Lexikon. München: Beck.

Hanks, Reuel R. (2015): Handbook of Central Asian Politics.

Ogden, Chris (Hrsg.) (2013): Handbook of China's Governance and Domestic Politics, London: Tauris.

Pai, Sudha (Hrsg.) (2013): Handbook of Politics in Indian States. Regions, parties and economic reforms. Oxford: Oxford University Press.

Robison, Richard (Hrsg.) (2013): Routledge Handbook of Southeast Asian Politics, London: Routledge.

Staaten in Europa

Ismayr, Wolfgang (Hrsg.) (2009): Die politischen Systeme Westeuropas, 4. Auflage. Wiesbaden: VS Verlag für Sozialwissenschaften.

8.2 Recherchebibliographie: Einführungen, Handbücher, Lexika

Ismayr, Wolfgang (Hrsg.) (2010): Die politischen Systeme Osteuropas, 3. Auflage. Wiesbaden: VS Verlag für Sozialwissenschaften.
Jones, Erik/Menon, Anand/Weatherill, Stephen (2012): The Oxford Handbook of the European Union. In: Oxford Handbooks in Politics & International Relations. Oxford: Oxford University Press.
Bei Interesse an bestimmten Ländern lohnt zudem ein Blick in die Serie von Macmillan Serie „Developments in XXX Politics" in der jeweils neusten Ausgabe. Hier ein paar Beispiele:
Developments in British Politics 9 von Richard Heffernan, Philip Cowley und Colin Hay von Palgrave Macmillan (14. Juli 2011)
Developments in French Politics 5 von Alistair Cole, Sophie Meunier und Vincent Tiberj von Palgrave (29. Mai 2013)
Developments in Russian Politics von Stephen White, Richard Sakwa und Henry E. Hale von Palgrave Macmillan (23. November 2009)

Europäische Union
Bache, Ian/George, Stephen/Bulmer, Simon (2011): Politics in the European Union. Oxford: Oxford University Press.
Cini, Michelle/Perez-Solorzano, Nieves (2013): European Union Politics. Oxford: Oxford University Press.
Hix, Simon/Høyland, Bjørn (2011): The political system of the European Union, 3. ed. Basingstoke: Palgrave Macmillan.
Nugent, Neill (2010): The Government and Politics of the European Union, 7. ed. Basingstoke. Hampshire u. a.: Palgrave Macmillan.
Wallace, Helen/Pollack, Mark A./Young, Alasdair R. (Hrsg.) (2010): Policy-making in the European Union, 6. ed. Oxford: Oxford University Press.
Weidenfeld, Werner (2013): Die Europäische Union, 3. Auflage. Stuttgart: UTB.
Wessels, Wolfgang (2008): Das politische System der Europäischen Union. Wiesbaden: VS Verlag für Sozialwissenschaften.
Bergmann, Jan Michael/Mickel, Wolfgang W. (Hrsg.) (2012): Handlexikon der Europäischen Union, 4. Auflage. Baden-Baden: Nomos.
Jones, Erik/Menon, Anand/Weatherill, Stephen (2012): The Oxford Handbook of the European Union. Oxford: Oxford University Press.
Leonhard, Dick (2010): Guide To The European Union. London: Profile Book.
Weidenfeld, Werner/Wessels, Wolfgang (Hrsg.) (2011): Europa von A-Z. Taschenbuch der europäischen Integration, 12. Auflage. Stuttgart: Nomos.
Einen guten Überblick über den Stand der Forschung zu verschiedenen Themen der EU-Forschung bietet das Online-Journal „Living Reviews in European Governance": http://europeangovernance.livingreviews.org/

Amerika/USA

Courtney, John/Smith, David (2010): The Oxford Handbook of Canadian Politics. In: Oxford Handbooks. Oxford: Oxford University Press.

Leighley, Jan E. (2012): The Oxford Handbook of American Elections and Political Behavior. In: Oxford Handbooks of American Politics. Oxford: Oxford University Press.

Maisel, L. Sandy/Berry, Jeffrey M. (2012): The Oxford Handbook of American Political Parties and Interest Groups. In: Oxford Handbooks of American Politics. Oxford: Oxford University Press.

Peele, Gillian/Bailey, Christopher J./Cain, Bruce E./Peters, B. Guy (2010): Developments in American Politics. Basingtoke, Hampshire, New York: Palgrave Macmillan.

Naher und Mittlerer Osten

Bang, Peter Fibinger/Scheidel, Walter (2013): The Oxford Handbook of the State in the Ancient Near East and Mediterranean. Oxford: Oxford University Press.

Chiari, Bernhard/Kollmer, Dieter H. (Hrsg.) (2009): Wegweiser zur Geschichte Naher Osten, 2. Auflage. Paderborn: Schöningh.

El-Din Shahin, Emad (Hrsg.) (2014): The Oxford Encyclopedia of Islam and Politics. Oxford: Oxford University Press.

Pawelka, Peter/Richter-Bernburg, Lutz (2004): Religion, Kultur und Politik im Vorderen Orient. Wiesbaden: VS Verlag für Sozialwissenschaften.

Schlicht, Alfred (2008): Die Araber und Europa. 2000 Jahre gemeinsamer Geschichte. Stuttgart: Kohlhammer.

Einführungen, Lexika und Handwörterbücher aus den Nachbardisziplinen

Brunner, Otto / Conze, Werner / Koselleck, Reinhart (Hrsg.) (1972 ff.): Geschichtliche Grundbegriffe. Lexikon zur politisch-sozialen Sprache in Deutschland, 8 Bde. Stuttgart: Klett-Cotta.

Hillmann, Karl-Heinz (Hrsg.) (2007): Wörterbuch der Soziologie, 5. Auflage. Stuttgart: Kröner.

Ritter, Joachim (Hrsg.) (2007): Historisches Wörterbuch der Philosophie, 13 Bde. Darmstadt: Wiss. Buchges.

Sandkühler, Hans Jörg (Hrsg.) (2010): Enzyklopädie Philosophie. Hamburg: Meiner.

Schäfers, Bernhard (Hrsg.) (2006): Grundbegriffe der Soziologie, 9. Auflage. Wiesbaden: VS Verlag für Sozialwissenschaften.

Schmidt, Heinrich/Gessmann, Martin (Hrsg.) (2009): Philosophisches Wörterbuch, 23. Auflage. Stuttgart: Kröner.

Zalta, Edward N. (Hrsg.) (2003): Stanford Encyclopedia of Philosophy. Piscataway, NJ, USA: IEEE. Text abrufbar unter http://plato-standford.edu.

8.2 Recherchebibliographie: Einführungen, Handbücher, Lexika

Tab. 8.3 Fachportale und Suchmaschinen

Proquest Sozialwissenschaften	Fachportal, umfasst 13 Datenbanken mit Texten und Kurzzusammenfassungen	http://search.proquest.com
SOFIS/SOLIS	„Sozialwissenschaftliches Forschungsinformationssystem"/„Social Science Literature Information System" mit Zugang zu deutschen und internationalen Fachartikeln. Datenbank der GESIS – Leibniz Institut für Sozialwissenschaften	http://www.gesis.org/unser-angebot/recherchieren/sofis/
Sowiport	Sozialwissenschaftliches Fachportal, umfasst 18 verschiedene Datenbanken, Volltextsuche möglich	http://sowiport.gesis.org/
Web of Science	Sehr umfangreiche Datenbank wiss. Literatur mit vielen Suchfunktionen von Thomson Reuters	Zugang über Universitätsbibliotheken de
Google Scholar	Suchmaschine, wiss. Artikel und Zitationen, graue Literatur, Hinweise zur Zitationshäufigkeit	scholar.google

8.2.8 Internetadressen für Politikwissenschaftler – eine kommentierte Linkliste

Suche nach Fachartikeln Der erste Schritt führt immer über ihre Universitätsbibliothek. Dort sind die meisten Fachjournale digital verfügbar. Um einen Überblick über die existierenden politikwissenschaftlichen Fachjournale zu bekommen, lohnt eine analoge Quelle, die in Buchform wahrscheinlich in Ihrer Bibliothek verfügbar ist: Sanders, Luise (2012): Zeitschriften der Politikwissenschaft – ein Kompendium, Berlin. Die folgenden Tabellen geben einen Überblick über den Internetzugang zur Presseberichterstattung, Datensätze, Umfragedaten und Länderinformationen.

Tab. 8.4 Presse

Factiva	Umfangreiche Datenbank deutscher und internationaler Zeitungen. Gute Suchfunktionen. Zugang i. d. R. durch Universitätsbibliotheken	Zugang über Universitätsbibliotheken
Lexis Nexis	Umfangreiche Datenbank deutscher und internationaler Zeitungen. Gute Suchfunktionen. Zugang i. d. R. durch Universitätsbibliotheken	Zugang über Universitätsbibliotheken

Tab. 8.5 Datensätze und Infrastrukturprojekte

Statistische Daten

Datenbanken OECD	Statistische Daten gesammelt von der OECD (Organisation für wirtschaftliche Zusammenarbeit und Entwicklung) zu Einkommen, Arbeitslosigkeit, BPI, Bevölkerung, Handelsströme, Gesundheit, Bildung etc. Daten für Mitgliedsstaaten und ausgewählte weitere Staaten	http://stats.oecd.org/source www.oecd-ilibrary.org/statistics
Eurostat	Statistische Daten erhoben von der EU, umfassen vor allem Informationen zu den EU- und EWG-Staaten	http://epp.eurostat.ec.europa.eu/
Sozio-Ökonomisches Panel (SOEP)	Amtliche Statistik, erhoben durch das Deutsche Institut für Wirtschaftsforschung (DIW), seit 1984	http://www.diw.de/de/soep

Infrastrukturprojekte zu Parteien, Wahlen, internationalen Verträgen etc.

ParlGov	Datenbank mit Wahlergebnissen, Parteien im Parlament, Kabinetten aller Demokratien seit 1945	www.parlgov.org
Manifesto Project	Datenbank zu Parteipositionen international	https://manifestoproject.wzb.eu
Wahlen in Deutschland	Datenbank zu Wahlergebnissen in Deutschland auf Bundes-, Landes- und EU-Ebene seit und zu den entsprechenden Parlamenten in der Zeit vor 1945	www.wahlen-in-deutschland.de
German Longitudinal Election Study (GLES)	Daten zu Wahlabsichten, Parteipräferenzen, Wahlbeteiligung etc. zu deutschen Bundes- und Landtagswahlen	http://www.gles.eu/
PIREDEU	Daten und Analysen zur Europawahl, koordiniert vom European University Institute (EUI) in Florenz	http://www.piredeu.eu/
The Avalon Project	Datenbank der Yale University, umfasst die Texte diverser internationalen Verträgen seit dem Mittelalter bis heute, englisch	http://avalon.law.yale.edu/default.asp
Correlates of War Project (COW)	Das Projekt sammelt und veröffentlicht Datensätze, die für die Fachdisziplin der Internationalen Beziehungen relevant sind	http://www.correlatesofwar.org/

8.2 Recherchebibliographie: Einführungen, Handbücher, Lexika

Tab. 8.6 Umfragedaten

Afrobarometer	Regelmäßige Umfrage zu Werten in der Region Afrika	http://www.afrobarometer.org/
European Values Survery (EVS)	Regelmäßige Umfrage zu Werten in der Region Europa, derzeit nehmen 47 Staaten teil	www.europeanvaluesstudy.eu
World Values Survery	Regelmäßige, weltweite Umfrage, 2016–2018 wird die Umfrage für den 7. Report stattfinden	www.worldvaluessurvey.org
Eurobarometer	Regelmäßige Umfragen zur öffentlichen Meinung in den EU-Staaten, herausgegeben von der EU Kommission	http://ec.europa.eu/public_opinion/index_en.htm
International Social Survey Programme (ISPP)	Kollaborative, internationale Initiative von Wissenschaftlern, um länderübergreifende Daten zu sammeln, die für die Sozialwissenschaftliche Forschung wichtig sind	http://www.issp.org/
European Social Survery (ESS)	Der ESS ist ein gesamteuropäisches, sozialwissenschaftliches Infrastrukturprojekt der Sozialwissenschaften. Seit 2002 werden Daten erhoben zu Einstellungen und Verhaltensmuster der europäischen Bevölkerung. Bis zu 31 Länder haben jeweils an den bisherigen Wellen teilgenommen	http://www.europeansocial-survey.org/data/

Tab. 8.7 Kerndaten zu Staaten – Länderberichte

Auswärtiges Amt	Länderberichte (Geschichte, politisches System, Regierung, Wirtschaft etc.)	http://www.auswaertiges-amt.de/DE/Aussenpolitik/Laender/Laender_Uebersicht_node.html
CIA World Factbook	Länderberichte (Geschichte, politisches System, Regierung, Wirtschaft etc.), englisch	https://www.cia.gov/library/publications/the-world-factbook/
Library of Congress	Länderberichte des amerikanischen „World Fact Book"	http://lcweb2.loc.gov/frd/cs/cshome.html

Tab. 8.8 Europäische Union

EurLex	Zugang zum EU-Recht und zu anderen öffentlichen Dokumenten der EU in 24 Sprachen (Gesetze, Gesetzesentwürfe, Berichte der einzelnen Organe, Protokolle, Entscheidungen des EuGH etc.)	http://new.eur-lex.europa.eu
Rat der europäischen Union	Zugang zu sämtlichen, nicht vertraulichen Dokumenten des Rates und den zuarbeitenden Gremien (Protokolle, Berichte etc.)	http://www.consilium.europa.eu/documents/access-to-council-documents-public-register.aspx?lang=DE
Europäischer Gerichtshof	Rechtsprechung des EuGH	http://curia.europa.eu/juris/recherche.jsf?cid=5290638
EurActiv	Gut geeignet, um einen Überblick über ein Thema zu bekommen: Aktuelle Berichterstattung zur EU-Politik, umfangreiche Berichte und Doessiers zu einzelnen Themen, gute Linklisten	http://www.euractiv.com/

8.3 Formale Textgestaltung

8.3.1 Formale Anforderungen

Verschiedene Universitäten machen unterschiedliche Vorgaben, was die formale Gestaltung angeht. Informieren Sie sich, welche Vorgaben an Ihrer Universität gelten. Gibt es eventuell sogar einen Leitfaden zum wissenschaftlichen Arbeiten, in dem formale Vorgaben definiert sind oder eine Formatvorlage, die Sie sich von der Internetseite Ihres Institutes herunterladen können? Die Konventionen können sich hier von Universität zu Universität durchaus leicht unterscheiden. Hier ein Beispiel für Regeln zur formalen Gestaltung – basierend auf dem Bremer „Kompendium" (Tab. 8.9).

Das *Deckblatt* können Sie in der Regel recht frei gestalten, solange die zentralen Informationen auftauchen, die eine eindeutige Zuordnung der Arbeit ermöglichen. Dazu gehören: Name der Universität, des jeweiligen Instituts, des Seminars und des Moduls, in dem die Hausarbeit geschrieben wird, Name des oder der Dozenten/in, Angabe des Semesters, vollständiges Thema der Hausarbeit, Ihr Name als

8.3 Formale Textgestaltung

Tab. 8.9 Beispiel für formale Vorgaben

- Deckblatt
- Inhaltsverzeichnis inklusive Seitenzahlen,
- Literaturliste am Ende des Textes,
- Zeilenabstand 1½ Zeilen,
- Schriftgröße: Times New Roman, 12 pt, Fußnotengröße 10 pt (oder äquivalent) – Abstand zwischen Fußnoten 6 pt
- Rand: Rechts und links 3 cm, oben und unten 2,5 cm,
- Seitenzahlen (beginnend mit der ersten Textseite, Deckblatt und Inhaltsverzeichnis werden nicht nummeriert),
- Blocksatz, automatische Silbentrennung,
- Tabellen und Grafiken im Text müssen durchlaufend nummeriert werden

Verfasser oder Verfasserin, Matrikelnummer, vollständige Adresse, E-Mail-Adresse, Studiengang, Anzahl der Fachsemester und das Datum der Abgabe der Arbeit.

8.3.2 Was muss ich bei der Abgabe beachten?

Informieren Sie sich, in welche Form Sie die Arbeit abgeben sollen. In der Regel müssen Sie sowohl eine *Papierversion* sowie eine *digitale Version* einreichen. Der Ausdruck der Arbeit muss geheftet sein, damit der Dozentin keine losen Blätter entgegenfliegen, wenn sie die Arbeit entgegennimmt. Bewährt hat sich ein einfacher Schnellhefter aus Papier oder Plastik. Eventuell können Sie die Arbeit auch einfach tackern, fragen Sie hier nach, was erwartet wird. Einfache Hausarbeiten oder Arbeitspapiere müssen Sie nicht binden lassen, das ist viel zu kostspielig. Anders ist es bei Abschlussarbeiten, hier wird eine gebundene Version erwartet.

Die digitale Version Ihrer Seminararbeit geben Sie in der Regel als pdf-Dokument ab. In dieser Version ist die Arbeit „eingefroren" und Sie können sicher sein, dass Ihre Dozentin beim Öffnen das Dokument erblickt, das Sie abgeschickt haben. Das ist bei Arbeiten in anderen Formaten oft anders. Eine Datei gängiger Textverarbeitungsprogramme wie word, open office etc. kann sich in der Formatierung ändern, wenn sie mit einem anderen Programm geöffnet wird. Es kann auch zu Kompatibilitätsproblemen zwischen den Programmen oder Programmversionen kommen, so dass sie sich gar nicht öffnen lässt. Manchmal wird dennoch eine solche Datei angefordert, da es leichter ist, sie per Plagiatssoftware zu überprüfen. Informieren Sie sich rechtzeitig wann, wo und wie Sie die digitale Arbeit einreichen müssen. Sollen sie die Arbeit z. B. per E-Mail an Ihre Dozentin schicken oder auf die Stud.IP/Blackboard/ CampusNet-Seite ihres Seminars hochladen?

8.4 Wie zitiere ich richtig?

8.4.1 Umgang mit Quellenbelegen

Damit nachvollziehbar ist, an welchen Stellen die Gedanken anderer Personen verwandt wurden, müssen die Quellenangaben eindeutig sein. Konkret heißt das:

▶ Quellenangaben folgen direkt hinter dem Zitat

Es muss deutlich werden, an welcher Stelle im eigenen Text Gedanken anderer Autoren oder Informationen aus einer bestimmten Quelle verwendet werden. Bei direkten bzw. wörtlichen Zitaten befindet sich die Quellenangabe direkt im Anschluss an das Zitat. Bei Grafiken, Tabellen, die Daten beruhen, die andere gesammelt haben, erfolgt der Quellenbeleg direkt unter der Grafik/Tabelle. Bei der Übernahme fremden Wissens ohne wörtliches Zitat sollte der Quellenbeleg ebenfalls unmittelbar im Anschluss an die jeweilige Argumentation erfolgen.

▶ Der Quellenbeleg ist eindeutig zuzuordnen

Der Quellenbeleg muss einer Angabe im Literaturverzeichnis eindeutig zuzuordnen sein. Das heißt auch, dass jede im Text verwendete Quelle im Literaturverzeichnis genannt werden muss.

▶ Der Quellenbeleg, ermöglicht, das Original zu finden

Der Quellenbeleg muss es ermöglichen, das verwendete Wissen im Originaltext eindeutig zu identifizieren. Daher sollte der Quellenbeleg auch die Seitenzahl bein-halten, auf der das Originalwissen steht – sofern es sich bei dem verwendeten Wissen nicht um das zentrale Ergebnis einer ganzen Studie handelt. In diesem Fall reicht es, das gesamte Buch bzw. den gesamten Aufsatz als Quelle anzugeben. Wird Wissen verwendet, das im Originaltext in einer Fußnote steht, muss zusätzlich die Nummer der Fußnote angegeben werden.

8.4.2 Zitationsregeln

In der Politikwissenschaft gibt es verschiedene Zitationssysteme. Fragen Sie unbedingt in Ihrem Institut nach, welcher Zitierstil hier gewünscht ist. Viele Institute haben dafür eigene Handreichungen mit Vorgaben. Allerdings gibt es auch innerhalb der Disziplin der Politikwissenschaft kein einheitliches System, die einzelnen Fachjournale verfolgen im Detail durchaus unterschiedliche „Style Guides". In

8.4 Wie zitiere ich richtig?

Literaturverwaltungsprogrammen kann man daher den sogenannten „output style" aus einer Liste wählen. Das hier vorgestellte System folgt den Regeln des Instituts für Politikwissenschaft in Bremen. Es basiert auf dem „Harvard style", der für die Quellenangaben keine Fußnoten verwendet sondern die Quellenangabe per (Autor Jahr: Seite)-System angibt, also z. B. (Mayer 2014, S. 203). Die vollständige Quellenangabe findet sich dann im Literaturverzeichnis. Fußnoten werden nur noch für Kommentare und zusätzliche Informationen genutzt, die im Haupttext keinen Platz haben. Gehen Sie sparsam mit Fußnoten um. Wenn eine Erklärung oder Information ihrer Meinung nach keinen Platz im Haupttext finden kann, sollten Sie prüfen, ob Sie überhaupt notwendig ist.

Bei diesem System ist es elementar, dass Quellen eindeutig zugeordnet werden können. Wenn derselbe Autor im selben Jahr mehrere Publikationen veröffentlicht hat, die alle zitiert werden, erhalten diese im Literaturverzeichnis ein a, b, c hinter der Jahreszahl. Dieses taucht dann in der Klammer wieder auf, also (Mayer 2014a, S. 37). Es gibt nun verschiedene Formen des Zitierens, das sinngemäße Zitieren, das wörtliche Zitieren und Mischformen.

Sinngemäßes Zitieren/Paraphrasieren Das sinngemäße Zitieren ist der Regelfall des Zitierens. Dabei übernehmen Sie Gedanken und Argumente aus anderen Texten, formuliert sie aber in eigenen Worten. Nicht-wörtliche (paraphrasierte) Zitate werden dabei nicht in Anführungszeichen gesetzt. Achtung: Geben Sie die Quellen konkret mit Seitenzahl an uns nutzen Sie nicht den vagen Hinweis „vgl."! Das ist unnötig bei der Angabe von Seitenzahlen.

Beispiel

Originaltextstelle:

„Wer als Ziel der europäischen Integration den großen Bundesstaat erreichen will, der muß die Union notwendigerweise nach den für den Nationalstaat gültigen Legitimationskriterien beurteilen – und sich dann mit den Argumenten zum „europäischen Demokratiedefizit" auseinandersetzen."

Sinngemäße Wiedergabe:

Scharpf argumentiert, dass diejenigen, die einen europäischen Bundesstaat erreichen wollen, den Stand der europäischen Integration mit denselben Legitimationskriterien bewerten müssen wie einen Nationalstaat (Scharpf 1999, S. 1).

Wörtliche Zitate Bei wörtlichen Zitaten wird eine Textstelle wörtlich übernommen. Wörtliche Zitate sind sinnvoll, wenn sie einen Gedanken besonders präzise zum Ausdruck bringen oder bei zentralen Begriffen oder Definitionen, die von einem bestimmten Autor geprägt wurden. Man sollte aber einen Text nicht durch zu viele wörtliche Zitate „erschlagen". Wenn man wörtlich zitiert, wird der übernommene Text in Anführungszeichen gesetzt. Wie Sie nur Satzteile zitieren, setzten Sie den Punkt hinter dem Literaturverweis.

> **Beispiele**
>
> Vollständiger Satz: „Die moderne politische Demokratie [...] ist ein Regierungssystem, in dem die Regierenden von den Staatsbürgern [...] für ihr öffentliches Handeln rechenschaftspflichtig gemacht werden." (Schmitter und Karl 1991, S. 83).
>
> Nicht vollständiger Satz: Andere sind der Ansicht, dass in Demokratien „die Regierenden [...] für ihr öffentliches Handeln rechenschaftspflichtig" gemacht werden (Schmitter und Karl 1991, S. 83).

Mischformen/Verschmelzungen Sie können auch Satzteile aus dem Originaltext in Ihren eigenen Satz einbauen. Es sollte aber immer deutlich werden, was von Ihnen stammt und was das Zitat ist.

> **Beispiel**
>
> Originalzitat: „Hierbei handelt es sich in erster Linie um Studien fachwissenschaftlicher und fachdidaktischer Orientierung." (Mustermann 2013, S. 33).
>
> Verschmelzung: Nach Auffassung des Autors müssten die Studien eine „fachwissenschaftliche" oder „fachdidaktische" Orientierung aufweisen (Mustermann 2013, S. 33).

Achtung: Auslassungen kennzeichnen Besonders bei langen Zitaten ist es häufig sinnvoll zu kürzen und Teile des Zitates auszulassen. Auslassungen dürfen allerdings den ursprünglichen Sinn eines Zitates nicht verfälschen. Auslassungen werden in der Regel durch drei Punkte in eckigen Klammern gekennzeichnet.

> **Beispiel**
>
> Original: „Auf alle Fälle ist es unerlässlich, die Lehrerausbildung stärker auf die Praxis und die Bedürfnisse der zukünftigen Lehrer auszurichten."
>
> Auslassung: Der Autor ist der Ansicht, dass „die Lehrerausbildung stärker auf [...] die Bedürfnisse der zukünftigen Lehrer auszurichten" sei (Sikking 2013, S. 88).

8.4.3 Das Literaturverzeichnis

Das Klammer-System mit seinen Kurzverweisen im Text funktioniert nur, wenn die Kurzverweise im Literaturverzeichnis aufgelöst werden. Jede im Text genannte Quelle sollte also in das Literaturverzeichnis aufgenommen werden. Jede im Text genannte Quelle muss zudem eindeutig einem Literaturverweis zuzuordnen sein. Zudem sollte das Literaturverzeichnis nicht voller Quellen sein, mit denen Sie im Text gar nicht gearbeitet haben. Dieses sollten Sie in der Endredaktion noch einmal prüfen.

Standardliteraturangabe Die Standardliteraturangabe sieht folgendermaßen aus: Nachname, Vorname (Jahreszahl): Titel. Untertitel. Ort: Verlag.

> **Beispiel**
> Lijphart, Arend (2012): Patterns of Democracy. Government Forms and Performance in Thirty Six Countries. New Haven: Yale University Press.

In dieser Form werden grundsätzlich alle Quellen angegeben, die von einem/einer einzelnen Autor/in stammen, also auch Dissertationen, Habilitationen, Abschlussarbeiten etc. Dabei wird generell auf die gesamte Schrift verwiesen, nicht auf einzelne Teile wie Abschnitte oder Kapitel.

Sammelbände Handelt es sich um Sammelbände, fügen Sie hinter dem Namen der Herausgeber ein „(Hrsg.)" ein. Wenn Sie nicht den ganzen Sammelband sondern nur einen Aufsatz daraus zitieren, geben Sie immer die Seitenzahlen mit an. Achtung: Der kurze Literaturverweis im Text bezieht sich immer auf *den Autor* des zitierten Textes, nicht auf den Herausgeber! Der Literaturverweis bezieht sich nur dann auf den Herausgeber, wenn der auf den ganzen Sammelband verwiesen wird.

> **Beispiel**
> Veit, Alex/Schlichte, Klaus (2012): Three Arenas: The Conflictive Logic of External Statebuilding. In: Bliesemann de Guevara, Berit (Hrsg.): Statebuilding and State-Formation. The Political Sociology of Intervention. London: Routledge, 167–181.

Aufsätze in Zeitschriften Bei Aufsätzen aus Zeitschriften sind Titel der Zeitschrift, Jahrgang, Heftnummer sowie die Seitenzahlen des jeweiligen Aufsatzes zu nennen: ... In: Zeitschriftentitel, Jahrgang (Heftnummer), Seitenzahlen. Der Name der Zeitschrift wird *kursiv* hervorgehoben.

> **Beispiel**
>
> Döring, Holger (2013): The collective action of data collection: A data infrastructure on parties, elections and cabinets. In: *European Union Politics*, 14 (1), 161–178.

Mehrere Autorinnen Wurde eine Veröffentlichung von mehreren Autoren und Autorinnen gemeinsam verfasst, werden die Namen durch einen Schrägstrich voneinander getrennt (/):

> **Beispiele**
>
> Sievers, Julia/Schmidt, Susanne K. (2014): Squaring the Circle with Mutual Recognition? Democratic Governance in Practice. In: *Journal of European Public Policy*, 22 (1), 1–17.
>
> Knodel, Philipp/Martens, Kerstin/de Olano, Daniel/Popp, Marie (Hrsg.) (2010): Das PISA-Echo. Internationale Reaktionen auf die Bildungsstudie. Frankfurt am Main: Campus.

Im Literaturverzeichnis müssen grundsätzlich immer alle Autoren der Quelle genannt werden – und zwar in der Reihenfolge, in der sie im Originaltext aufgeführt werden. Beim Quellenbeleg im Text kann man sich *ab drei Autoren* darauf beschränken, nur den ersten Namen zu nennen. Die weiteren Autoren werden durch „*et al.*" („et alii" – lateinisch für „und andere") repräsentiert:

> **Beispiel**
>
> (Knodel et al. 2010).

Voraussetzung dafür ist allerdings die eindeutige Zuordnung des Quellenbelegs zur Literaturangabe, d. h. in diesem Fall, dass in der Literaturliste keine weitere Quelle angeführt ist, die Philip Knodel 2010 mit anderen Autoren zusammen verfasst hat.

Reihenfolge Die Reihenfolge der Literaturangaben richtet sich in erster Linie nach den Nachnamen der Autor/inn/en und wird *alphabetisch sortiert*. Achtung, ein Literaturverzeichnis wird *niemals nummeriert!* Sollte das Verzeichnis mehrere

Autoren gleichen Nachnamens enthalten, richtet sie sich zweitens nach den Vornamen. Enthält das Verzeichnis mehrere Veröffentlichungen der gleichen Autorin/ des gleichen Autors, richtet sich die Reihenfolge nach dem Veröffentlichungsjahr. Sollte die Literaturliste mehrere Veröffentlichungen des gleichen Autors bzw. der gleichen Autorin aus dem gleichen Jahr enthalten, richtet sich die Reihenfolge alphabetisch nach den Buchstaben des ersten Wortes des Veröffentlichungstitels, das kein bestimmter Artikel ist. Die Jahreszahlen sind dabei mit einem kleingeschriebenen Buchstaben in der Reihenfolge des Literaturverzeichnisses zu versehen.

Beispiel

Karadag, Roy (2013a): Für eine historische Soziologie kapitalistischer Spielarten. In: *Peripherie* (130/131), 243–263.

Karadag, Roy (2013b): Where Does Turkey's New Capitalism Come From. Comment on Eren Duzgun. In: *European Journal of Sociology*, 54 (1), 147–152

Sollte ein eine Autorin sowohl alleine veröffentlicht haben als auch in gemeinsamer Autorenschaft mit anderen, werden zuerst die Veröffentlichungen genannt, die alleine publiziert wurden und anschließend die gemeinsamen Veröffentlichungen in der alphabetischen Reihenfolge der Namen der Ko-Autoren.

8.5 Bewertungskriterien für Hausarbeiten

Es gibt keinen Konsens darüber, wie eine Seminararbeit im Detail zu bewerten ist. Auch wenn der ein oder andere eine bestimmte Objektivität suggerieren mag – verschiedene Dozenten gewichten verschiedene Faktoren unterschiedlich stark und kommen so zu unterschiedlichen Ergebnissen. Um aber ein wenig Licht ins Dunkel zu bringen, welche Kriterien generell eine Rolle spielen, hier eine Checkliste. Ziel ist hier, dass Sie anhand der Liste noch einmal kontrollieren können, ob Ihre Arbeit alle zentralen Elemente enthält. Zentrale Kriterien sind: 1) Die Fragestellung wird bearbeitet und beantwortet, 2) die Arbeit ist sinnvoll gegliedert und strukturiert, 3) die wissenschaftliche Literatur wird aufgearbeitet, 4) es gibt eine eigenständige Analyse, 5) die Kriterien des wissenschaftlichen Arbeitens werden eingehalten, 6) die Sprache ist verständlich und 7) die vorgegebenen Formalie werden eingehalten. Die Kriterien werden im Folgenden noch einmal näher erläutert (Tab. 8.10).

Tab. 8.10 Kriterien guter Hausarbeiten

(1) Die Fragestellung wird bearbeitet und beantwortet
- Die Frage ist explizit benannt
- Die Frage wird auch bearbeitet, das heißt die Arbeit beschäftigt sich erkennbar und hauptsächlich mit der Fragestellung
- Frage wird beantwortet, das heißt es gibt ein Ergebnis der Analyse, das explizit vorgestellt wird. Wenn keine befriedigende Antwort gefunden werden konnte, wird das dargelegt und diskutiert
- Es gibt keine Passagen im Hauptteil, in denen die Fragestellung nicht bearbeitet wird oder deren Bezug zur Fragestellung unklar ist

(2) Gliederung und Struktur

Die Arbeit ist in Einleitung, Hauptteil, Schlussfolgerung/Fazit gegliedert und enthält in der Argumentation einen roten Faden. Dabei tauchen in den einzelnen Unterteilen folgendes auf:

Einleitung:

Die Fragestellung wird erläutert, die Gliederung der Arbeit wird explizit gemacht

Hauptteil:

Die eigene Argumentation wird mit Blick auf die Fragestellung systematisch entwickelt. Eventuell werden Hypothesen erstellt/abgeleitet, empirisch geprüft und das Prüfungsergebnis wird dargelegt; Fallauswahl wird erläutert und begründet; Ergebnis der Untersuchung wird aus der Argumentation und der Empirie abgeleitet

Schlussfolgerung:

Die Arbeit wird kurz zusammengefasst. Der Bezug zur Fragestellung wird hergestellt und diskutiert, ob die Frage beantwortet werden konnte. Probleme in der Analyse und die Reichweite werden diskutiert. Die gesellschaftliche und theoretische Relevanz der Ergebnisse werden angesprochen. Fragen, die sich aus der Arbeit ergeben haben, werden dargelegt

(3) Umgang mit der Literatur
- Aussagen der Arbeit beziehen sich auf einen soweit möglich repräsentativen Teil der verfügbaren Literatur; repräsentativ heißt auch: die Literatur ist möglichst nicht älter als 15 Jahre. Klassiker und Standardwerke sind dabei natürlich eine Ausnahme
- Der zentrale Teil der verwendete Literatur ist wissenschaftlich (Monographien, Herausgeberbänder, Fachzeitschriften)
- Die gelesene Fachliteratur und die eigene empirische Analyse werden aufeinander bezogen: Die Arbeit ist keine reine Zusammenfassung der Literatur, sondern eigene Überlegungen werden erkennbar, etwa indem aus der Theorie Hypothesen abgeleitet werden

(4) Analyse
- Das gewählte methodische Vorgehen wird begründet und hilft, die Fragestellung zu beantworten
- Wenn Hypothesen entwickelt werden, werden diese explizit gemacht, Variablen definiert und operationalisiert
- Definitionen werden schlüssig auf empirische Phänomene bezogen und dieser Bezug wird in der Argumentation durchgehalten

8.5 Bewertungskriterien für Hausarbeiten

Tab. 8.10 (Fortsetzung)

- Methodisches Vorgehen und Auswahl der Daten/Quellen wird diskutiert
- Es gibt ein Ergebnis, das diskutiert wird. Argumentation ist in sich schlüssig und stringent

(5) Wissenschaftliches Arbeiten

- Aussagen, die nicht selbstverständlich sind oder die nicht aus der eigenen Argumentation unmittelbar abgeleitet sind, werden mit Textnachweisen (Autor Jahr: Seite) angegeben
- Alle im Text angegebenen Quellen finden sich im Literaturverzeichnis wieder
- Alle zentralen verwendeten Begriffe, die nicht selbstverständlich sind, werden explizit definiert, Definitionen nehmen Bezug auf die Literatur

(6) Sprache und Verständlichkeit

- Der Text ist sprachlich verständlich geschrieben
- Die Absätze gliedern sich zu sinnvollen Abschnitten, d. h. keine Absätze aus nur einem Satz
- Der Argumentation lässt sich gut folgen

(7) Formalia

Alle formalen Kriterien werden eingehalten wie:
- Deckblatt mit den erforderlichen Informationen
- Inhaltsverzeichnis mit Seitenzahlen
- Formal einheitlich gehaltenes Literaturverzeichnis
- Seitenzahlen vorhanden
- Text ist grafisch akzeptabel (Blocksatz, Silbentrennung)
- Orthographie, Grammatik sind korrekt

Sachverzeichnis

A
Abschlussarbeit, 1, 21, 27, 29, 30, 33, 34, 46, 52, 55, 66, 71, 72, 83, 120, 133, 134, 135, 136, 137, 138, 139, 140, 141, 142, 144, 167, 171
Arbeiten besprechen, 54
Arbeits- oder Thesenpapier, 119
Arbeitspapier, 4, 118, 119, 121, 122, 153, 167
Aufzählungen, 70, 124
Ausland, V, 11, 14, 56

B
Begriff, zentraler, Klärung, 35
Bewertung, 92, 104, 141, 143
Bibliographie, 44, 48, 56
Recherche, 153
Bibliothek, 1, 25, 38, 39, 43, 44, 48, 49, 50, 52, 53, 54, 55, 88, 134, 147, 163
Bibliotheken, 88
Buchbesprechung, 4, 108
Buchbesprechungen, 89, 108

D
Datenbank, 45, 66, 88, 103, 147, 152, 163, 164
Deckblatt, 166, 167
Dokumentations- und Informationsdienst, 44

E
Einführung, V, VI, IX, 7, 19, 24, 26, 43, 45, 50, 70, 111, 112, 143, 153, 154, 155, 156, 157, 158, 159, 160, 162
in die Politikwissenschaft, 50
Entwurf, 37, 38, 54, 63, 88, 96, 112, 140, 141
Essay, 5, 20, 89, 106, 107, 108, 135
Examensgruppe, 139
Exposé, 23, 25, 27, 28, 31, 32, 33, 34, 69, 90, 120, 137, 140, 141
Exzerpt, 25, 61, 63, 64, 65, 66, 102

F
Fachzeitschrift, 51, 52, 53, 137, 149, 174
Form
mündliche VII, 5
schriftliche, 3
Fragestellung, 3, 25, 26, 27, 28, 29, 30, 31, 36, 37, 54, 69, 76, 77, 78, 106, 107, 111, 112, 115, 116, 117, 118, 119, 137, 138, 140, 141, 142, 144, 173, 174, 176
Fußnote, 52, 53, 167, 168, 169

G
Gliederung, VIII, 26, 36, 37, 61, 65, 66, 106, 116, 126, 127, 140, 174
Grafik, 101, 104, 112, 126, 167, 127
Gruppe, 5, 6, 9, 120, 139, 123, 125, 129, 130, 131, 127

© Springer Fachmedien Wiesbaden 2015
K. Schlichte, J. Sievers, *Einführung in die Arbeitstechniken der Politikwissenschaft*,
DOI 10.1007/978-3-531-93444-0

H
Hausarbeit, 54, 80, 84, 87, 89, 92, 94, 96, 97, 104, 105, 106, 108, 116, 147, 166, 167, 173, 174, 175
Herangehensweise, 73, 93, 95, 109, 138, 140, 141, 142
Hilfsmittel, VI, VIII, IX, 4

I
Informationsquelle, 41, 42, 47, 48
Inhaltsverzeichnis, 54, 57, 58, 104, 167, 175
Internet, IX, 13, 24, 39, 41, 43, 44, 45, 47, 48, 49, 51, 53, 55, 59, 88, 102, 147, 149, 150, 151

K
Karteisysteme, 64
Kataloge, 44, 51, 54, 55, 56, 57, 62, 63, 83, 150
Klausur, 2, 5, 135, 139, 142, 146
Klausuren, 89, 110, 111, 112

L
Lehrveranstaltung bewerten, 10
Lesen
intensives, 60
kursorisches, 60
selektives, 60
Lesestoff, Auswahl, 56
Linkliste, 148, 163, 166
Literatur, 35, 56
Literaturdatei, 61
Literaturdatei, 25
Literaturliste, 52, 104, 137, 151, 152, 167, 172, 173

M
Material
empirisches, 9, 56

Material, V, VII, 39, 45, 47, 48, 52, 53, 55, 56, 57, 63, 64, 65, 66, 69, 80, 82, 109, 122, 136, 137, 140, 141, 142, 144, 145, 149
Material, 27, 29, 31, 32, 38
Materiallage, 140, 141
Materiallage, 38
Methode
qualitative, 71, 72, 73, 74, 75, 76, 79, 80, 81, 158
qualitative, 37
quantitative, 71, 72, 79, 81, 83
quantitative, 37
Methode, VII, 11, 57, 69, 70, 73, 74, 78, 80, 81, 82, 83, 109, 137, 144
Methode, 27, 30, 32, 33, 37
Moderation, 5, 122, 130, 131

N
Nachschlagewerk, IX, 49, 50, 52, 53

P
Planung, VI, 134, 135, 139
Planung, 17, 19, 20, 38
Praktikum, VII, 12, 13, 14
Praktikum, 17
Pressearchiv, 48, 52, 53, 147
Protokoll, 4, 7, 41, 46, 48, 105, 149, 152, 166
Prüfung, mündliche, 139, 142, 143, 144

Q
Quelle
schriftliche, 46
Quelle V, 40, 41, 42, 43, 44, 45, 46, 47, 48, 52, 53, 82, 94, 102, 104, 119, 148, 149, 151, 152, 163, 168, 169, 171, 172, 175
Quelle, 23, 24

S
Schlagwortkatalog, 50, 53, 54, 55
Schlusskapitel, 142

Sachverzeichnis

Seminar
autonomes, 9
selbstorganisiertes, 8
Seminararbeit, V, VI, VII, VIII, 3, 4, 6, 39,
  40, 42, 46, 47, 48, 52, 54, 55, 56, 60,
  63, 66, 69, 71, 83, 89, 134, 139, 140,
  141, 167, 173
Seminararbeit, 17, 20, 21, 22, 23, 25, 26,
  27, 29, 31, 34, 35, 36, 37
Statistiken, 107
Statistik, 42, 45, 46, 48, 57, 72, 74, 83, 119,
  152, 164
Studie, quantitative, 73, 74, 75, 80, 158
Suchmaschine, 47, 148, 151, 163
Suchstrategie, 39, 48

T
Thesenpapier, 4, 118, 119
Thesenpapier, 4, 118, 119, 122, 143

U
Überschriften, 21, 58, 60, 104, 119, 126, 127

V
Vorgehen, 17
Vorlesung, 7
Vorlesungsstil, 8
Vorrecherche, VII, 20, 23, 24, 29, 30, 41,
  43, 48, 49, 50, 52, 69

W
Wahl des Themas, 21, 89, 133, 136

Z
Zeitschriftenbibliographie, 23, 51, 53
Zeitungen, 12, 41, 44, 137, 149, 163
Zitate, 61, 102, 104, 127, 169, 170
Zitate, 34